Dushan Wegner

von der Idee über den Dreh bis zum Schnitt

Der Videojournalist

So arbeitet man mit einer DV-Kamera und Schnittcomputer erfolgreich für das Fernsehen

mediabook Verlag
Die Bücher der Filmemacher

mediabook Verlag

Dipl.-Ing. Andreas A. Reil
Grabenstraße 5
D – 55234 Gau-Heppenheim

Telefon (0 67 31) 49 67 91
Fax (0 67 31) 49 67 92

eMail info@mediabook-verlag.de
Website www.mediabook-verlag.de

ISBN 3 - 93 29 72 - 16 - 3

Zeichnungen Boris Bradic
Fotos Andreas A. Reil
Umschlaggestaltung Andreas A. Reil
Bearbeitung Andreas A. Reil
Printed in Poland

Inhaltsverzeichnis

Vorwort

Michael Rosenblum hat tausende Videojournalisten auf allen Kontinenten ausgebildet, darunter auch den Autoren dieses Buches.

Fernsehen ist totale Scheiße

Sicher ist das eine unangenehme Wahrheit, aber die Wahrheit nichtsdestotrotz. Fernsehen ist echt Scheiße. Es ist furchtbar. Überall in der Welt senden Hunderte von Kanälen ununterbrochen Tag und Nacht endlosen Müll. Aber nicht das Fernsehen selbst ist so schlecht, es ist nur eine Maschine. Die Art und Weise, wie wir diese Maschine verwenden, ist furchtbar.

Das Fernsehen muss nicht zwangsläufig so schlecht sein. Am Anfang eines jeden Tages ist das Fernsehprogramm ein unbeschriebenes Blatt. Fernsehen ist ein flexibles Medium, es arbeitet mit Bildern, Musik, geschriebenem Wort und Zeichnungen. Eigentlich müsste es etwas Beeindruckendes, etwas Großes erzeugen. Aber das tut es eben nicht.

Weil wir es bis jetzt falsch verwendet haben.

Ob es sich um bildende Kunst, Journalismus oder Dichtung handelt; sie sind so kraftvoll, weil sie direkt von einer mit Leidenschaft erfüllten Person ausgeübt werden, die übergangslos mit dem entsprechenden Medium verbunden ist. Wenn du zum Beispiel einen Roman verfassen willst, dann setz Dich vor einen Computer und fang an zu schreiben. Nichts trennt Dich von der dazu benötigten Technik. Du verbindest Dich, zusammen mit Deiner Vision und mit Deiner Leidenschaft, mit der Maschine, um ein Buch zu schreiben. Vielleicht gelingt es Dir, etwas Großes zu erschaffen, aber vielleicht produzierst du auch bloß Müll. Das macht nichts. Auf diesem Wege werden Bücher geschrieben. Von einer individuellen Person mit viel Leidenschaft. Und wenn du Maler werden willst, dann gehe einfach in ein Geschäft, kaufe eine Leinwand, ein paar Pinsel und noch Farbe dazu und beginne Deine Leidenschaft an der Leinwand zum Ausdruck zu bringen. Auch hier gilt: Aus Dir mag ein Picasso werden, oder du schaffst bloße Schmierereien, aber was da entsteht, das ist Deine Arbeit und Dein Werk, mag es gelingen oder auch nicht.

Die Welt des Fernsehens hat, bis jetzt, ein wenig anders funktioniert. Wenn du den Wunsch verspürt hast, im Fernsehen kreativ zu werden, dann gingst zum Chef eines Senders und er beschäftigte Dich als Hilfskraft, die Kaffee kochen und Anrufe entgegen nehmen durfte. Niemals würde man Dich gleich in der ersten Woche eine Fernsehkamera oder gar einen Schnittplatz auch nur berühren lassen. Bis jetzt war es einfach zu teuer, eine fernsehfähige Kamera und den dazugehörenden Computer mit entsprechender Software selbst zu kaufen. Und sie waren kompliziert zu bedienen.

Und dann hat sich die Fernsehwelt vor etwa fünf Jahren verändert: Eine völlig neue Generation von Kameras und Computern samt Software erschienen auf dem Markt. Sie waren billig und einfach zu bedienen. Und jetzt wurden, zum ersten Mal, die für Fernsehproduktion benötigten Werkzeuge genauso leicht zugänglich, wie Werkzeuge, die man zum Schreiben eines Buches oder zum Malen eines Bildes benötigt. Jetzt, zum ersten Mal, kann jeder, der eine Idee hat, aus dieser einen Fernsehbeitrag oder ein Video machen. Und das fast kostenlos.

Keiner kann voraussagen, was damit in Zukunft gemacht wird. Aber eines ist sicher: Zum ersten Mal wird der Geist der persönlichen Verantwortung für das Erschaffene das Fernsehen durchdringen. Zum ersten Mal wird jeder, der eine Vision, einen Drang verspürt, seine Leidenschaft zum Ausdruck zu bringen, den Zugang zu den Werkzeugen der Fernsehproduktion haben. Und dies müsste ausreichen, die Welt zu verändern.

Michael Rosenblum

Einleitung

Wenn du vor einigen hundert Jahren lesen und schreiben konntest, brauchtest du dir um deinen Lebensunterhalt keine Sorgen zu machen. Willst du dagegen im 21. Jahrhundert vom Schreiben leben, musst du ungewöhnlich gut schreiben können. Weil alle Welt schreiben kann, muss du interessanter und spannender schreiben können als der lausige durchschnitt.

Vor wenigen Jahren genügte es, die Technik mittelmäßig zu beherrschen, um Fernsehen machen zu dürfen. Eine Kamera gerade halten zu können, hat nicht wenigen „Fachleuten" jahrzehntelang ein gutes Überleben im TV-Business ermöglicht.

Mit DV-Technologie kann jedes Schulkind etwas machen, das halbwegs nach Fernsehen aussieht. Das reine Können selbst stellt keinen Wert mehr da. Dein Können muss überdurchschnittlich sein, um im Business zu überleben. Du musst die Technik nicht bloß beherrschen, du musst mit ihr auch großartige Geschichten erzählen. Dieses Buch gibt dir einen Einstieg in den Videojournalismus. Mit diesem Know-how kannst du einen Film machen. Vielleicht sogar einen guten Film. Aber das ist erst der Anfang. Jeder Vj, der langfristig vom Videojournalismus leben möchte, muss seine Fähigkeiten ständig weiterentwickeln.

Dieses Buch beschreibt die theoretischen und praktischen Grundlagen des Videojournalismus. Aus den klassischen Disziplinen *Film-Wissenschaft*, *Journalismus*, *Kamera* und *Schnitt* wird das herausgezogen, was für einen angehenden Vj als Basiswissen unbedingt notwendig ist – immer unter Beachtung des realen Vj-Alltags. Die praktischen Hinweise in diesem Buch basieren auf den Erfahrungen von dutzenden Videojournalisten aus den USA, Großbritannien und Deutschland, und natürlich auf der Praxis und den Erfahrungen des Autors.

Was in diesem Buch dagegen nicht beschrieben wird, ist die technische Bedienung von Kamera und Schnittsoftware. Wenn du Vj werden möchtest, solltest du dir Bücher zu speziell deinem Schnittprogramm und deiner Kamera kaufen, denn in diesem Buch wird dir nur gezeigt, wie du deine technischen Fähigkeiten zu einem Ganzen verbindest. Willst du dich lediglich vorab über den Beruf *Videojournalist* informieren, bekommst du aber einen umfassenden Überblick, der dich nicht mit technischen Einzelheiten langweilt.

Dieses Buch beschreibt, wie du mit deinem Film einen Redaktionsleiter oder Auftraggeber zufrieden stellst, nicht aber, wie du überhaupt an einen von ihnen herankommst. Die Wege in die Medien sind so unterschiedlich, dass jeder einzelne davon jeweils ein Buch füllen könnte. Es gibt gute Bücher zum Thema Auftragsakquise und Bücher über redaktionelle Kalkulation, die du dafür heranziehen kannst.

Wenn du dieses Buch durchgearbeitet hast und gleichzeitig deine Technik beherrscht, bis du in der Lage, erste erfolgreiche Schritte als Videojournalist zu tun. Aber vergiss nicht: du bist nicht der einzige Vj auf diesem Planeten. Du hast Konkurrenz. Du musst täglich dazulernen. Bilde dich auf den einzelnen Wissensgebieten weiter: Filmtechnik, Bildgestaltung, Schnitt, Interviewtechnik und Storytelling. Interessiere dich für deine Mitmenschen, für Politik und Kultur. Bleibe technisch auf dem neuesten Stand und tausche dich mit anderen Vjs aus.

Kurz: Sei der beste Vj, der du sein kannst!

Dushan Wegner

Köln, November 2003

PS: Ich erlaube mir, in diesem Buch durchgehend bei Berufsbezeichnungen die männliche Form, also der Videojournalist statt *die Videojournalistin und der Videojournalist* zu verwenden. Schuld ist natürlich der Verleger. Er wollte die zusätzlichen Seiten nicht drucken, die es gebraucht hätte, wenn ich jedes Mal beide Geschlechter nennen würde. (just joking)

Der Videojournalist

Ein Videojournalist ist ein Geschichtenerzähler. Von den gesammelten Werken der Bibelschreiber bis zum Geschreibsel eines John Grisham – Menschen lieben Geschichten. Du willst Videojournalist werden und ein Mensch, der Geschichten mit Hilfe einer DV-Kamera und eines Schnittcomputers erzählen will.

Dazu erfindest du und recherchierst deine Themen selbst. Du wirst selbst deinen Film entwerfen und die Texte dafür schreiben. Du organisierst jedes Detail deines Drehs selbst. Als Vj erledigst du selbst die Denkarbeit für deinen Beitrag, die gesamte redaktionelle Arbeit von Exposé bis MAZ-Text und GEMA-Liste.

Du hast alle Freiheit.

Du trägst alle Verantwortung.

Du hältst die Kamera. Du stellst Schärfe und Belichtung ein. Du wählst den Bildausschnitt und die Einstellungsgröße. Du musst an Gegenschuss und Bildauflösung denken. Du schneidest deinen Beitrag selbst. Was du dir in der redaktionellen Vorbereitung und beim Filmen eingebrockt hast, löffelst du im Schnitt selbst aus.

Du kannst dich nie auf andere herausreden.

Es ist dein Film.

Vj mit voller Ausrüstung

Voraussetzungen

Videojournalisten müssen die Technik ihrer Geräte perfekt beherrschen. Auch du musst deine Kamera und den Schnittcomputer beherrschen wie Jimi Hendrix seine Gitarre.

Bevor du dich aber im Vj-tum praktisch versuchst, musst du wissen, was die Knöpfe an deiner Kamera bedeuten und was sie bewirken, wenn du sie verstellst. Das bedeutet, dass du genau weißt, wie du von Vollautomatik in den Manuell-Modus schaltest und die Blende einstellst, um anschließend noch den Gain auszuschalten und den Shutter-Speed korrekt anzupassen, während du über einen Strand läufst und dich mit dem Protagonisten über die nächste Szene unterhältst.

In dem, was sie *Freizeit* nennen, üben Elite-Soldaten immer wieder, ihre Waffe auseinanderzunehmen und wieder zusammenzusetzen. Auch du musst dein Equipment im Schlaf beherrschen. Es wirkt einfach peinlich, wenn die Protagonisten beim Dreh warten müssen, weil du erst einmal in der Bedienungsanleitung eine Funktion nachschlagen musst.

Aber natürlich steht es dir frei, die Bedienung deiner Kamera erst später zu erlernen. Vielleicht willst du dich zunächst in das Thema Videojournalismus einarbeiten, bevor du dir eine Ausrüstung kaufst. Das ist natürlich völlig in Ordnung, beachte aber: Die Faszination des neuen Berufes Videojournalismus begreifst du erst, wenn du deine Hände an eine DV-Kamera gelegt und deinen ersten Film gedreht und geschnitten hast.

Ausrüstung

Kamera

Mit der Kamera erzählst du eine Geschichte, so wie ein Autor mit der Tastatur des Computers seine Story zusammensetzt. Deine Bilder sind die Worte und Sätze deiner Geschichte. Der Zeitungsreporter sammelt seine Eindrücke auf einem Notizblock, du sammelst sie mit einer DV-Kamera. Deine Eindrücke sind nicht hingekritzelte Worte, sondern bewegte Bilder. Später wirst du diese Eindrücke zu einem Film zusammensetzen.

Deine Kamera ist aber gleichzeitig das Auge des Zuschauers. Er wird sehen, was du gesehen hast. Aber er wird nur so gut sehen, wie du auch gefilmt hast. In extremen Situationen – in denen es oft die besten Bilder gibt – hast du keine Zeit, über Blende und Fokus nachzudenken. Du und deine Kamera müssen reibungslos zusammenspielen.

Die großen Hersteller von DV-Kameras trennen ihre Produktlinien in einen Amateur- und Profibereich. Wenn du eine Kamera auswählen willst, kannst du aus dem Profibereich praktisch jede DV-Kamera nehmen. Besser aber, du richtest dich danach, welche Kameras befreundete Videojournalisten einsetzen. Es ist unnötig anstrengend, als System-Einzelkämpfer bei technischen Problemen allein dazustehen. Deine Fähigkeiten wachsen auch durch den Erfahrungsaustausch mit Kollegen, die mit dem gleichen Equipment arbeiten wie du. (Über das Internet findest du zwar immer Menschen, die mit der gleichen Ausrüstung arbeiten wie du, das ersetzt aber nicht den realen Mensch-zu-Mensch-Kontakt.)

Der Markt für Amateurkameras ist viel mehr in Bewegung als der Profi-Markt. Besonders im High-End-Amateurbereich werden laufend Entwicklungen aus Profi-Kameras integriert und neue, verbesserte Modelle auf den Markt gebracht. Erlaubt dein Budget keine Profi-DV-Kamera, kannst du erwägen, stattdessen in eine gute Amateur-DV-Kamera zu investieren. Mache dir keine Illusionen, bereits damit Hochglanz-Fernsehen produzieren zu können, denn es gibt gute Gründe, warum eine billigere Kamera billiger ist. Produktionen mit Amateurkameras wurden aber bereits im Fernsehen ausgestrahlt und haben sogar schon wichtige Preise gewonnen. Um mit den technisch schwächeren Bildern durchzukommen, brauchst du dafür eine umwerfend gute Geschichte. Möchtest du zunächst einmal ins *Fernsehmachen* hineinschnuppern und nicht die relativ großen Summen für eine Profi-Kamera ausgeben, kann eine hochwertige Amateurkamera ein sinnvoller Einstieg sein. Entscheidest du dich später für die teurere Version, dient dir die kleine Kamera als Backup, falls das Profi-Gerät mal ausfällt. (Eine Backup-Kamera ist generell sinnvoll, besonders bei Auslandseinsätzen.) Wenn du aber feststellst, dass professionelles Filmemachen nichts für dich ist, hast du weniger Geld ausgegeben und kannst im Urlaub mit einer richtig guten Hobby-Kamera deine Familie und Freunde filmen.

Falls du aber bereits eine Kamera besitzt, wäre jetzt der richtige Zeitpunkt, die Bedienungsanleitung zu lesen und zu lernen, wie die Knöpfe funktionieren. Die nachfolgenden Kapitel werden auf einige Eigenschaften und Funktionen deiner Kamera eingehen.

DV-Technologie

DV heißt Digital Video, digitales Video. Ursprünglich war DV ein Aufnahmeformat wie VHS, Hi-8 oder Betacam, inzwischen wird DV aber als Sammelbegriff für alle Geräte verwendet, die Video digital statt analog aufzeichnen. In der Praxis wirst du in digitalen Video-Formaten wie MiniDV, DVCAM (Sony) oder DVCPro (Panasonic) aufzeichnen.

DV-Kameras sind also Kameras, die Bild und Ton nicht analog, sondern digital aufzeichnen. Digital bedeutet, dass die Farb-, Helligkeits und Toninformationen in Zahlen umgewandelt, digitalisiert werden. Diese digitale Daten kannst du kopieren oder über ein Kabel von einem Medium zu einem anderen übertragen, ohne dass die Qualität leidet, da die einzelnen Zahlen immer gleich bleiben: eine 1 ist auch nach der siebzigsten Kopie noch eine 1. (Beispiel: Kopie von CD zu CD.)

Analog bedeutet, dass die Wellenform selbst abgebildet wird. Kopien analoger Daten werden in jeder Kopiergeneration etwas schlechter, da immer nur ein ungefähres Abbild der Daten erzeugt wird. (Beispiel: Kopie von MC zu MC.)

Digital bedeutet nicht unbedingt besser als analog. Traditioneller Zelluloid-Film ist in Auflösung und Farbwiedergabe den meisten DV-Kameras überlegen, völlig unabhängig davon, dass er, absolut gesehen, analog aufzeichnet. Ein analoger Amateur-Camcorder ist dagegen einer modernen DV-Kamera hoffnungslos unterlegen. DV ist nur die Art der Aufzeichnungstechnologie, weiteren Einfluss auf die Qualität des Bildes haben zusätzliche Faktoren wie das Kameraobjektiv, die Farbtiefe, mit der die Bilder aufgezeichnet werden und die Auflösung.

DV und Videojournalismus

Der Beruf Videojournalist ist erst mit der DV-Technologie entstanden.

Wenn du auf DV filmst, werden die Bilder in der Kamera digitalisiert und gespeichert. Während des gesamten Produktionsprozesses bleiben diese Daten immer dieselben Daten. Und diese Datenmenge ist relativ überschaubar. Dies mag banal klingen, bringt aber einige Vorteile mit sich, die erst den Videojournalismus ermöglichen.

Wenn du mit DV filmst, fließen Daten. Diese Daten müssen gespeichert werden. Die meisten Kameras speichern (noch) auf Band, andere direkt auf eine Festplatte oder DVD. Der DV-Datenstrom ist ungefähr 3,5 MB/s breit. Um in Echtzeit deine Daten auf Festplatte aufzuzeichnen, muss die Platte einen Datenstrom dieser Größe fehlerfrei verarbeiten und speichern können. Moderne Festplatten können das. Wenn du mit einer DV-Kamera nach Hause kommst, kannst du den Camcorder per Firewire-Kabel (wird auch iLink genannt) an den Computer anschließen und die Daten 1:1 auf die Festplatte übertragen. Sogar Supermarkt-Rechner verfügen mittlerweile über den notwendigen Firewire-Anschluss. (Beim Rechner vom Gemüse-Discounter wird eher der zu knapp berechnete Speicherplatz ein Problem darstellen.)

Die Daten werden von der Kamera in den Computer per Firewire verlustfrei eingelesen. Wo man früher teure Beta-Abspielgeräte (Mazen) mit Spezialkabeln brauchte, um Daten einzulesen, genügt dir ein simples Verbindungskabel zur Kamera. Während bei analogen Systemen die immer vorhandenen Überspielverluste durch teure Hardware ausgeglichen wurden, sind in der DV-Welt Datenverluste in der Regel ausgeschlossen. Alles wird genauso auf Festplatte gespeichert, wie es die Kamera digitalisiert hat.

Die Nachbearbeitung des gedrehten Materials ist genauso unkompliziert wie die Aufnahme, ein besserer Homecomputer mit der richtigen Software genügt. Denn Bilddaten bleiben Bilddaten, unabhängig vom Preis des Computers. Natürlich gibt es Unterschiede zwischen deinem Heim-PC und einem High-End-System. Diese Unterschiede kommen aber erst zum Tragen, wenn du mit komplexen Effekten und vielen Videospuren arbeitest. Die wichtigsten Effekte, wie Bildüberblendungen oder einfache Schrifteffekte, kannst du auch mit einem einfachen PC- oder Apple-Schnittplatz erledigen. Vielleicht musst du erst rendern, also vom Computer die neuen Filmdaten errechnen lassen, wo ein großes System die Daten sofort anzeigen würde, aber da auch Home-PCs immer leistungsfähiger werden, können auch diese Rechner immer aufwendigere Effekte in Echtzeit anzeigen. Aber abgesehen davon, ist es besser für deinen Filmstil sowieso besser, wenn du mit weniger Bildeffekten und mehr harten Schnitten arbeitest.

Auf einem Homecomputer wirst du keinen Kinofilm schneiden, denn dieser Rechner hat nicht die Performance, um das hochauflösende Material zu bearbeiten und die rechenintesiven Farbkorrekturen durchzuführen, die nötig sind, um einen Film kinoreif zu machen. Es ist aber realistisch, einen Kinofilm mit DV zu drehen, ihn auf einem kleinen System vorzuschneiden, die Schnittdaten auf ein großes System zu übertragen und dort das Finetuning, wie z. B. Farbkorrekturen, zu erledigen. Dies ist bereits heute Praxis, und wird auch für aufwendige Fernsehreportagen angewandt. Hierfür sind je nach Schnittsystem Konvertierungstools nötig, die aber mit fortscheitender Vj-isierung des Fernsehmarktes immer verbreiteter werden. Wenn du wissen möchtest, welche Kinofilme mit DV-Technik gedreht wurden, dann such doch einmal spaßeshalber in der Internet-Suchmaschine www.google.de nach den Begriffen *DV-Kamera* und *Kinofilm*.

Erst mit der Digitalisierung des Aufnahmeprozesses konnten auch mit kleinen, handlichen Comsumer-Kameras Filme in Fernsehqualität aufgenommen werden. Bis DV-Kameras auf dem Horizont erschienen, hieß die Gleichung: kleine Kamera = schlechte Bilder. (Heute könnte sie heißen: kleine Kamera = wacklige Bilder. Und das ist tatsächlich ein Problem. Aber gegen Wackelbilder gibt es ja Stative.)

Auch die professionellen DV-Kameras sind – zumindest im Automatik-Modus – genauso einfach zu bedienen wie die Amateur-Camcorder. Wo früher mindestens noch ein Kameramann den Redakteur begleiten musste, kann ein Videojournalist heute selbst filmen, was er dem Zuschauer zeigen möchte. Da der Vj seine Filme auch selbst schneidet, weiß er genau, welche Bilder er tatsächlich braucht. Es ist seine Geschichte, die er mit seinen Bildern erzählt, also gibt er sich jede denkbare Mühe, gute Bilder zu filmen. Und nur weil die DV-Technologie relativ einfach zu bedienen ist, können diese Arbeitsschritte überhaupt von einer einzigen Person erledigt werden. Deshalb ist der Beruf des Videojournalisten erst durch die DV-Technologie möglich geworden.

Bodyfilming – Mit dem ganzen Körper filmen

Du filmst nicht mit der Kamera – du filmst mit Bizeps und Knien.

Deine Kamera hat eine Schlaufe, in die die meisten Leute ihre rechte Hand stecken. Das ist die Haltung, die sie von den großen Betacam-Camcordern kennen, und sie denken, so müsse man auch eine kompakte Videokamera halten. Das ist falsch. Traditionelle Kameraleute tragen ihre Kamera nur deshalb auf der Schulter, weil so ein Ding bis zu 15 Kilo wiegen kann. Das ist mehr als eine Kiste H-Milch! Dieses Gewicht kann man eben nur auf der Schulter tragen. Und auch da ist es sehr schwer. Jedes Jahr scheiden viele gute Kameraleute wegen Rückenschäden aus dem Arbeitsleben.

Die DV-Kamera eines Videojournalisten muss aber nicht auf der Schulter gehalten werden. Im Gegenteil: Wenn du versuchst, die Kamera im Kameramann-Stil auf Augenhöhe zu halten, werden deine Bilder schlimm wackeln, denn es ist völlig unnatürlich, einen Gegenstand so zu halten.

Hast du schon einmal gesehen, wie ganz große Fotografen ihre Mittelformat-Kameras halten? Vor dem Bauch, und sie schauen von oben in sie hinein. Auf einem großen Display, der Mattscheibe, sehen sie eine Abbildung dessen, was sie beim Auslösen aufnehmen werden.

Diese Haltung ist weit natürlicher. Stelle dir vor, du würdest eine mit Wasser randvoll gefüllte Schüssel vom Tisch aufheben, durch den Raum tragen und auf einem anderen Tisch wieder absetzen. Wie würdest du diese Schüssel tragen, um möglichst kein Wasser auszuschütten, sie also möglichst stabil und wackelfrei zu halten? Selbst wenn eine Schlaufe dran wäre – würdest du sie nicht mit einer Hand seitlich auf Augenhöhe tragen. Wohl kaum. Wahrscheinlich hebst du sie mit dem Bizeps vorsichtig hoch. Dann trägst du sie vor dem Bauch, noch immer mit dem Bizeps. Und schließlich setzt du sie ab, ebenfalls aus dem Bizeps.

Genauso musst du deine Kamera halten. Aus dem Bizeps heraus. Halte sie von unten. Um das Bild in dieser Position zu kontrollieren, musst du das Ausklapp-Display nutzen. Du kannst es drehen und in jeder Situation eine recht genaue Ahnung dessen bekommen, was du gerade auf Video bannst.

So wie du eine volle Schüssel mit Wasser tragen würdest...

Neben dem Bizeps gibt es einen weiteren besonders wichtigen Körperteil: deine Knie. Hast du schon einmal American-Football- Spieler gesehen, die einen Angriff abwehren müssen? Die Knie sind gebeugt, je tiefer der Schwerpunkt, umso einfacher ist es, im Gleichgewicht zu bleiben. Hast du Inline-Skaten gelernt? Hier gilt dieselbe Regel: Je gebeugter die Knie, desto sicherer fährst du.

... solltest du auch deinen Camcorder mit beiden Händen halten.

Auch beim Filmen ist Stabilität entscheidend für die Bildqualität. Wenn du filmst, stehe nicht mit durchgedrückten Knien wie eine griechische Säule im Raum herum, sondern denke an die alte Boxerregel: Die Beinarbeit macht's! du musst stabil bleiben, deine Knie müssen gebeugt und beweglich sein.

Filmen ist eine Sache des ganzen Körpers.

Das ist übrigens der Grund, wieso sich Kameraleute leichter zu Videojournalisten weiterbilden lassen als Redakteure. Während die einen sowieso gewohnt sind, mit Bildern eine Geschichte zu erzählen und zusätzlich nur etwas Konzipieren, Texten und Schneiden lernen müssen, kommt auf die Redakteure plötzlich eine kom-

Einen DV-Camcorder kann man auf das Schlüsselbein gestützt halten...

... vor sich, wobei die Oberarme am Körper anliegen...

... oder an der Hüfte abgestützt. Jede Haltung ist für bestimmte Drehsituationen vorteilhaft und man sollte alle beherrschen.

plett neue Sichtweise der Dinge zu. Plötzlich ist das Erzählen von Geschichten keine vergeistigte Beschäftigung der Möchtegern-Eliten, sondern harte physische Arbeit. Kameraleute sind eben diese ohnehin gewohnt.

Du filmst nicht nur mit den Augen, sondern mit Bizeps und Knien, mit deinem ganzen Körper. Mit zunehmender Erfahrung wird der Geschichten-Erzähl-Teil deines Gehirns zusammenarbeiten mit den Kontrollzentren für Augen, Arme, Knie und den Rest des Körpers. Gutes Filmen ist wie Tanz. Wenn alles zusammenspielt, wird das an deinen Bildern erkennbar sein. Und bis dahin: üben!

Fokus

Manche Kameraleute werden dir sagen, dass Autofokus überhaupt nichts taugt und nur manueller Fokus das Wahre ist. Und tatsächlich wird ein erfahrener Kameramann mit seiner teuren Beta-Mühle eine bessere und genauere Schärfe ziehen, als du mit einer DV-Kamera. Das nutzt dir aber nichts, denn du hast als Vj eine kleine DV-Kamera mit Mini-Schwarzweiß-Sucher und Ausklapp-Farb-Display, und du musst mit genau dieser Ausrüstung saubere, richtig fokussierte Bilder liefern. Du wirst nicht herumkommen, in manchen Fällen mit Autofokus zu drehen. Deshalb solltest du wissen, wie der Autofokus funktioniert und wie du, trotz der augenscheinlichen Nachteile, seinen Nutzen ausreizen kannst.

Der Autofokus wählt selbst aus, worauf scharf gestellt werden muss, und fokussiert dann darauf. Manche Kameras machen das langsam, andere kommen fast an die Fokussier-Geschwindigkeit des menschlichen Auges heran. Immer aber ist es nur Technik. Du musst sie kontrollieren, damit sie tut, was du von ihr willst. Niemals kannst du dich blind auf den Autofokus verlassen. Oft musst du der Kamera erst auf die Sprünge helfen, wenn es um die Wahl der richtigen Schärfe geht.

Früher haben Autofokus-Kameras einen Infrarot- oder Ultraschall-Strahl losgeschickt und die Zeit gemessen, die der Strahl brauchte, um wieder zurückzukommen. Die Funktionsweise war ähnlich dem Echolot eines Bootes oder dem Ultraschall-Radar einer Fledermaus. Daraus errechnete die Kamera den Abstand zum Objekt und stellt das Objektiv auf den so errechneten Abstand scharf. Das hieß aktiver Autofokus, weil etwas losgeschickt und dessen Reflektion gemessen wurde. Aktiver Autofokus hat den Vorteil, dass auch bei sehr geringem Licht scharfgestellt werden kann. Nachteil ist, dass der Infrarot-Strahl nicht immer genau ist. Zum Beispiel strahlen manche Lichtquellen selbst Infrarot-Licht aus, wie etwa offenes Feuer oder Fernbedienungen. Schwarze Oberflächen schlucken den Infrarot-Strahl gleich ganz, so dass die Kamera auf unendlich fokussiert, obwohl das schwarze Objekt vielleicht nur zwei Meter entfernt ist.

Heute hat sich bei DV-Kameras der passive Autofokus durchgesetzt. Passiv heißt, dass kein Infrarot-Strahl mehr losgesandt wird, sondern Computerchips das tatsächlich ankommende Bild analysieren und die Schärfe entsprechend einstellen.

Der passive Autofokus analysiert die Bilder, die das Objektiv an die CCD-Chips weiterreicht. (CCD-Chips sind lichtempfindliche Platten, die das Bild aufnehmen und in elektrische Signale umwandeln, die anschließend digitalisiert werden.) Der Computer nimmt jedes Bild und schneidet es virtuell in Pixel-Streifen. (Pixel sind die einzelnen Bildpunkte, aus denen jedes digitale Bild besteht.) Der Helligkeitsunterschied zwischen je zwei benachbarten Streifen wird gemessen. Dann dreht die Kamera das Objektiv um ein kleines Stück und vergleicht erneut die Helligkeit benachbarter Pixel. Sind die Helligkeitsunterschiede geringer geworden, nimmt die Kamera an, dass das Bild unschärfer geworden ist. Sie dreht das Objektiv in die andere Richtung. Wurde der Helligkeitsunterschied allerdings größer, schlussfolgert die Kamera, dass das Bild schärfer wurde. Sie dreht das Objektiv deshalb in dieselbe Richtung weiter, solange, bis plötzlich die Helligkeitsunterschiede zwischen benachbarten Pixeln wieder geringer werden. Dann wird das Objektiv wieder ein kleines Stück zurückgedreht und hat damit die optimale Schärfe erreicht.

Der passive Autofokus analysiert einen Bereich in der Mitte des Bildes. Meistens wird er auf das Objekt scharfstellen, das weiter im Vordergrund liegt. Wenn sich jedoch im Vordergrund ein düster beleuchtetes, farblich kontrastarmes Gesicht befindet, im Hintergrund jedoch ein kontrastreiches, buntes Bücherregal mit harten Schatten steht – dann hast du ein scharfes Regal mit einem unscharfen Protagonisten davor. Ein „Effekt", der dir besonders am Anfang immer in die Quere kommt. Der passive Autofokus versucht eben, innerhalb seines Messfeldes soviel Schärfe wie möglich zu produzieren. Und manchmal gelingt ihm das eben besser, wenn er auf das Buchregal oder die Raufasertapete im Hintergrund fokussiert.

Wenn sich der Abstand zwischen dir und dem Objekt plötzlich deutlich ändert, kann es dir passieren, dass das Objektiv einige Male hin- und herfährt, um erneut die Schärfe zu suchen, der Autofokus hat sich verirrt. Nehmen wir an, du filmst aus der Nähe den Kopf eines Menschen, der in einem Auto sitzt. Er gibt dir einen O-Ton und der Autofokus hat alles im Griff. Dann fährt das Auto aus dem Bild. Du bewegst die Kamera nicht, um die Szene an dieser Stelle schneiden zu können. Der Autofokus muss plötzlich die neue Schärfe suchen, und es kann sein, dass er dafür eine halbe Sekunde braucht. Eine halbe Sekunde ist eine sehr lange Zeit, wenn Millionen Zuschauer in dieser halben Sekunde ein unscharfes Bild sehen.

Auch bei glatten, einfarbigen Flächen wirst du Probleme mit dem Autofokus haben. Zum Beispiel könntest du eine hellblaue Wand filmen, und planen, dass dein Protagonist ins Bild kommt. Ist die Wand aber wirklich komplett glatt, kann es passieren, dass die Kamera verzweifelt nach Kontrasten sucht. Wenn dein Protagonist ins Bild kommt, ist er im ersten Augenblick vielleicht völlig unscharf, da der Autofokus schärfemäßig gerade völlig anderswo herumprobiert.

Aber wenn du diese Einschränkungen in der Arbeit mit der automatischen Fokussierung kennst und solche Problemfälle umgehst, ist der Autofokus ein hervorragendes Werkzeug. Du musst es nur zu bedienen wissen.

Versuche mit einer Kombination aus manueller und automatischer Schärfe zu arbeiten. Die meisten Kameras bieten die Möglichkeit, den Autofokus abzuschalten, im manuellen Modus aber per Knopfdruck temporär in den Autofokus zu schalten. Die Schärfen-Einstellung ist manuell. Für die Zeit, in der du den Autofokus-Knopf drückst, wird die Schärfe aber automatisch durch das System gezogen. Sobald du loslässt, bleibt die Schärfe in der aktuellen Position stehen und der Fokus ist wieder im manuellen Modus.

Beispiel
Du filmst das Gespräch zweier Menschen und möchtest irgendwann von der Nahaufnahme des einen Gesichtes auf die Nahaufnahme des anderen Gesichtes schwenken. Würdest du das komplett im Autofokus-Modus machen, würde die Kamera zwischen den beiden Köpfen auf die Suche nach der neuen Schärfe gehen. Was sie genau macht, ist wenig vorhersehbar. Bist du aber erst

beim zweiten Gesicht angekommen, sucht sie erneut die richtige Schärfe – obwohl sie beim ersten Gesicht ja eigentlich richtig war und hätte übernommen werden können. In einer solchen Situation ist es besser, wenn du auf das erste Gesicht automatisch scharf stellen lässt, dann auf manuell umschaltest, schwenkst, stehen bleibst und sofort die Schärfe automatisch nachregulierst. Das wird mit etwas Übung deutlich glatter und schneller funktionieren als reiner Autofokus.

Letztendlich musst du aber deine eigene Art entwickeln, scharf zu stellen. Es gibt Videojournalisten, die nur mit Automatik arbeiten, und andere, die ausschließlich manuell die Schärfe ziehen, sogar in bewegten Situationen. Trotz der unterschiedlichen Arbeitsweise liefern beide gute Bilder ab.

Weißabgleich

Farbe ist Reflexion von Licht. Weißes Licht ist eine Mischung vieler verschiedener Farben. Wenn du eine rote Fläche siehst, bedeutet dies, dass die roten Wellenlängen von diesem Objekt reflektiert und alle anderen Wellenlängen absorbiert werden. Eine blaue Fläche reflektiert entsprechend die blauen Anteile des weißen Lichts. Eine violette Fläche reflektiert etwas Blau und etwas Rot, was sich für das Auge zu Violett vermischt. Eine Fläche erscheint uns weiß, wenn sie alle Farben gleichmäßig reflektiert.

Deine Kamera mischt alle Farben aus den drei Grundfarben Rot, Grün und Blau. Wenn deine Kamera von einer Fläche gleichmäßig viele rote, grüne und blaue Reflexionen aufnimmt, wird diese Fläche weiß dargestellt.

Da Weiß wie alle anderen Farben eine Reflexion des Umgebungslichtes ist, wird es immer nur so gleichmäßig weiß sein, wie das umgebende Licht gleichmäßig weiß ist. Das umgebende Licht ist jedoch nur selten völlig gleichmäßig. Sonnenlicht enthält besonders viel Blau. Das Licht von Glühbirnen enthält besonders viele rote Anteile. Das Licht eines Lagerfeuers enthält noch mehr rote Anteile.

Normalerweise merkst du diese Ungleichmäßigkeit nicht, da dein Gehirn die verschobenen Farbwerte wieder korrigiert. Ein weißes Blatt erscheint dir weiß, ob du es nun im Kerzenschein oder in der Mittagssonne betrachtest.

Die Kamera sieht aber die tatsächlichen Farben und stellt sie später dann auch so dar. Filmst du in einem Raum mit grünen Wänden, hat die komplette Szene einen Grünstich, denn die grünen Wände reflektieren sehr stark die Wellenlängen, die wir als Grün sehen. Die Gesichter der Personen und alles andere wird grün eingefärbt. Glühbirnen färben dagegen gelb ein. Wenn du ein Interview mit einer Schreibtischlampe aufhellst, sieht dein Interviewpartner unter Umständen etwas gelblich aus.

Um diese Farbverschiebungen zu vermeiden, benutzt du den Weißabgleich deiner Kamera. Beim (manuellen) Weißabgleich hältst du die Kamera auf eine weiße Fläche und sagst der Kamera quasi: *Schau' mal, das hier ist richtiges Weiß!* Die Kamera macht dann eine interne Aufnahme der angepeilten weißen Fläche und wertet sie aus. Dabei stellt sie eventuell fest, dass die Fläche zu viel Blau und zu wenig Rot enthält, um tatsächlich *mathematisches* Weiß zu sein. Die Elektronik der Kamera merkt sich dieses Missverhältnis und gleicht es sofort aus, indem bei allen folgenden Aufnahmen die blauen Farbanteile betont und die roten Farbanteile abgeschwächt werden.

Manchmal kannst du aber keinen manuellen Weißabgleich vornehmen. Besonders wenn die ganze Situation extrem hektisch ist und die Belichtungssituation und die Lichtverhältnisse sich öfters ändert. Wenn du Soldaten im Kampfeinsatz filmst, sie im Bunker (gelbes Glühlampen-Licht) ihre Sachen zusammenraffen und dann mit Gewehr im Anschlag nach draußen stürmen (blaues Tageslicht), kannst du guten Gewissens den automatischen Weißabgleich seine Arbeit machen lassen. Viel wichtiger ist, dass du trotz aller Hektik vernünftige, ruhige Bilder filmst.

Plötzliche Änderungen

Falls sich im Verlauf der Aufnahmen die Lichtverhältnisse ändern, ist es ratsam, erneut einen Weißabgleich vorzunehmen. Die Änderung der Lichtverhältnisse musst du wissen, verlasse dich nicht auf's Sehen.

Wenn jemand etwa ein Fenster öffnet und Tageslicht in einen Raum hineinfällt, bemerkt dein Auge die Veränderung der Lichtfarbe nicht, auch auf dem Kameradisplay ist dies zunächst nicht immer zu sehen, denn dein Gehirn rechnet sofort um. Die Kamera aber bleibt bei der *Glühbirnen*-Einstellung, unterdrückt weiter Rot und hebt Blau an – und alle Gesichter bekommen schlagartig einen leichenblassen Blaustich.

Es kann passieren, dass sich die Lichtverhältnisse bei einem hektischen Dreh plötzlich radikal ändern und du einfach keine Möglichkeit für einen neuen Weißabgleich hast. In diesen Fällen solltest du schnell den automatischen Weißabgleich einschalten. Besser du hast einen ungefähr richtigen automatischen Weißabgleich als einen völlig falschen manuellen.

Farbverschiebung

Als Faustregel gilt, dass alle Szenen ohne Farbstich gedreht werden sollen, aber es gibt auch Ausnahmen und nicht immer ist mathematisches Weiß wünschenswert.

Beispiel
Du filmst zwei Verliebte in einem Restaurant bei einem Candlelight-Dinner und Abendstimmung. Es ist völlig in Ordnung, wenn das Bild gelb-rötlich eingefärbt ist – das nennt man dann eine *warme* Lichtstimmung. Ein Standard-Weißabgleich würde hier unnatürlich und eigenartig kalt wirken. Wenn du hingegen das Verhör eines Verbrechers in einer Gefängniszelle filmst, könntest du die Dramatik der Situation betonen, indem du das Bild etwas bläulicher machst – die Stimmung wirkt dann *kälter*. Beides lässt sich mit dem Weißabgleich bewerkstelligen.

Du *verschiebst* den Weißabgleich, indem du die anfokussierte weiße Fläche manipulierst. Wenn du deinem Bild einen warmen Ton geben möchtest – was meist auch den Hauttönen der Gefilmten schmeichelt – sorgst du dafür, dass die beim Weißabgleich anvisierte *weiße* Fläche etwas Blau enthält. Es gibt hierfür speziell getönte Weißabgleich-Karten. Dafür hast du aber keinen Platz in der Vj-Ausrüstung. Für deine Zwecke reicht es, wenn du neben das weiße Blatt ein hellblaues Blatt oder einen anderen blauen Gegenstand legst. Beim Weißabgleich nimmst du etwa $^{4}/_{5}$ Weiß und $^{1}/_{5}$ Blau ins Bild. Die Kamera nimmt einen Weißabgleich für das gesamte Bild vor und geht davon aus, dass das Umgebungslicht zu viel Blau enthält. Diesem vermeintlichen Blaustich wirkt die Kamera entgegen und färbt das Bild entsprechend rötlich warm. Mit diesem Trick hast du die Kamera und ihren Weißabgleich *überlistet*. Dies ist ein Standardtrick, den du präsent haben solltest, um die Farbstimmung wärmer zu machen, wenn es menscheln soll.

Im Zweifel ist eine warme Farbstimmung immer besser als ein perfekter, aber zu kühler Weißabgleich. TV-Zuschauer mögen es halt gemütlich – und wer mag es ihnen verdenken?

Die umgekehrte Farbstimmung brauchst du, wenn du Nachtaufnahmen nachstellst. Hierfür kannst du einen Weißabgleich auf eine komplett orangefarbene Fläche machen – das Bild wird tief blau sein. Wenn du das Bild dann noch etwas dunkler einstellst, wirkt das Bild „nächtlicher" als manche tatsächlich in der Nacht gefilmte Aufnahme.

Optik und Belichtung

Einstellungen

Bevor du filmst, stelle die Kamera auf deine Bedürfnisse ein. In der Regel wirst du weder komplett automatisch noch vollständig manuell drehen. Probiere also die verschiedenen Funktionen aus, indem du sie nacheinander ab- und wieder anschaltest und finde so die Kombination, mit der du die besten Bilder drehst.

Gain abschalten

Mit Hilfe des Gain (auf Deutsch: Steigerung, Zugewinn) versucht die Kamera, mehr Helligkeit in die Bilder zu bringen, wenn das vorhandene Licht nicht ausreicht. Wie du weißt, nimmt die DV-Kamera mit Hilfe von CCD-Chips auf. Diese Chips enthalten unzählige kleine Pixel-Sensoren. Wenn die Helligkeit mittels Gain gesteigert wird, addiert die Kamera einfach nebeneinander liegende Pixel zusammen. Das macht das Bild heller – aber auch deutlich schlechter, grisseliger. Stelle den Gain also generell auf 0 dB und fixiere ihn dort.

Nur wenn es absolut keine andere Möglichkeit gibt, mehr echte Helligkeit in ein dunkles Bild zu bringen, kannst du den Gain aufdrehen, maximal ist dies bis etwa 12 dB möglich. Wenn du die Verstärkung anhebst, überlasse es der Kamerautomatik, die richtige Verstärkung zu wählen.

Verschlusszeit (englisch: shutter speed)

Deine PAL-Kamera nimmt sekündlich 25 Bilder auf, genau genommen sind es eigentlich 50 Halbbilder. Wenn du die Verschlusszeit der Kamera auf $^1/_{50}$ s stellst, wird jedes einzelne Halbbild mit

Bei dieser Einstellung, einem Altar im Dom, wurde der Gain angehoben – die Folge ist ein grisseliges Bild, dass kaum gesendet werden kann.

$^1/_{50}$ s belichtet – dies ist die beste Einstellung. Du kannst auch experimentieren und längere Zeiten einstellen – viel Spaß bei deinen Versuchen! Filmst du mit kürzeren Verschlusszeiten als $^1/_{50}$ s, etwa $^1/_{100}$ s oder noch kürzer, werden immer noch lediglich 50 Halbbilder aufgenommen. Wenn du aber mit so kurzen Verschlusszeiten schnelle Bewegungen filmst, kann die Bewegung hüpfend oder Stroboskopartig wirken, da zwischen zwei Bildern immer ein Stück der Bewegung fehlt. Vergiss also Highspeed-Sportaufnahmen. Stelle einfach $^1/_{50}$ s ein und alles wird gut.

Blende

Die Blende reguliert das Licht, das in die Kamera und auf die Chips fällt. Wenn du die Gaineinstellung und die Verschlusszeit fixierst (auf 0 dB und $^1/_{50}$ s), ist die Blende die einzige Möglichkeit, die Belichtung der Motivhelligkeit anzupassen (Außer vielleicht noch Grau- oder Neutral-Density-Filter, mit denen du das Bild in heller Umgebung generell abdunkelst.).

Mit etwas Übung (welche du dir unbedingt holen solltest) kannst du die Blende auch von Hand einstellen, statt mit automatischer Belichtung zu drehen. Nutze dafür die Zebra-Funktion deiner Kamera, die dir in der 70 %- oder 80 %-Position genau anzeigt, wann die hellen Bereiche eines (europäischen) Gesichtes korrekt belichtet sind.

In hektischen Situationen oder wenn du noch wenig Übung hast, kannst du die Belichtung der Kameraautomatik überlassen. Alle anderen Einstellungen wie Gain und Verschlusszeit sollten aber immer fixiert bleiben.

Automatic Exposure Shift

Einige DV-Kameras bieten die Möglichkeit, die automatisch eingestellte Helligkeit grundsätzlich zu verschieben. In Verbindung mit dem 70/80er-Zebra kannst du diese Funktion als Blende für Arme benutzen. Wenn bei automatischer Blende die Helligkeit im Gesichtsbereich nicht stimmt, kannst du sie mit dem AE-Shift grundsätzlich korrigieren. Die Kamera stellt weiter automatisch die Helligkeit ein, schiebt sie aber immer nach heller oder dunkler, je nach deiner Einstellung. Besonders in Gegenlicht-Situationen solltest du den AE-Shift der automatischen Gegenlicht-Automatik vorziehen.

Gegenlicht und Spotlight

Wenn sich hinter dem gefilmten Objekt/Menschen ein Fenster, eine Lampe oder eine andere Lichtquelle befindet – dann ändere die Kameraposition. Deine Kamera wird sonst Probleme bekommen.

Vermeide Gegenlicht-Situationen – DV-Camcorder sind für solche Szenen ungeeignet.

Die Belichtungsautomatik versucht, einen guten durchschnittswert einzustellen. Das führt aber in der Regel dazu, dass das Fenster noch immer zu hell, der Mensch davor aber noch immer zu dunkel ist.

Eine große Beta-Kamera könnte es vielleicht schaffen, den Kontrastumfang aufzufangen, und die Szene brauchbar aufzunehmen und sowohl das helle Fenster als auch die dunkle Person davor in einem annehmbaren Verhältnis wiederzugeben. Deine DV-Kamera kann es aber nicht. Sollte ein anderer Szenenaufbau absolut nicht möglich sein, musst du versuchen, so gut es geht die Belichtung von Hand anzupassen. Niemals solltest du die Buttons mit den automatischen Gegenlicht- und Spotlight-Funktionen verwenden. Sie sind viel zu ungenau. Arbeite lieber mit einer manuellen Blende, eventuell der AE-Shift-Funktion bei automatischer Blende und schalte, wenn nötig, die Grau- oder Neutral Density-Filter (ND-Filter) zu.

Bei nur leichtem Gegenlicht, zum Beispiel beim Filmen einer Szene vor hellem Himmel, kannst du die notwendige Belichtungskorrektur per AE-Shift vornehmen. Vorteil ist, dass der AE-Shift auch in hektischen Drehsituationen gut zu bedienen ist. Ein Kameramann wird dir vielleicht sagen, dass AE-Shift keine *professionelle* Arbeitsweise sei. Letztlich zählt aber nur das Ergebnis.

Bei starkem Gegenlicht solltest du immer mit manueller Blende arbeiten. Das Prinzip ist dasselbe wie bei anderen Belichtungen auch: Das 70er- bzw. 80er-Zebra muss die hellen Partien des Gesichtes markieren. Damit ist auch der Rest des Gesichtes gut ausgeleuchtet. Allerdings hast du das gesamte Bild viel heller belichtet. Weiße Teile des Hintergrunds sind jetzt unter Umständen völlig überstrahlt.

Bei *Spotlight* ist die Situation genau andersherum. Das Gesicht des Protagonisten ist viel heller als der Hintergrund, vielleicht ist der Hintergrund sogar ganz schwarz. Die reguläre Belichtungsautomatik würde eine durchschnittshelligkeit einstellen wollen. Sowohl der Hintergrund als auch das Gesicht wären dann zu dunkel. Wieder stellst du mit Hilfe von AE-Shift oder manueller Blende und Zebra die Helligkeit so ein, dass das Gesicht korrekt ausgeleuchtet ist.

Als Videojournalist, besonders wenn du am Anfang deiner Karriere stehst, solltest du dir die Belichtung so einfach wie möglich machen. Wenn es geht, verlasse dich auf die Blendenautomatik – aber kontrolliere sie mittels Zebra. Eine Fernsehregel sagt: *Entschuldigungen werden nicht gesendet.* Du kannst kein überstrahltes oder dunkles Bild auf den Sender bringen mit dem Untertitel *Entschuldigen Sie das schlechte Bild. Der Autor übt noch.*

Brennweite

Je größer (man sagt: länger) die Brennweite, desto kleiner der Bildausschnitt. Je kürzer die Brennweite, umso größer der Bildausschnitt.

Im *Weitwinkelbereich* ist die Brennweite kurz, deshalb kann man das gesamte Alpenpanorama filmen.

Im *Telebereich* ist die Brennweite lang, deshalb kann man nur das Gipfelkreuz des Berges erfassen.

Die Eselsbrücke: Je länger die Brennweite, desto länger kann der Abstand zu den Objekten sein, die groß abgebildet werden sollen. Je kürzer die Brennweite, desto kürzer muss der Abstand zu Objekten sein, die groß abgebildet werden sollen.

Brennweitenvergleich zwischen der Weitwinkelposition (oben) und dem Telebereich.

Die *Tiefenschärfe* ist, vereinfacht gesagt, der Bereich, in dem sich ein Objekt bewegen kann, ohne unscharf zu werden. Im Weitwinkelbereich ist die Tiefenschärfe groß. Billigstfotokameras und Einwegkameras haben Weitwinkelobjektive, deren Tiefenschärfe von 1,5 m bis Unendlich reicht. So wird die Mechanik zur Schärfeeinstellung gespart. Im Telebereich dagegen ist die Tiefenschärfe nur sehr gering. Ein Fußgänger, den du im Telebereich ins Bild nimmst, wird schnell unscharf, wenn er auf die Kamera zukommt. Er verlässt schnell den kurzen Schärfebereich des Teleobjektivs. Filmst du die gleiche Szene aber im Weitwinkelbereich, könnte er länger auf dich zugehen und scharf bleiben, da dieser einen größeren Schärfebereich hat.

Es gibt drei Möglichkeiten, die Brennweite zu verlängern.

1. Der eingebaute *optische Zoom*, bedienbar über die Zoomwippe. Diesen wirst du am ehesten einsetzen. In der Regel ist dieses Teleobjektiv völlig ausreichend. Bitte zoome aber nur, wenn deine Kamera nicht aufnimmt. Sequenzen, in denen gezoomt wird, sehen einfach zu sehr nach Urlaubsvideo aus.
2. Der eingebaute *digitale Zoom*. Dieser ist kein Zoom im eigentlichen Sinne, also eine Änderung der optischen Brennweite. Vielmehr wird digital ein Ausschnitt des Bildes von der Elektronik hochgerechnet und vergrößert. Die Bildpunkte des Ausschnitts bleiben in der Anzahl aber gleich, sie werden nur stärker vergrößert. Schalte diese Funktion immer aus. Bilder mit Digitalzoom sind unbrauchbar. Willst du einen Bildausschnitt vergrößern, mache das besser beim Schnitt am Computer.
3. Im News-Bereich wirst du vielleicht einen vorschraubbaren *Telekonverter* verwenden wollen – aber bitte nur mit Stativ.

Beim Filmen mit langer Brennweite steigt das Risiko verwackelter Bilder. Da der Bildausschnitt kleiner ist, fallen selbst kleine Kamerabewegungen viel deutlicher auf, als im Weitwinkelbereich. Du solltest deshalb so viel wie möglich vom Stativ filmen, beim Filmen im Telebereich ist das Stativ absolute Pflicht.

Eine lange Brennweite bringt auch eine geringere Tiefenschärfe mit sich. Filmst du mit langer Brennweite einen Fußgänger im Wald, sind die Bäume nur noch als unscharfe grüne Masse zu erkennen. Gehst du mit einem Weitwinkel näher an die Person heran, bis du den gleichen Bildausschnitt hast, sind sowohl der Fußgänger als auch die Blätter auf den Bäumen scharf. Willst du also einen Menschen von seinem Hintergrund loslösen, kannst du die geringe Tiefenschärfe eines Teleobjektivs gestalterisch einsetzen. Besonders elegant wirkt dies bei Interviews, wenn du die Schärfe sorgfältig auf die Augen des Protagonisten gesetzt hast und der Hintergrund zwar erkennbar, durch die lange Brennweite aber unscharf abgebildet wird.

Wenn du nicht genau weißt, welche Drehsituation dich erwartet, setze einen Weitwinkeladapter auf deine Kamera auf. Weitwinkelvorsätze sind notwendig, da die kürzeste Brennweite bei Camcordern meistens nicht einem Weitwinkelobjektiv entspricht, wie man es von Kleinbildkameras gewohnt ist. Mit einem Weitwinkeladapter erhöhst du die Tiefenschärfe und senkst das Risiko unscharfer Bilder. In fast allen Drehsituationen willst du ein Bild haben, das so scharf wie möglich ist. Die Prozentzahl gelungener Bilder steigt mit einem Weitwinkel deutlich.

Fernsehen ist das Medium der Nahaufnahme. Besonders diese Nahaufnahmen gelingen mit einem Weitwinkeladapter besser. Mit einem starken Weitwinkel kannst du sogar auf Dinge fokussieren, die sich direkt auf der Linse befinden. Das gibt dir ganz neue gestalterische Möglichkeiten. Willst du eine Armbanduhr in Großaufnahme zeigen, brauchst du nicht mit einem Telezoom herumzuwackeln. Du gehst in den maximalen Weitwinkelbereich und bringst die Kamera so nah an die Uhr wie nötig. Der Zuschauer spürt, dass du näher dran bist. Das macht ja einen Reiz des Filmstils von Videojournalisten aus. Du bist näher am Geschehen. Die Bilder werden persönlicher. Du zeigst dem Zuschauer, was er tatsächlich so noch nicht gesehen hat.

Dreck und Wasserflecken auf der Linse

Dreck auf der Linse macht das Bild schmutzig. Schwarze Flecken auf dem Bild sind extrem unprofessionell. Oft siehst du beim Filmen die Flecken nicht auf dem kleinen Display, deshalb musst du fortwährend überprüfen, ob deine Linse sauber ist.

Wasserflecken und Schmutz auf der Frontlinse sind vor allem im Weitwinkelbereich deutlich sichtbar.

Aber es könnte noch schlimmer kommen. In der Weitwinkelstellung hat dein Camcorder eine unglaublich große Tiefenschärfe. Das heißt, dass du sogar auf eine Münze scharfstellen kannst, die direkt auf der Linse liegt. Bei Nahaufnahmen kann dies wunderschön sein. Wie du bestimmt weißt, fokussiert deine Kamera aber auf den größten Kontrast im Bild. Wenn du in einer hellen Umgebung filmst, kann es passieren, dass der Kontrast zwischen dem dunklen Dreck auf der Linse und dem hellen Hintergrund im Bild am größten ist. Dann zieht die Automatik folgerichtig auf die Dreckpartikel scharf. Solche Aufnahmen sind wertlos – egal wie aufregend das Geschehen im Hintergrund ist.

Dieses Problem tritt besonders gern auf, wenn du in hellem Sonnenlicht filmst. Und weil du bei hellem Sonnenlicht das gefilmte Bild auf deinem Display nicht genau erkennen kannst, übersiehst du Schmutz und Unschärfen leicht.

Benutze einen Pustepinsel, um die Linse zwischendurch zu reinigen. Diese kannst du in jedem Fotogeschäft für wenig Geld kaufen. Puste und streiche den Schmutz sanft vom Objektiv weg. Wenn du die Linse von allem festen Schmutz befreit hast, entferne Fett und Schlieren mit einem weichen Objektivleder. Aber auf keinen Fall darfst diese Reihenfolge verwechseln! Wenn du gleich das Leder nimmst, riskierst du, mit den kleinsten Dreckpartikeln die Linse zu zerkratzen.

Hilft auch das Leder nicht mehr, kannst du spezielle feuchte Objektivreinigungstücher verwenden. Gönne dir aber das gute Zeug aus einem Profi-Fotoladen. Die billigen Brillen-Reinigungstücher aus dem Supermarkt sind oft chemisch aggressiv und können die kostbare Beschichtung der Linse abtragen. Noch schlimmer sind Mikrofaser-Tücher, die mit kleinsten Borsten arbeiten und kleinste Furchen in die Linsenbeschichtung ziehen können.

Dein Objektiv sei dir heilig. Du kannst mit abgebrochenem Kassettendeckel oder abgerissener Mikrohalterung einen feinen Film drehen. Ein Kratzer auf der Linse aber – und du hast vorzeitig Feierabend.

Timecode

Während der Aufnahme zeichnet die Kamera einen Timecode auf Band auf. Der Timecode ist die fortlaufende Nummerierung aller Einzelbilder deines Films. Mit Hilfe dieser Bilder lässt sich jede Stelle auf dem Band genau identifizieren. Eine vollständige Timecode-Angabe besteht aus 8 Ziffern, paarweise durch Doppelpunkte getrennt, zum Beispiel: `10:25:30:12`. Die einzelnen Zahlen haben folgende Bedeutung:

1. Zahl:	Stunden
2. Zahl:	Minuten
3. Zahl:	Sekunden
4. Zahl	Frames (die einzelnen Filmbilder, werden von 0 bis 24 gezählt)

In obigem Beispiel wären also (theoretisch) 10 Stunden, 25 Minuten, 30 Sekunden und 12 Frames des Films abgelaufen, bis es zu genau diesem Bild gekommen ist. In der Praxis wird aber die Stundenzahl für Sonderfunktionen verwendet. Bei Ausspielungen wird zum Beispiel der Filmanfang genau auf `10:00:00:00` gelegt, damit man weiß, wenn der Timecode bei `09:59:57:00` steht, man noch genau 3 Sekunden Zeit hat, bis der Film beginnt. Bei Aufnahmen mit mehreren Tapes wird oft die Nummer der einzelnen Tapes in der Stunde festgehalten. Der Timecode `07:05:28:13` sagt dann, dass die betreffende Stelle in der fünften Minute des siebten Tapes zu finden ist. Es ist auch möglich, den Timecode konstant weiterlaufen zu lassen und ihn erst nach Abschluss der Dreharbeiten an der Kamera zurückzustellen. In der Praxis eine etwas verwirrende Option, da man so aus dem Timecode ja nicht das Tape ablesen kann.

Welche Methode du verwendest, ist Geschmackssache. Für den Anfang liegst du richtig, wenn du jedes Band bei `00:00:00:00` beginnen lässt.

Einer der häufigsten Anfänger-Fehler sind *Timecode-Breaks*. Break, auf Deutsch: Bruch, bedeutet in diesem Fall, dass der Timecode auf dem Band nicht von Anfang bis Ende durchläuft, sondern zwischendurch aufhört und neu beginnt. So kann es passieren, dass die Stelle `00:01:25:00` auf dem Band nach der Stelle `00:31:01:00` kommt. Um diesen Fehler zu vermeiden, muss man verstehen, wie er entsteht.

Wenn du den Record-Knopf deiner Kamera drückst, schaut die Kamera auf dem Band nach, ob an der aktuellen Position des Lesekopfes ein Timecode vorhanden ist. Wenn sie keinen Timecode findet, geht sie davon aus, dass du ein neues Tape eingelegt hast und beginnt einen neuen Timecode zu schreiben. Sie beginnt mit `00:00:00:00` entsprechend der Kameraeinstellung.

In der Praxis passiert es öfters, dass du den Rekorder als Player benutzt hast und beim Zurückspulen über das Ende der letzten Aufnahme hinaus gespult hast. Beginnt die Kamera mit einer neuen Aufnahme, findet sie keinen Timecode und setzt ihn neu, indem sie ihn auf `00:00:00:00` setzt und von da an hochzählt. Und plötzlich sind auf einem Tape gleich zwei Nullpunkte.

Timecode-Breaks bereiten große Probleme, sobald du deine Aufnahmen in den Computer einlesen möchtest. Beim Loggen gibst du dem Computer für jeden Clip zwei Timecodes, den IN- und den OUT-Tomecode, zwischen denen er den Film überspielen soll. Wenn aber Timecodes auf dem Band doppelt vorkommen, loggt der Rechner die falschen Bilder ein oder bricht die Überspielung ganz ab, weil ihn unlogische Timecodes irritieren. Da der Computer bei der Überspielung zu jedem Clip einige Sekunden Vor- und Nachlauf braucht, erzeugt ein Timecode-Break direkt vor oder nach dem Clip Fehler. Ähnliche Fehler entstehen übrigens, wenn der Clip direkt am Anfang oder ganz am Ende des Films liegt. Deshalb ist es ratsam, bei jedem neu eingelegten Band einige Sekunden *Nichts* aufzunehmen. Wenn du ordentlich sein willst, kannst du den Farbbalkengenerator deiner Kamera aktivieren und für 30 Sekunden einen Normfarbbalken aufzeichnen. Auch am Ende der Aufnahme, bevor du ein Band herausnimmst, ist es nützlich, 10 Sekunden *Nichts* zu filmen.

Die Lösung für Timecode-Breaks: Spule das Band während des Drehs nicht zurück, um dir deine Aufnahmen anzusehen. Es gibt keinen Grund, Aufnahmen noch am Drehort anzuschauen. Du warst doch dort! du hast die Bilder auf deinem Display gesehen, du hast den Ton im Kopfhörer gehört. Falls du dir nicht sicher bist, ob die Aufnahme gelungen ist, drehe Sie einfach noch einmal. Wenn das nicht geht, bringt es auch nichts, wenn du sie dir noch einmal anschaust.

Solltest du sie entgegen aller Warnung am Dreh angeschaut haben, zum Beispiel weil ein Protagonist sich unbedingt sofort sehen wollte, dann achte vor der nächsten Aufnahme darauf, dass du wieder bis ans Ende vorspulst. Du wärst nicht der erste Vj, der vergisst, wieder ans Ende der Aufnahme zu spulen. Du bist so stolz auf deine tollen Aufnahmen, dass du die Kamera einfach ausschaltest. Und bei der nächsten Aufnahme überspielst du sie, da das Tape nicht komplett ans Ende der Aufnahme gespult war. Wenn du aber vorgespult hast, stelle sicher, dass du einen Timecode im LCD-Display siehst. Falls nicht, haben die meisten DV-Kameras die Möglichkeit, frameweise zurückzugehen. Das machst du solange, bis ein Timecode im Dispaly angezeigt wird. Jetzt kannst du beruhigt weiterfilmen. Die Kamera wird diesen Timecode einlesen und von diesem Timecode ab weiterzählen, so dass auf einer Kassette jeder Timecode nur einmal vorkommt.

Ton

Der Ton ist nicht weniger wichtig als das Bild selbst. Im Gegenteil. Fernsehen wird häufiger gehört als gesehen. Sei es beim Frühstück, beim Bügeln oder abends wenn die Familie zusammensitzt: Das Fernsehgerät läuft nebenbei. Die Bilder flackern vor sich hin und werden nur aus dem Augenwinkel wahrgenommen. Fernsehen ist Ersatz für das frühere Kaminfeuer. Der Ton aber ist immer präsent, auch wenn die *Zuschauer* mit dem Rücken zum Gerät sitzen oder in den Nebenraum gehen. Wer den Ton verfolgt, versteht die Geschichte, auch wenn er nicht alle Bilder sieht.

Deshalb ist guter Ton extrem wichtig. Dummerweise ist der Ton die größte Schwachstelle der DV-Kameras. Einen guten Ton aufzunehmen ist schwieriger als gute Bilder einzufangen. Von Videojournalisten gedrehte Filme werden häufiger wegen der schlechten Tonqualität als wegen ihrer schlechten Bilder kritisiert. Es gibt mehrere Ursachen hierfür, und es ist wichtig, dass du diese Ursachen kennst. Du kannst guten Ton nur dann produzieren, wenn du weißt, wo die Risiken und Schwierigkeiten lauern.

Am einfachsten ist es natürlich, die Ursachen nicht bei sich und dem eigenen Können, sondern bei der Kamera zu suchen. Tatsächlich gibt es einige Schwachpunkte im DV-System.

Zwischen den verschiedenen DV-Kameras gibt es nämlich nicht nur Unterschiede in der Bildqualität, sondern auch in der Qualität der Tonverarbeitung. Unterschiede bestehen bei den verwendeten Mikrofonen, von denen manche nur einen dumpfen, muffigen Ton aufnehmen, andere über eine ungeeignete Richtcharakteristik verfügen. Einige Kameras neigen auch dazu, das eigene Laufgeräusch mit aufzuzeichnen, das führt zu einem störenden Rauschen. In der Praxis wird bei der Bewertung von DV-Kameras über die Auflösung oder die Anzahl der Chips diskutiert. Die Tonqualität wird aber meist erst dann kommentiert, wenn der Ton auffallend rauscht oder besonders dumpf klingt. Selbst einige professionelle DV-Kameras wurden anfangs mit so schlechter Tonqualität auf den Markt gebracht, dass erst nach Protesten der Käufer Nachrüstsätze für eine bessere Tonverarbeitung angeboten wurden.

Es ist aber ein Gesetz des Marktes, dass Technik kontinuierlich leistungsfähiger wird. Zumindest professionelle DV-Kameras werden mit erstklassigen Mikrofonen ausgestattet und verarbeiten Tonsignale inzwischen in fernsehtauglicher Qualität. Wenn du beabsichtigst, mit einer guten Amateurkamera zu drehen, was durchaus möglich ist, mache dich in Testzeitschriften oder bei Fachleuten über die Toneigenschaften genau dieses Modells kundig.

Die meisten anderen Tonprobleme liegen an der Art und Weise selbst, wie der Ton aufgezeichnet wurde.

Pegelung

Alle professionellen Kameras und gute Amateur-Geräte bieten die Möglichkeit, zwischen automatischer und manueller Tonaussteuerung zu wählen.

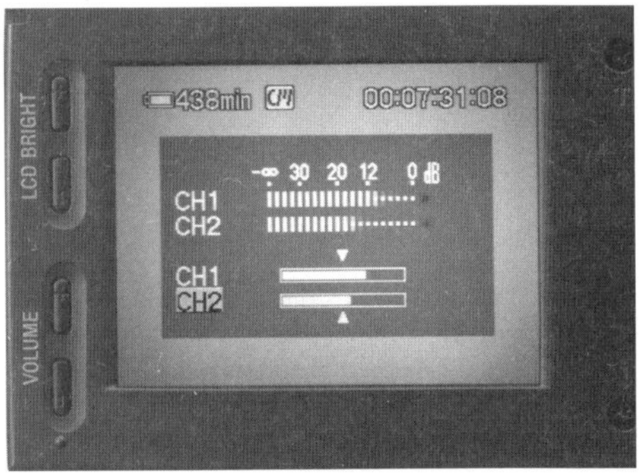

Um einen guten Ton aufzuzeichnen, hörst Du ihn über den Kopfhörer ab und beobachtest gleichzeitig die eingeblendete Pegelanzeige.

Die automatische Pegelung hat den Vorteil, dass der Ton nie zu laut und nie zu leise ist. Die Automatik hört den Ton ab und stellt den Aufnahmepegel auf einen Mittelwert ein. Das ist so weit in Ordnung, bis du Stille aufnimmst. Es gibt nämlich in der Realität keine Stille, immer ist etwas zu hören. Wenn auch nur ganz leise. Es gibt immer ein Rauschen, einen kontinuierlichen leisen Geräuschpegel. Das können die Blätter im Wald sein oder die Autos auf der Straße hinterm Fenster. Die Kameraelektronik weiß aber nicht, ob dieser Ton gerade wichtig ist oder nicht. Also zieht sie die leisen Geräusche hoch und die lauten Geräusche herunter, um eine möglichst gleichmäßige Pegelung zu erreichen. Das ist bei lauten Tönen meist in Ordnung. Leise Töne aber werden hochgezogen, auch wenn sie unwichtig sind. Nimmst du ein Gespräch auf, wird in den Sprechpausen die Lautstärke hochgezogen. So entsteht ein hörbares Pumpen. Und das hört sich störend und amateurhaft an.

Schalte die Aussteuerungsautomatik deshalb in den meisten Aufnahmesituationen ab. Wenn du im Nachrichtengeschäft arbeitest, könntest du erwägen, dennoch mit Tonautomatik zu drehen, denn tatsächlich ist ein pumpender Ton noch immer besser als Ton, den du gar nicht verwenden kannst, weil er über- oder untersteuert und damit unhörbar ist. In unwägbaren Situationen (und wenn die Kamera dafür vorgesehen ist) kannst du auch versuchen, einen Kanal manuell auszusteuern und den anderen Kanal automatisch pegeln zu lassen. In der Regel schaltest du die Automatik aber komplett aus und steuerst den Ton per Hand einzeln für jede Szene aus.

Ton

Wenn du den Ton auf beiden Kanälen mit dem gleichen Mikrofon aufnimmst, steuerst du dazu einen Kanal höher aus als den anderen. So erhöhst du deine Chance auf eine gute Tonaufnahme.

Ist der Pegel auf dem leiseren Kanal zu gering, kannst du immer noch den Ton vom lauteren Kanal verwenden. Ton, der auf dem lauteren Kanal übersteuert ist, nimmst du bei der Nachbearbeitung dann entsprechend vom leiseren Kanal.

Um den Ton während der Aufnahme pegeln zu können, brauchst du zuerst einen richtig guten Kopfhörer. Nicht die kleinen Dinger vom tragbaren Kassettenrekorder, sondern zusammenklappbare Profi-Kopfhörer, die dicht am Kopf aufliegen und rundum die

Alle Aufnahmen solltest du mit einem Kopfhörer kontrollieren.

Ohren abschließen, geschlossener Kopfhörer nennt man das. Während du drehst, behältst du die Kopfhörer auf den Ohren und hörst immer, was du aufnimmst. Deine Ohren sind natürlicherweise dein wichtigstes Werkzeug, um den Ton zu beurteilen.

Wenn du drehst, blende den Audiopegel in den Sucher deiner Kamera ein, denn wenn du den Ton nur über den Kopfhörer allein abhörst, hast du noch kein Kriterium für einen guten Ton. Ein richtig gepegelter Ton entsteht immer aus einem Zusammenspiel vom angezeigtem Pegel und abgehörten Ton. Die Lautstärke auf den Kopfhörern lässt sich an den meisten Kameras unabhängig vom aufgezeichneten Tonpegel einstellen. Kann man die Kopfhörerlautstärke nicht justieren, kann es dir sonst passieren, dass der Ton im Kopfhörer gut klingt, auf dem Band aber zu laut oder zu leise ist, denn Mikrofone funktionieren anders als das menschliche Gehör. Der Ton, den die Kamera aufnimmt, ist ein anderer, als der, den du hörst. Deswegen genügt es nicht, allein die Pegelanzeige zu beobachten – höre immer gleichzeitig den Ton ab.

Kameramikrofon

Die meisten Tonaufnahmen machst du in der Praxis mit dem Kameramikrofon. Bei den preiswerten Kameras ist dieses Mikro fest eingebaut, bei den Profi-Kameras ist es austauschbar. Es kann nicht schaden, wenn du es von Anfang an gegen ein empfindlicheres Mikrofon mit einer besseren Richtwirkung austauscht, denn meistens ist das serienmäßige Mikrofon qualitativ eher minderwertig.

Der Vorteil des Kameramikrofons ist, dass es Töne in der direkten Umgebung der Kamera laut und klar aufnimmt. Wenn du den Ton während des Filmens über Kopfhörer und Audiopegel-Anzeige überprüfst, wirst du so meist eine gute Aufnahme der Tonkulisse erhalten.

Möchtest du mit dem Kameramikrofon aber nur ganz bestimmte Töne alleine aufnehmen, muss zwischen diesen Tönen und der übrigen Geräuschkulisse ein großer Pegelunterschied bestehen.

Erste Möglichkeit ist, dass es diesen Lautstärkeunterschied tatsächlich gibt. Willst du die Fahrtgeräusche eines Panzers in unberührter Natur aufnehmen, dürfte das kein Problem werden, denn der Pegel des Motors ist um ein Vielfaches höher als der der zirpenden Grillen.

Viel häufiger aber hebt sich der gewünschte Ton zu wenig von der umgebenden Geräuschkulisse ab, beide haben einen vergleichbaren Pegel.

Die einfachste Lösung ist, die Lautstärke der Umgebung zu reduzieren. Spielt im Hintergrund ein Radio, kann man fragen, ob man es nicht für die Dauer der Filmaufnahmen abschalten könnte. (Musik im Hintergrund ist überhaupt ein großes Problem. Musik stört, besonders wenn du selbst Musik im Film verwendest. Töne mit Hintergrundmusik lassen sich nicht schneiden, ohne durch das Neuarrangement der Musik äußerst merkwürdige Effekte zu erzielen.) Wenn du einen Menschen filmst und von ihm einen O-Ton einfangen möchtest, kannst du bitten, dass ihr beide in einen Nachbarraum geht.

Kannst du an der Geräuschkulisse selbst nichts ändern, gibt es eine weitere Möglichkeit, den Unterschied in der Lautstärke zwischen der gewünschter Tonquelle und der Geräuschkulisse zu erhöhen. Du bringst die Kamera einfach näher an die Tonquelle. Bei O-Tönen bedeutet das: Der Mensch ist ganz groß im Bild. Damit du trotzdem einen größeren Ausschnitt von ihm filmen kannst, solltest du für diese Einstellungen einen Weitwinkelvorsatz verwenden. Sicher, die Menschen wirken durch den leichten Fischaugen-Effekt etwas verzerrt. Aber wenigstens hast du verwendbaren Ton.

Wenn du ein separates Mikrofon kaufst, lasse dir gleich einen großen Windschutz dazugeben, am besten einen von diesen großen

Einen besseren Ton erzielst Du, wenn Du den Ton statt mit dem eingebauten Mikrofon (bei diesem Typ unter dem Objektiv) mit einem semiprofessionellen oder professionellen Richtmikrofon aufzeichnest.

Dingern mit Pelz – Rycote ist der Fachbegriff dafür. Ein Vorteil ist natürlich, dass Windgeräusche unterdrückt werden. (Ein anderer nicht zu verachtender Nutzen: Kameras mit großem Windschutz werden einfach ernster genommen und sehen mehr nach *richtigem Fernsehen* aus. Im Gegenzug gehst du mit einer DV-Kamera ohne Windschutz als Amateur durch, filmst also quasi *undercover*.)

Bei einigen Kameras kannst du zusätzlich einen Filter aktivieren, der bei hochempfindlichen Mikrofonen einen Teil der Umgebungsgeräusche ausfiltert. Berate dich hierzu mit der Bedienungsanleitung deiner Kamera. Überhaupt ist eine der Voraussetzungen für brauchbaren Ton, dass du die Kamera beherrscht und weißt, was sie in welcher Situation tut und wieso sie es tut. Die andere ist natürlich: jede Menge Praxis. Guter Ton ist schwierig. Hast du einmal einen guten Ton aufgenommen, versuche nachzuvollziehen, wieso der Ton gut war und wie man es wiederholen könnte. Bei schlechtem Ton überlegst du natürlich, was alles schief gelaufen ist und wie du es das nächste Mal besser machen kannst.

Funkstrecke

Menschen, die sich frei im Bild bewegen und dennoch laut und verständlich zu hören sind, wurden meistens an Funkstrecken angeschlossen. Funkstrecke – Hobbyfilmer sagen auch schon einmal drahtloses Mikrofon oder Funkmikrofon – nennt man die Kombination aus Ansteckmikrofon, Sender und Empfänger. Im Fernsehen sieht man in Talkshows und Quizsendungen Menschen, deren Sprache von Funkstrecken abgenommen wird. Sie haben ein kleines Ansteckmikrofon am Kragen oder der Krawatte und einen Sender hinten am Gürtel. Aber auch in Magazinsendungen, Reportagen, Dokumentationen und praktisch überall, wo eine Aufnahme vorbereitet werden kann, bringt es Vorteile, den Ton per Funkstrecke aufzunehmen.

Funkstrecken kannst du bei Händlern für professionelle Kameratechnik zu kaufen. Bei der Auswahl lässt du dich natürlich von der Tonqualität leiten. Lasse dich vom Fachhändler aber auch darin beraten, wie du den Empfänger an der Kamera befestigst. Zur Not hilft Klebe-Klettband, mit dem du den Empfänger bei Bedarf an die Kamera klebst.

Bei der Anbringung des Ansteckmikrofons gilt: Je näher das Mikrofon am Mund des Protagonisten, desto besser der Ton. Bei Männern kannst du das Mikrofon am Sackorevers befestigen.

Achte während der Aufnahme auf die Position des Mikrofons. Es muss immer zum Mund hin zeigen. Das Ansteckmikrofon verrutscht oft und dreht sich vom Mund des Protagonisten weg oder verschwindet gar unter einer Stofffalte. Spätestens dann solltest du das korrigieren. Andernfalls kann der Ton zwar richtig gepegelt sein, aber sehr dumpf klingen. Dies muss dir während der Aufnahme, bei der du auch den Originalton durch den Kopfhörer hindurch hörst, gar nicht einmal auffallen, sondern erst später beim Schnitt, wenn es zu spät ist. Schmuck oder Kleidungsstücke können bei Bewegung gegen das Mikrofon schlagen oder reiben. Das macht den Ton unbrauchbar. Befestige dann das Mikrofon woanders und überprüfe die Tonqualität erneut.

All diese Probleme kannst du nur über einen Kopfhörer feststellen. Trage ihn deswegen auch dann, wenn der Protagonist dir direkt gegenüber sitzt und ihr alleine im Raum seid. Das wirkt im ersten Moment befremdlich, wird aber von Protagonisten als Zeichen deiner Professionalität gewertet.

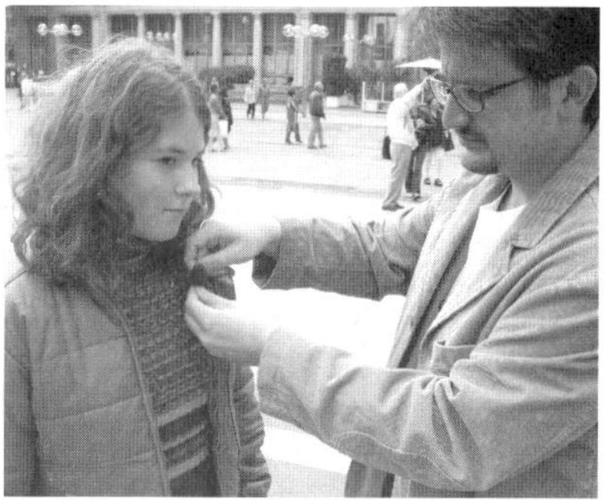

Eine Funkstrecke wird meistens in Verbindung mit einem Ansteckmikrofon eingesetzt, das dem Interviewpartner angesteckt wird.

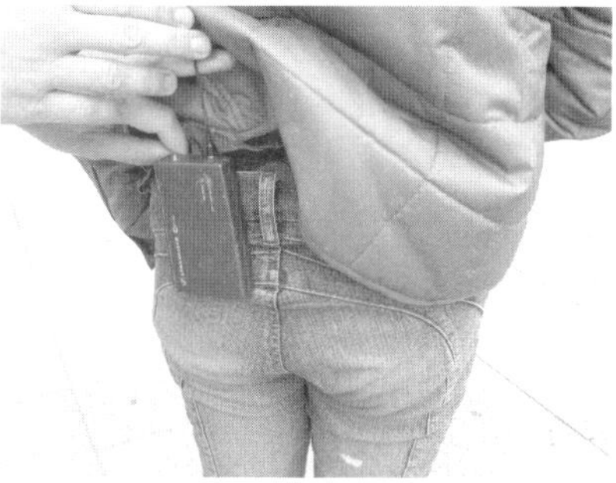

Der Sender wird möglichst unauffällig am Hosenbund befestigt.

Das restliche Kabel wickelst du auf und steckst es dem Interviewten in die Hosentasche.

Der Sender der Funkstrecken wird hinten an der Kleidung des Protagonisten befestigt. Die Kabel dürfen nicht lose herumhängen, sondern werden aufgerollt in eine Tasche gesteckt. Kabel, die durch die Bewegung unnötig reiben oder hin- und herschwingen, können den Ton stören.

In windigen Situationen brauchst du einen Windschutz. Allerdings kann dieser nur begrenzt groß sein, weil ja auch das Mikrofon relativ klein ist. Deswegen kannst du die Funkstrecke in einer sehr windigen Umgebung meist nicht verwenden.

Wenn du mit Funkstrecke arbeitest, zeichnest du das Kameramikrofon auf einen Kanal auf und die Funkstrecke auf dem anderen. So nimmst du gleichzeitig Atmo und O-Töne auf. Natürlich musst du dann auf dem Kopfhörer beide Kanäle abhören und beide Kanäle gegebenenfalls auch ständig nachpegeln.

Die Funkstrecke ist nicht nur ein kleines Mikrofon ohne Kabel, sie ist ein Werkzeug, mit dessen Hilfe du deine Geschichte anders und besser erzählst. Mit der Funkstrecke kannst du ganz andere Bilder aufnehmen als mit einem kabelgebundenen Mikrofon. Du kannst Menschen in der Totalen oder Supertotalen zeigen und dabei O-Töne in guter Tonqualität aufnehmen. Du kannst Menschen umhergehen lassen, sie bei der Arbeit filmen, während die Kamera still steht. Du kannst Menschen hinter Glas zeigen und dennoch das Gesprochene verstehen. Und du musst die Funkstrecke ja nicht nur an Menschen anheften. Positionierst du die Funkstrecke einige Meter von dir entfernt, kannst du in Kombination mit dem Kameramikrofon Ton in Stereo mit einer ausreichend breiten Basis aufnehmen.

Tonassistent

In hektischen, aber geplanten Drehsituationen solltest du mit einem Tonassistenten drehen. Das ist ein Mensch, der sich ausschließlich um einen guten Ton kümmert. Er empfängt das Signal der Funkstrecken und hält, wenn nötig, auch eine Angel, also einen langen Stab mit einem daran befestigten Richtmikrofon. Die Signale der verschiedenen Mikrofone werden in einem kleinen Mischpult abgemischt, dass der Tonassistent in einer Tasche vor seinem Bauch trägt.

Der Tonassistent mischt und pegelt den Ton und speist ihn über ein Kabel in deine Kamera ein. Dein Vorteil ist, dass du immer einen wirklich guten Ton hast und dich voll auf Bild und Inhalt konzentrieren kannst. In hektischen, bewegten Situationen, etwa bei Dokumentationen oder Szenen mit vielen und wechselnden Protagonisten, kann dies die einzige Möglichkeit sein, einen sendefähigen Ton aufzuzeichnen.

Der Nachteil ist natürlich, dass der Tonassistent bezahlt werden muss, was deine Produktionskosten in die Höhe treibt. Ist das Equipment jedoch einmal vorhanden, kann auch ein befreundeter Vj die Bedienung lernen und ihr könnt euch gegenseitig als Tonassistenten aushelfen.

Mit einem Tonassistent bist du natürlich weniger beweglich, was für dich eine Umstellung bedeuten kann. Zunächst einmal bist du organisatorisch weniger flexibel, denn du musst den Tonassistenten für einen Dreh buchen und jede Minute seiner Zeit kostet dein Geld.

Du bist aber auch räumlich an ihn gebunden. Ihr seid durch ein Kabel vom Tonmischer zu deiner Kamera miteinander verbunden. Sollte dies ein Problem darstellen, kannst du aber auch den Ton vom Assistenten über eine Funkstrecke auf die Kamera übertragen. Dies schafft aber eine zusätzliche Fehlerquelle und bei Störungen ist der komplette abgemischte Ton betroffen. Zudem steigt das Risiko, den Tonassistenten mit im Bild zu haben, da er ja nicht mehr angebunden ist. In schwierigen und engen Situationen, in denen es aber nur für dich Platz gibt, ist das aber eine denkbare Lösung.

Vj und Tonassistent ist ein Schritt zwischen einem Solo-Vj und einem großen Team aus Redakteur, Kameramann und Tonassistent. Diese Kombination erweitert aber das Einsatzspektrum von Videojournalisten auch in TV-Formate, in denen Vjs aufgrund des schwierig aufzunehmenden Tons bislang nicht vordringen konnten.

Stativ und Steadybag

Dein Stativ ist eines der wichtigsten Werkzeuge zur Bildverbesserung. Verwende es so häufig wie möglich.

Bei der Stativauswahl nimm ein schweres, teures mit Fluidkopf und einem Schwenkgriff. Im Vergleich zum Rest der Ausrüstung ist der Preisunterschied zwischen einem mittelmäßigen und einem richtig guten Stativ gering. Der Unterschied in der Bildqualität macht die höheren Kosten für das bessere Stativ aber schnell

DV-Kameras neigen zum Verwackeln. Verwende deshalb das Stativ so häufig wie möglich.

Einstellungen von einem Steadybag sind immer feste Einstellungen, eine Kamerabewegung ist nicht möglich. Statt eines professionellen Steadybags oder Kirschkernkissens kann man auch eine Jacke verwenden.

wieder wett. Schwenks über eine Landschaft sind eigentlich schlechter Filmstil, aber fühlst du dich dennoch dazu berufen, dann mache den Schwenk wenigstens mit einem guten Stativ.

Eine ganz andere Form von Stativ ist der Steadybag. Es ist eigentlich nur ein Sack, gefüllt mit Kügelchen. Du kannst ihn in einem Fachgeschäft für Kamerazubehör kaufen. Oder im Sanitätsfachhandel. Ein einfaches Kirschkernkissen tut es nämlich auch und nimmt nicht viel Platz im Equipment ein. Du kannst es auf alle möglichen Flächen legen und dann deine Kamera darauf stabilisieren.

Ein Stativ braucht keine Unterlage und bleibt deshalb natürlich das Standardwerkzeug zur Kamerastabilisierung.

Ein Tipp für den Anfang: Es sieht peinlich aus, wenn du dich in Gegenwart deines Protagonisten selbst mit deinem Stativ erschlägst. Übe also den Umgang damit, bevor du mit dem Stativ auf die Menschheit losziehst. Dazu gehört das Tragen, der Aufbau und das Ausrichten der Kamera.

Der Rucksack

Das Equipment des Videojournalisten besteht, grob unterteilt, aus Kamera und Computer. Der Computer steht meist in der Redaktion, zu Hause oder als Notebook im Hotelzimmer. Die Kamera wird jedoch am Körper getragen. Zur Kamera kommt umfangreiches Zubehör hinzu. Tapes, Akkus, Mikrofon(e), Funkstrecke und Ersatzbatterien, Kopfhörer, Reinigungspinsel und Objektivleder, Papier und Stift, etwas Werzeug mit Schraubenziehern (falls nötig), Klebeband (immer nützlich), Videoleuchte, Objektivadapter, Filter und was du sonst noch für eine bestmögliche Aufnahme brauchst. Du trägst dein Equipment in einem speziellen Kamerarucksack mit einteilbaren Fächern. Solche Rucksäcke gibt es in Fachgeschäften zu kaufen.

Achte bei der Auswahl des Rucksacks auf Tragekomfort, Polsterung, Stabilität und die Möglichkeit, das Innenleben flexibel einzuteilen.

Der Rucksack muss bequem auf dem Rücken sitzen und mit einem Bauchgurt fixierbar sein. Probiere ihn also im Geschäft an, und zwar mit voller Beladung. Du wirst in der Praxis viele Stunden mit ihm auf dem Rücken verbringen. Du wirst einige Kilometer mit voller Rüstung zurücklegen müssen. Oft genug wirst du mit dem Rucksack auf dem Rücken filmen. Du solltest deshalb maximale Bewegungsfreiheit haben. Der Rucksack muss komfortabel, aber stabil auf dem Rücken aufliegen. Er sollte dich weder beengen noch darf er beim Gehen hin und her schwingen.

Der Rucksack muss gut gepolstert und stabil sein. Er schützt deine teure und empfindliche DV-Kamera während des Transports. Wenn du den Rucksack aus Versehen hart aufsetzt oder ihn im Kofferraum deines Autos transportierst, sollte die Kamera zuverlässig vor Schlägen geschützt sein. Die Investition in einen gepolsterten Rucksack ist eine Investition in die Sicherheit deiner Kamera.

Du wirst die Zusammenstellung deines Equipments mit zunehmender Erfahrung immer wieder ändern. Jeder Videojournalist hat seinen eigenen Arbeitsstil und nimmt folglich auch anderes Zubehör mit. Vielleicht arbeitest du gerne mit mehreren Videoleuchten und brauchst dafür im Rucksack eigene Fächer. Oder du filmst bei Regen im Freien und nimmst deshalb eine Schutztasche für die Kamera mit. Die Innenaufteilung des Kamerarucksacks muss veränderbar sein, zum Beispiel durch gepolsterte Stege, die mit Klettverbindungen fixiert werden.

Kaufe deinen Rucksack erst als letztes Teil deiner Grundausstattung. Erst wenn du weißt, was du am Körper tragen wirst, kannst du auch die nötige Größe des Rucksacks abschätzen. Nimm die Kamera samt Zubehör zum Fachhändler mit und probiere dort die Taschen aus. Finde eine Taschenlösung, die bereits im Geschäft gut funktioniert, d. h. Du alles verstauen kannst.

Fliegen mit der Kamera

Bei Flügen mit der Kamera empfiehlt es sich, die Kamera als Handgepäck mit ins Flugzeug zu nehmen und den Rucksack als Gepäck aufzugeben. Vielleicht hast du auch Glück, und man erlaubt dir, die komplette Kameratasche als Handgepäck zu deklarieren. Ratsam ist es, die Kamera von allen professionellen Anhängseln, wie etwa einem großen Mikrofon oder einem Weitwinkelaufsatz, zu befreien, und sie als Amateurkamera mit an Bord zu nehmen. Die abgenommenen Einzelteile kannst du im Rucksack lassen. Lege statt der DV-Kamera aber einen Pullover hinein, damit die Zubehörteile nicht frei im Rucksack umherfliegen.

Nimmst du ein Notebook mit auf Reise, musst du auch dieses als Handgepäck mitnehmen. Kameras oder Computer, die du als Gepäck in den Flugzeugbauch aufgibst, kannst du abschreiben. Ja, manchmal braucht es etwas Verhandlungen mit dem Personal, aber alles ist besser, als dein teures Equipment von robusten Flughafenpackern hin- und hergeworfen zu wissen.

Beim Bodenpersonal sind Journalisten nicht die beliebtesten aller Fluggäste. Du wärst nicht der erste TV-Journalist, der freundlich herausgewunken wird und das volle Programm inklusive Drogen-Scan genießen darf. Halte dich bedeckt. Im Gegensatz zu Kameramännern mit Beta-Kameras kannst du auch als Videoamateur durchgehen. Die Menschen, die deinen Rucksack scannen, sind andere, als die, die dich und deine Kamera beim Eintritt in den Sicherheitsbereich überprüfen. Behalte bei dir lediglich die nackte DV-Kamera und trage auf keinen Fall irgendwelche Presse-Schildchen am Hals.

Natürlich solltest du außer der Kamera auch ein frisches Tape, volle Akkus und zumindest ein kleines Mikrofon dabei haben. Es könnte ja etwas Aufregendes an Bord passieren.

Schnittcomputer

Nonlinearer Schnitt und Vjs

Es gibt den linearen und den nonlinearen Videoschnitt. Beim linearen Schnitt werden die einzelnen Sequenzen hintereinander, *linear*, auf Band kopiert. Ist der Film (oder einzelne Szenen) geschnitten, muss das Material für jede nachträgliche Änderung umkopiert werden.

Beim nonlinearen Schnitt, der nur mit einem Computer funktioniert, hast du einen sofortigen Zugriff auf den gesamten Film und mit einem Mausklick auch auf einzelne Filmsequenzen. Du kannst den geschnittenen Film ohne viel Aufwand ändern, Szenen verlängern, kürzen, umstellen, neue Szenen einsetzen oder herausnehmen.

Der lineare Schnitt wird in der Regel auf einem Drei-Maschinen-Schnittplatz realisiert: In zwei Abspielgeräten liegen die Kassetten mit dem Rohmaterial und auf den Rekorder wird der geschnittene Film aufgezeichnet. Aber wer auf Bildeffekte sowie Bild- und Tonblenden verzichten will, kann auch auf einem Zwei-Maschinen-Schnittplatz mit einem Zuspieler und einem Rekorder arbeiten. Mit Bildmischer, Trickmischer, Titelgenerator und Tonmischpult kann man den Film in Echtzeit schneiden. Während der Rekorder das Bild vom Player aufnimmt, kann der Cutter live Schriften und Effekte einblenden. Durch den Einsatz zweier Player sind auch Bild- und Tonüberblendungen möglich, da man zwei Bildquellen gleichzeitig bearbeiten kann. Die Schnittdaten selbst, also den Beginn und das Ende jeder Szene, der verwendete Effekt etc. können auf Diskette gespeichert werden. Auf einem PC kann man diese Schnittdaten bearbeiten und ändern. Der Cutter arbeitet die meiste Zeit mit Zahlen und Timecodes. Jede Änderung bedeutet, dass der gesamte Film (zumindest ab der geänderten Stelle) umkopiert wird – bei analogem Material bedeutet einen sichtbaren Qualitätsverlust.

Linearer Schnitt ist vorteilhaft, wenn das Material sehr schnell gesendet werden soll und es auf jede Minute ankommt, etwa bei aktuellen Nachrichten. Da das Tape nicht vor dem Schnitt eingelesen und nach dem Schnitt wieder zurück auf Band überspielt werden muss, liegt das sendefertige Band sofort nach dem Schnitt vor.

Lineare Schnittsysteme hat es schon lange vor den nonlinearen Systemen gegeben. Professionelle lineare Systeme kosten bis heute den Gegenwert eines kleinen Einfamilienhauses. Verständlich, dass sie nicht einfach über Bord geworfen werden, nur weil man einige Aufgaben inzwischen mit nonlinearen Computer-Schnittplätzen genauso gut oder sogar besser erledigen kann.

Nonlinear bedeutet, dass du jederzeit auf jeden Teil des Filmes zugreifen und ihn frei bearbeiten kannst. Das Filmrohmaterial wird von den DV-Kassetten auf den Computer überspielt. Wenn man analoges Material am Computer bearbeiten will, etwa Betacam SP-Material, muss es zunächst digitalisiert und erst anschließend kann es mit der Schnittsoftware bearbeitet werden. Die Software speichert dabei nicht nur die reinen Schnittdaten, sondern den kompletten fertigen Film, mit Bildern, Farbkorrekturen, Ton, Titel etc. Du kannst die Filmsequenzen frei verschieben, kürzen oder verlängern. Mit Software-Effekten kannst du die Bilder verändern, die Farbe korrigieren, Effekte anwenden oder Texte einblenden. Wofür es im linearen Schnitt jeweils separate teure Geräte braucht, kannst du im Schnittcomputer per Software Funktionen erledigen.

Der nonlineare Schnitt verdrängt langsam den linearen Schnitt in weiten Teilen der Filmproduktion. Bei nonlinearen Computer-Schnittplätzen wird vor der Filmbearbeitung das Filmmaterial eingelesen und danach wieder auf Band ausgespielt. Das kostet Zeit, die beim linearen Schnitt gespart wird. Zu der Zeit, in der dieses Buch geschrieben wird, gibt es aber bereits Technologien, die diese umständliche Prozedur überflüssig macht. Erste Sender testen Tapeless-Systeme. *Tapeless* bedeutet, dass während des gesamten Filmerstellungs-Workflow die Daten digital vorliegen und über Netzwerke von einem Arbeitsplatz zum nächsten weitergereicht werden. Die Zwischenspeicherung auf Bänder wird überflüssig. Kameras nehmen die Bilder auf Festplatten oder beschreibbaren DVDs auf, die dann direkt in die Schnittcomputer eingelesen werden. Der Film wird digital und nonlinear geschnitten und über schnelle Netzwerke oder Satelliten-Verbindungen zu Ausspiel-Servern übertragen.

Tapeless-Systeme sparen Zeit und Arbeitskraft. Diese High-End-Technik kostet natürlich beträchtliche Summen. Auch bedeutet die Umstellung, dass man neue Fachleute braucht, andere gar nicht mehr benötigt werden und Investitionen in Tape-Technologie zumindest teilweise abgeschrieben werden müssen. Dies sind alles noch natürliche Hürden, die noch genommen werden müssen, vor allem von jenen Sendeanstalten, die nicht im wirtschaftlichen Konkurrenzkampf stehen und traditionell etwas träger sind.

Du als Videojournalist nimmst vorerst wahrscheinlich noch nicht Tapeless, sondern digital im DV-Format auf – das *D* steht ja für *Digital*. Du überträgst die Daten digital per Firewire in den Computer und bearbeitest sie dort digital und nonlinear. Zum Schluss spielst du deinen Film zwar wieder auf Tape aus, aber im digitalen Format. Vielleicht arbeitest du aber, jetzt oder in Zukunft, für einen Sender, der es dir ermöglicht, deine Filmdaten direkt von deinem Rechner auf seinen Server zu überspielen.

Videojournalismus wurde erst durch billige schnittfähige Computer möglich. Ein geeigneter Desktop-Computer kostet nur einen einstelligen Prozent-Anteil dessen, was für einen Drei-Maschinen-Schnittplatz oder ein *großes* nonlineares System bezahlt wird. Dabei hat ein aktueller, schnittfähiger Homecomputer alle Fähigkeiten, die man braucht, um einen hervorragenden Film herzustellen. Sicher kann ein € 40 000-System mehr als ein € 4 000-System – aber du als Videojournalist brauchst keine vektorgesteuerte Echtzeit-Maskennachführung oder animierte 3-D-Schriften, um eine großartige Geschichte zu erzählen.

Die kleinen Systeme unterscheiden sich nicht in der Bildqualität. Die Bilder sind digital, ein farbiges Pixel bleibt dasselbe farbige Pixel. Aber auch grundlegende Farbkorrekturen sind mit den besseren Desktop-Computern in TV-Qualität machbar.

Die Unterschiede liegen eher in den Bereichen Echtzeit und Anzahl der Optionen. Große Systeme haben mehr Möglichkeiten. Bei Kinofilmen wird jedes einzelne Bild aufwändig farbkorrigiert. Du kannst davon ausgehen, dass kein einziges Bild auf der Kinoleinwand ursprünglich so aussah, wie du es siehst. Jede einzelne Aufnahme wird solange nachbearbeitet, bis sie sich in jeder denkbaren Hinsicht in den Gesamtfilm einfügt. Da sind Cutter und Regisseur für jede Leistungsreserve dankbar.

Du drehst aber keine Kinofilme. Und falls doch einmal, wirst du den Endschnitt nicht auf deinem Homecomputer machen. Es ist nicht dein Job als Vj, die kreativen Visionen von Regisseuren und Storyboard-Paintern mit allen Mitteln wahr werden zu lassen. Du drehst einen Fernsehfilm, dessen Bilder so nah wie möglich an der Realität bleiben sollen. Und dafür ist ein aufgerüsteter Homecomputer vollständig ausreichend.

Besonders wenn du am Anfang deiner Filmlaufbahn stehst, ist es wichtig, dass du viel ausprobierst. Erst wenn du es am eigenen Film siehst, verstehst du, was welcher Schnitt bewirkt. Mit einem Schnittprogramm kannst du Filmsequenzen frei verschieben, neu aneinanderschneiden, mehrere Versionen erstellen und in Sekundenbruchteilen alles wieder rückgängig machen. Es ist *Learning by doing* im besten Sinne.

Traditionelles Fernsehen ist unter anderem deshalb so langweilig, weil man nicht *einfach mal etwas ausprobieren durfte*. So wie ein Kind spielerisch viele Fähigkeiten für das *richtige* Leben erlernt, eignest auch du dir im spielerischen Umgang mit deinem Equipment die Fähigkeiten an, die du später beim *richtigen* Film einsetzen kannst. Falls dieses Buch dein Einstieg ins Fernsehbusiness ist, sei versichert: Ausprobieren zu dürfen ist nicht so selbstverständlich, wie es klingt! Filmerstellung hatte bislang gar nichts Spielerisches an sich. Das ist industrielle, rationelle Arbeit. Ein System im Gegenwert eines Einfamilienhauses muss sich in jeder Sekunde amortisieren. Wer da *einfach mal guckt, wie es aussieht*, ist schnell seinen Job los. Ausprobieren ist teuer. Die Folge ist, dass alle Beteiligten auf Sicherheit spielen. Niemand darf Risiken eingehen. Niemand darf etwas Neues ausprobieren.

Und Niemandem ist ein Vorwurf zu machen. Wer seine Brötchen selbst bezahlen muss, wird seinen Job nicht riskieren. Vor der Tür warten hundert andere Redakteure, die bereit sind, risikofrei zu arbeiten. Kein Wunder, dass im Fernsehen meist auf allen Kanälen das gleiche langweilige Elend läuft. Einen Teil der Schuld hierfür tragen die hohen Preise der Filmschnittplätze. Wenn ein Redaktionsleiter einen langweiligen und einen interessanten Film vor sich liegen hat, wird er sich für den interessanteren Film entscheiden. (Außer der langweilige Film wurde von seinem Schwager produziert, aber das ist ein anderes Thema.) Voraussetzung ist aber, dass es diesen interessanten Film überhaupt gibt. Jemand muss die Gelegenheit bekommen haben, aus seiner Idee einen Film gemacht zu haben. Und das ist mit bezahlbaren, nonlinearen Schnittsystemen eben viel wahrscheinlicher.

Selbst wenn ein TV-Redakteur gewillt wäre, in seiner Freizeit etwas auszuprobieren, er käme nicht dazu. Die wenigsten Redakteure kennen sich mit Schnittplätzen aus. Einige Redakteure alter Schule betrachten die Technik auch als etwas Unter-ihrer-Würde-Seiendes. (Vom Autor mehrfach gehörtes Zitat: „Ich habe nicht einen Magister gemacht, um jetzt Knöpfe zu drehen!" – Und würde sich ein Redakteur doch überwinden und heimlich in Abendkursen die Bedienung eines Schnittplatzes lernen, so müsste er erst einen Cutter finden, der ihn nachts an die heilige Maschine heranlässt. Das wäre wahrscheinlich der schwierigste Teil seiner Bemühung.)

Aber es gibt auch Redakteure, die die Werkzeuge des Geschichtenerzählens vollständig in die eigene Hand nehmen möchten. Einige der besten Videojournalisten sind Redakteure (auch aus dem Print-Bereich), die sich von der eigenen technischen Unkenntnis behindert fühlten. Aber sie handelten. Sie gingen in den nächsten Technik-Markt, kauften eine digitale Videokamera samt Computer mit Schnittsoftware und legten los. Meistens war der erste Film unbrauchbar. Der zehnte Film war aber schon sehenswert. Und den elften Film haben sie verkauft. Von Haus aus wussten sie ja, wie Geschichten erzählt werden. Der bezahlbare, nonlineare Schnitt hat vielen Redakteuren eine neue Sprache gegeben.

Computerwahl

Praktisch jeder Computer, den du beim Fachhändler kaufst, ja sogar die Angebote beim Lebensmitteldiscounter, sind grundsätzlich für den Computerschnitt geeignet. Die meisten sind bereits mit Firewire-Anschluss und Software zur Videobearbeitung ausgestattet. Für die Aufbereitung von Urlaubsfilmen sind diese Systeme auch bestens geeignet. Die Einschränkung auf den Amateurbereich liegt aber weniger an der Rechenleistung – mit etwas Extra-Speicherplatz und mehreren schnellen Festplatten sind die meisten aktuellen Rechner durchaus geeignet, DV-Material sinnvoll zu bearbeiten. Die mitgelieferte Software aber ist immer bewusst einfach gehalten. Hobbyfilmer sind ja mit einfachen Schnittfunktionen, einigen Überblendungen und einem Titelgenerator bestens bedient. Mehr Möglichkeiten verwirren nur.

Filmer mit Fernsehambitionen benötigen mehr Werkzeuge und feinere Abstimmmöglichkeiten. Amateur-Software ist so konzipiert, dass jeder Mensch praktisch sofort mit ihr arbeiten kann. Profi-Software dagegen erfordert einiges an Lernzeit. Hat man die Bedienung aber erst einmal erlernt, kann man mit diesen Pro-

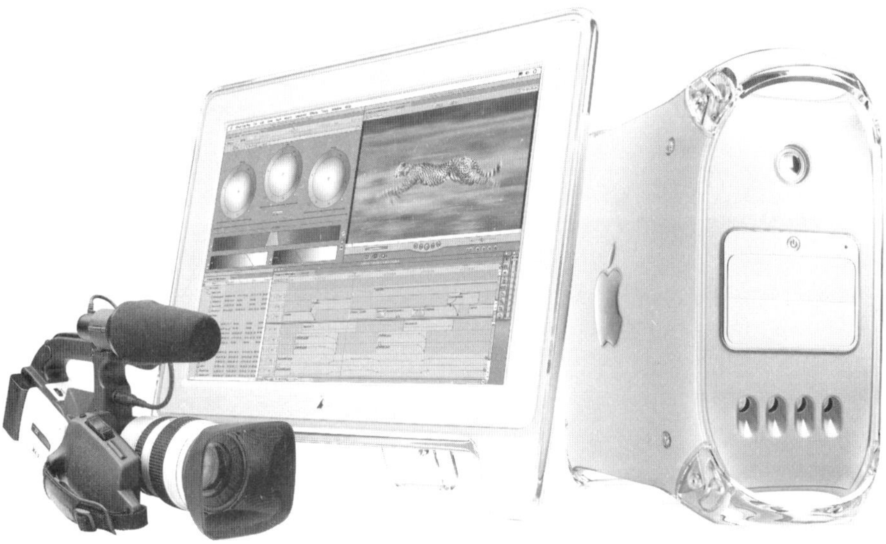

Für den nonlinearen Videoschnitt benötigst du lediglich einen Rechner und einen DV-Camcorder als Zuspieler, beide mit Firewire-Anschluss grammen effizienter und genauer arbeiten. Für den Amateur bedeuten mehr Einstellmöglichkeiten aber immer mehr Komplikationen und Fehlerquellen. Für den Profi bedeuten sie, jeden Teilaspekt des Films zu kontrollieren.

Welchen Rechner du kaufst, hängt von der Wahl deiner Software ab. Für welche Software du dich entscheidest, hängt von deinen persönlichen Vorlieben und Zielsetzungen ab. Bist du technisch oder organisatorisch an eine bestimmte Firma angebunden, kann es nützlich sein, dass deine Software mit deren Plattform kompatibel ist. Lies also Tests und Bewertungen von Schnittsoftware und mache dich zusätzlich kundig, mit welchen Geräten deine potentiellen TV-Auftraggeber arbeiten, bevor du dich festlegst.

Die Hersteller von Schnittsoftware geben Empfehlungen für kompatible Hardware heraus. Bei einigen gehen die Empfehlungen sogar so weit, dass nur auf lizenzierter Hardware die Lauffähigkeit der Software garantiert ist. Deshalb solltest du vor dem Kauf deines Rechners sehr genau diese Empfehlungen studieren und deinen Rechner entsprechend zusammenstellen. Wenn du Schnittsoftware und Rechner als integriertes System kaufst, zahlst du unter Umständen etwas mehr, gehst aber auf Nummer sicher.

In diesem Buch werden zwei weit verbreitete Software-Pakete für Filmschnitt beschrieben, eines für Apple-, eines für Windows-Rechner. Viele Bewertungen beruhen auf subjektiven Erfahrungen des Autors, kombiniert mit den Eindrücken anderer Videojournalisten. Wenn in diesem Kapitel gewertet wird, ist es selbstverständlich, dass ein anderer Videojournalist andere Erfahrungen machen kann. Keineswegs solltest du ausschließlich nach diesen Meinungen deine Entscheidung fällen. Auf den Markt kommen immer wieder neue Schnittprogramme und bestehende Software wird weiterentwickelt. Bevor du dich also für eine Software entscheidest, lies viele Kritiken und Software-Tests. Berate dich mit anderen Videojournalisten und potentiellen Auftraggebern.

Ob du gute Filme machst, hängt aber zunächst von deiner Phantasie und deiner Disziplin ab. Ein Filmemacher vom Kaliber eines Steven Spielberg kann auch mit einer Gratissoftware einen hervorragenden Film schneiden. Natürlich solltest du dir die Arbeit so einfach wie möglich machen. Du brauchst Software, die es dir erleichtert, deinen Film genau zu kontrollieren. Wenn aber alle deine Kollegen mit Software *A* arbeiten, kann es sinnvoll sein, ebenfalls mit Software *A* zu arbeiten, auch wenn Software ***B*** scheinbar einen geringen technischen Vorteil einbringt. Die Einbindung in eine bestehende Infrastruktur macht das Leben einfacher, als wenn du ein Plattform-Einzelkämpfer bist.

Einige weitere Faktoren findest du in den folgenden zwei Unterkapiteln. Zwei Softwarelösungen werden vorgestellt, die sich beide in der Vj-Arbeit bewährt haben.

Die hier vorgestellte Apple-Lösung heißt *Final Cut Pro*, das Pendant für den Windows-PC heißt *Avid Express Pro*. Von beiden Programmen gibt es abgespeckte Versionen für Einsteiger. *Final Cut Pro* kostet als *Final Cut Express* deutlich weniger als der große Bruder. *Avid Express Pro* ist unter dem Namen *Avid Free DV* sogar als Gratis-Download zu haben. Informationen zu den Light-Versionen bekommst du im Internet unter www.apple.de und www.avid.com.

Apple

Die Idee *Videojournalismus* kommt aus den USA, wie so vieles. Eine der Voraussetzungen dafür war die Verfügbarkeit von *Final Cut Pro* (FCP), einem Schnittprogramm von Apple. Lange bevor vernünftiger Videoschnitt für den Windows-User verfügbar und verbreitet war, konnten Apple-Benutzer mit FCP professionell Videos schneiden. Inzwischen gibt es natürlich auch andere Software im vergleichbaren Preissegment.

Final Cut Pro, zur Zeit der Drucklegung dieses Buches in der Version 4.0 verfügbar, ist eine relativ junge Software. Als *Final Cut Pro 1.0* im Jahr 1999 auf den Markt kam, waren die Software-Kritiker überrascht, wie ausgereift die Software bereits in ihrer ersten Version schien. FCP trat gegen *Adobe Premiere* an, eine bis heute beliebte Videoschnittsoftware. Ursprünglich wurde FCP von Macromedia entwickelt, der Firma hinter dem Flash-Format. Nach drei Jahren Entwicklungszeit mit einigen der feinsten Programmierer im Bereich „Bewegtes Bild“, beschloss Macromedia, aus dem Video-Business wieder auszusteigen. Sie verkauften das Projekt an Apple, die es abrundeten, für die eigenen Rechner optimierten und auf den Markt brachten.

Weil FCP als Software so jung ist, konnte es von den existierenden Software-Schnittlösungen lernen. Es konnte die guten Seiten übernehmen, die weniger glücklichen Aspekte aber neu überdenken. Es gab keine Rückwärts-Kompatibilität, auf die Rücksicht genommen werden musste. Die Bedienungsoberfläche konnte komplett neu konzipiert werden, ohne auf die Gewohnheiten bisheriger Benutzer Rücksicht zu nehmen.

Die grundsätzliche Bedienung ist bei FCP nicht viel anders als bei anderer Schnittsoftware. Es gibt ein Browser-Fenster, in dem sämtliches Material eines Film-Projektes organisiert wird. In einem Viewer-Fenster kann man Filmclips bearbeiten und auf die gewünschte Länge zuschneiden, bevor sie in die Timeline, einer Zeitdarstellung des Films, eingefügt werden. Die einzelnen Clips werden in der Timeline als Blöcke hintereinander dargestellt, den fertigen Clip beurteilt man anschließend im Canvas-Fenster. Die Werkzeuge zur Filmbearbeitung wählt man in einem Werkzeug-Fenster aus.

Die Vorteile von FCP sind schnell zusammengefasst. Zuerst hält es sich an moderne Regeln für effiziente Bedienungsoberflächen. Es gibt bei dieser Software nur einen Modus, das heißt, dass praktisch alles immer gleich funktioniert. (Klingt selbstverständlich, ist aber anderswo nicht so einfach.) In FCP gibt es für fast alle Funktionen immer mehrere Auslöser: per Maus direkt in der Timeline, per Maus auf einem Button und per Tastaturkürzel. Dies ist

Final Cut Pro gilt als das Profi-Schnittprogramm für das Apple-OS.

mit Konsequenz durchgezogen, so dass der Benutzer seine eigene Arbeitsweise entwickeln kann.

FCP ist professionelle Software. Dennoch ist sie so einfach gehalten, dass auch Anfänger in kurzer Zeit mit ihr zurechtkommen können. Hat mal erst einmal das Loggen und Aufnehmen verstanden, kann man die Videoclips einfach auf die Timeline ziehen und seinen ersten Film zusammen setzen. Selbst wenn man den Unterschied zwischen Insert- und Assemble-Schnitt nicht kennt, kann man problemlos Filmclips hin und her ziehen. Will man später effizienter und präziser arbeiten, bietet FCP dafür die nötigen Werkzeuge. Die schnellen Erfolgserlebnisse am Anfang, kombiniert mit den professionellen Tools später, sind vielleicht wichtigster Grund für den Erfolg von FCP.

FCP ist von Apple und läuft nur auf Apple-Computern. Dies kann sich natürlich auf deine Wahl auswirken. Soll dein Schnittcomputer auch dein Arbeitsrechner sein, musst du in Betracht ziehen, dass Apple-Software und kompatible Peripheriegeräte häufig teurer sind als ihre Windows-Pendants. Bei Schwierigkeiten mit dem Rechner gibt es auf dem Arbeitsmarkt und im Freundeskreis weniger Apple-Experten als es Windows-Freaks gibt. In Unternehmen bedeutet das, dass man Apple-Experten braucht oder seine bestehenden Experten anlernen muss, um die Apple-Computer zu betreuen.

Natürlich hat Apple auch Vorteile. Viele Apple-Benutzer schwärmen von der Ästhetik und Benutzerfreundlichkeit des Apples. Das ist Geschmackssache, aber zweifellos gibt Apple sich viel Mühe beim Design von Soft- und Hardware. Die von Apple-Jüngern beschworene Stabilität ihres Betriebssystems gilt für Schnittsysteme nur bedingt. Erfahrungsgemäß lässt sich sagen, dass die Häufigkeit von Abstürzen sich umgekehrt relational zur Rechenleistung des Computers verhält. Auf Deutsch: Je schwächer die Kiste, desto häufiger stürzt sie ab.

Videobearbeitung führt Desktop-Computer an die Grenzen ihrer Leistungsfähigkeit – egal welche Plattform. Um dein System stabil zu machen, brauchst du den besten Prozessor, den du dir leisten kannst, massig Arbeitsspeicher, schnelle Festplatten, Videobeschleuniger… und noch mehr Arbeitsspeicher.

Windows

Als die Windows-Programmierer dieser Welt merkten, dass es einen Markt für Video-Schnittsoftware gibt, tippten sie natürlich drauf los. Deshalb gibt es so viel Video-Software für Windows. Aber schon lange davor gab es bereits Schnittsoftware auf Windows-Basis. Sie war (und ist) unglaublich funktionsreich. Sie war (und ist) absolut professionell. Sie war (und ist) atemraubend teuer. Und meistens hieß (und heißt) diese Software Avid. In den frühen 80ern hat Avid den Computer mit großem Erfolg in die Welt des Filmschnitts eingeführt. Avid hat (je nach Statistik) einen Marktanteil von etwa 70 % bei professionellen, nonlinearen Schnittsystemen.

Die DV-Revolution ist auch Avid nicht unbemerkt vorbei gegangen und Avid hat eine abgespeckte und auf DV spezialisierte Version ihrer großen Systeme herausgebracht. In der aktuellsten Version heißt sie *Avid Xpress Pro* (AEP).

Avid Xpress Pro (AEP) will gar nicht leugnen, der kleine Bruder der großen Avid-Schnittplätze zu sein. Wer ein großes Avid-Sys-

Avid Xpress Pro ist eine professionelle Schnittlösung für Windows-Rechner.

tem beherrscht, braucht für AEP nicht umzulernen. Nicht nur die Oberfläche ist weitgehend gleich, AEP ist auch in den Dateiformaten zu seinen großen Geschwistern kompatibel. Projekte, die du auf AEP beginnst, kannst du in der Regel auf einem großen Avid-Schnittplatz weiter bearbeiten. Produktionsfirmen und Sender mit eigenen Avid-Spezialisten müssen nicht neues Know-how dazukaufen, wenn AEP eingeführt wird. Dieser nahtlose Anschluss an die Avid-Welt ist oft ausschlaggebender Vorteil, wenn sich Firmen für AEP entscheiden.

Die Firma Avid hat jahrzehntelange Erfahrung im digitalen Filmschnitt. Das merkt man der Software an. Grundsätzlich ist die Bedienung vergleichbar mit anderen nonlinearen Schnittsystemen. Es gibt ein Fenster, in dem die einzelnen Bestandteile des Films sortiert werden, ein Fenster zur Vorschau der einzelnen Filmsequenzen, eine Timeline in der die Filmsequenzen zum Film zusammengeschnitten werden und ein Fenster, in dem man den fertigen Film sieht.

Während sich der erfahrene Avid-Cutter auf Anhieb in AEP zurechtfindet, braucht ein Anfänger mehr Lernzeit als bei vergleichbarer Software anderer Hersteller. Zum Beispiel hat die Timeline verschiedene Modi. Im Zeitalter des Drag and Drop ist es verwirrend, dass man erst in einen speziellen Modus schalten muss, um einen Clip einfach nur verschieben zu können. Überhaupt erfordert das Hin- und Herschalten zwischen verschiedenen Modi ein Umlernen. Der moderne User erwartet, immer alles tun zu können, und nicht – ohne ersichtliche logische Notwendigkeit – in einen anderen Arbeits-Modus umschalten zu müssen. Das ist als ob man in einer Textverarbeitung zum Drücken der Return-Taste erst ein besonderes Unterprogramm starten müsste, in dem auch tatsächlich nur diese eine Funktion möglich ist.

AEP erweckt den Eindruck, dass es eigentlich nur über die Tastatur bedient werden sollte und die Entwickler die Mausfunktionen eher widerwillig integriert haben. Besonders wenn man andere Software kennt, würde man gerne öfter Einstellungen mit der Maus ändern, statt Zahlen eingeben zu müssen.

Das Alter der Avid-Plattform ist aber auch eine ihrer größten Stärken. Die Funktionen sind ausgereift und stabil. Die angebotenen Werkzeuge zur Filmbearbeitung sind in der Praxis erprobt. Die Oberfläche ist aber eindeutig für Profis ausgelegt, die bereit sind, sie erst zu erlernen, bevor sie an ihren ersten Film gehen. Hat man sich aber erst einmal in die Bedienung eingearbeitet, kann man schnell und präzise schneiden.

Du kannst *Avid Xpress Pro* als Einstieg in die große Avid-Welt nutzen. Wenn du sowieso planst, eines Tages deinen eigenen Kinofilm zu schneiden, solltest du dir auf jeden Fall Avid-Wissen erarbeiten. Avid ist die international bekannteste und am weitesten verbreitete Schnittsoftware. Besonders wenn du vorhast, in verschiedenen Ländern und unterschiedlichen Firmen zu arbeiten, kommst du an Avid nicht vorbei. Aber unabhängig davon, für welche Software du dich entscheidest, du solltest als Videojournalist die grundlegende Bedienung eines Avid-Schnittsystems beherrschen.

Schnitt & Postproduktion

Für die meisten Schnittprogramme gibt es hervorragende Fachliteratur inklusive einleitender Kurse mit Beispielen auf CD-ROM. Diese solltest du durcharbeiten.

In diesem Kapitel soll es um die theoretisch-inhaltlichen Grundlagen des Filmschnitts gehen. Es ist der Basiswerkzeugkasten, den du als Videojournalist benötigst, um deinen ersten Film zu schneiden. Es macht Sinn, dieses Kapitel zu lesen, *bevor* du die Bedienung deiner Software erlernst. Und es macht ebenfalls Sinn, es zu lesen, *nachdem* du dich in deine Software eingearbeitet hast. Die Bedienungsanleitung deiner Software sagt dir, welche technischen Schritte du unternehmen musst, um an dein Ziel zu gelangen. Die hier beschriebenen Regeln sagen dir aber, *was* dein Ziel überhaupt ist.

Film, wie wir ihn heute aus Kino und Fernsehen kennen, ist erst durch den Schnitt entstanden. Und Filmschnitt entwickelt sich fortwährend weiter. Er ist viel mehr an Moden gebunden als die Arbeit der Kameramänner. Besonders im Schnitt solltest du studieren, was andere Fernsehmacher täglich auf den Sender bringen. Es genügt nicht, einfach nur Fernsehen zu schauen. Man sieht nur, was man weiß. Du erkennst interessante Schnitttechniken nur, wenn du weißt, worauf du dabei achten musst. Bleibe im Gespräch mit Vollzeit-Cuttern und lies Bücher über Filmschnitt. Der Schnitt ist die letzte Station des Films. Es ist die letzte Möglichkeit, deine Geschichte spannender und sehenswerter zu machen. Arbeite deshalb ständig an deinem Schnitt-Know-how.

Videoschnitt

Erst beim Schnitt machst du aus dem Bildmaterial, das du mit der Kamera aufgenommen hast, einen Film. Im Schnitt schneidest du die ursprüngliche Aufnahme auseinander und reihst die so entstandenen Filmfragmente nach bestimmten Regeln neu aneinander.

Guter Filmschnitt ist unsichtbar. Der Zuschauer nimmt nicht wahr, dass der Film geschnitten wurde, dass Lücken in den Bildern sind. In manchen Actionfilmen gibt es in 90 Minuten mehr als 3.000

Schnitte, was durchschnittlich einen Schnitt etwa alle zwei Sekunden bedeutet. Dennoch fällt den meisten Zuschauern kein einziger davon auf – weil sich der Cutter 3 000-mal an die Regeln gehalten hat.

Nachstehend vermittele ich dir das Basiswissen des Filmschnitts, eine Art erster Einstieg. Das hier vermittelte Know-how solltest du natürlich nutzen, um deine eigenen Filme als Vj zu schneiden. Besonders am Anfang aber ist es nützlich, wenn du dir auch andere Filme unter diesen Aspekten anschaust. Analysiere gute Spielfilme, besonders alte Klassiker, und versuche, die Schnitttechnik der Profis zu erkennen und zu verstehen.

Schnitt für Vjs

Dein Job ist es, aus deinem gedrehten Material einen sendefähigen Film zu machen. Du wirst dafür bezahlt, dass du eine interessante Geschichte gut erzählst – ohne dabei allzu viele Schnittfehler zu produzieren. Dein Job ist es nicht, den *Paten* oder *Gangs of New York* schnitttechnisch zu übertrumpfen. (Wahrscheinlich würde es dir auch nicht gelingen.) Filmschnitt ist ein wichtiger Teil der Erzähltechnik. Du erzählst deine Story nicht nur mit Bildern und Ton, sondern auch mit deinem Schnitt.

Wenn Schnitt einfach wäre, würde dafür nicht ein eigener Oskar verliehen. Allerdings brauchen Vjs nicht unbedingt das komplette Know-how eines Hollywood-Cutters. Aber du brauchst einen Grundstock an Schnittregeln, die du unbedingt beachten musst, wenn du dein Material über den Sender bekommen willst.

Grundbegriffe

Filmschnitt, kurz: Schnitt, ist das Zusammenfügen von Filmsequenzen. Die Dauer der einzelnen Sequenzen variiert zwischen Sekundenbruchteilen und mehreren Minuten. Der Schnitt nutzt die Fähigkeit des menschlichen Gehirns, verschiedene Handlungseinheiten zu einer fortlaufenden Handlung zu verbinden. Das funktioniert nur, wenn gewisse Voraussetzungen erfüllt sind. Diese Voraussetzungen orientieren sich an der menschlichen Wahrnehmung, die zum Teil naturgegeben ist, zum Teil aber auch durch den ständigen Konsum von Filmen anerzogen und eingeübt wird. Jugendliche, die mit MTV und Viva aufwachsen, können selbst schnelle Schnittsequenzen logisch verknüpfen, die ihre Eltern noch ratlos lassen.

In großen Teilen funktioniert die Psychologie der Filmwahrnehmung bei den meisten Menschen weltweit fast deckungsgleich. Ein Film, dessen Bilder man in Tunesien versteht, wird seinen Inhalt auch in Japan oder in Kanada transportieren können.

Beispiel

Sequenz 1 Ein Mann schaut grimmig, er geht von rechts nach links, in der Hand ein Messer.

Sequenz 2 Nahaufnahme des Gesichtes einer Frau. Sie schaut von links nach rechts. Dann beginnt sie zu schreien, dreht sich um und läuft nach links aus dem Bild.

Jedem Betrachter dieser Welt ist klar, welche Geschichte in diesen zwei simplen Sequenzen erzählt wird, weil bestimmte Regeln eingehalten wurden. Hätte die Frau zuerst in die andere Richtung geschaut, also von rechts nach links (gleich wie der von rechts nach links gehende Mann), wäre der Sinn zerbrochen oder zumindest anders.

Diese universal gültigen Grundregeln solltest du dir als Grundstock aneignen. Erst wenn du weißt, wie du schneidest, weißt du, was du für den Schnitt an Bildern einsammeln willst.

Zweck von Schnitt

Natürlich könnte man einen ganzen Film, ob fiktional oder nonfiktional, an einem einzigen Stück drehen und anschließend genauso senden. In experimentellen Filmen wird dies auch tatsächlich versucht, etwa in *Russian Ark* von *Alexander Sokurov*. Regelfall ist aber, dass Filme geschnitten werden. Das hat verschiedene Gründe, und viele Schnittregeln lassen sich direkt aus diesen Gründen ableiten.

Schnitt spart Geld

Würdest du einen Spielfilm in einem Stück drehen und ein Schauspieler verhaspelt sich in letzter Minute, müsstest du die gesamte Aufnahme von vorne drehen. Drehst du einen Magazinbeitrag über Sonnenschutz und Hautkrebs, müsstest du einen Dermatologen samt Labor an den Strand verfrachten, um sowohl ihn als auch Sonnenbadende schnittfrei im Film zu haben. Ein unrealistisches Vorhaben. (Auch wenn es vom Bildlichen her bestimmt reizvoll wäre, wenn der Experte seinen Aufsager am Strand statt im Labor macht.)

Wenn du Filme kostengünstig produzieren musst – und wer muss das nicht? – kann es nützlich sein, auf Material aus früheren Drehs, von Kollegen oder aus Archiven zurückzugreifen. Vor allem im News- und Magazinbereich ist es üblich, Beiträge aus neu gedrehtem Material *und* Archivbildern zu mischen. Das spart Kosten und schafft Sicherheit in der Planung des Erfolgs. Denn nicht nur grünen Tee kann man zweimal aufbrühen. Auch Themen, die bereits früher gut beim Zuschauer ankamen, kann man mit neuem Material mischen auf solche Weise aufgewertet erneut senden. So spart die Tatsache, dass sich Bilder neu schneiden und mischen lassen, viel Geld.

Schnitt macht Dinge möglich

Wenn du Bilder zeigen möchtest, die es real so nicht gibt, kannst du das meist nur im Schnitt. Bei einem Film über Schlankwerden und Diäten kannst du den Vorher-Nachher-Vergleich machen, indem du entsprechende Bilder links und rechts ins Bild blendest. Solche und andere Effekte sind erst im Schnitt möglich.

Im Schnitt können missratene Bilder teilweise korrigiert werden. Es ist möglich, Farben zu verändern oder einen Bildausschnitt zu vergrößern. Das sollte dich aber nicht zu der Einstellung verleiten: „Das erledigen wir im Schnitt!". Schnell schleicht sich Unvorsichtigkeit beim Dreh ein. Was vor Ort nicht klappt, soll im Schnitt später geregelt werden. Verwackelte und unscharfe Bilder bleiben aber auch im Schnitt unsendbar. Was du nicht auf dem Tape hast, kannst du im Schnitt nicht erfinden. Besonders wenn du während des Drehs merkst, dass du Lücken in deiner Story hast, kannst du davon ausgehen, dass dir im Schnitt noch weniger einfallen wird, um die vergurkte Story zu retten.

Schnitt macht schneller

In der Realität wiederholt sich vieles. Menschen tun die gleichen Dinge mehrfach. In Gesprächen werden Gedanken wiederholt oder unnötig ausgewalzt. Die meisten Handlungen sind nur teilweise interessant.

Ein Film über die Arbeit eines Feuerwehrmanns wäre ohne Filmschnitt nicht Spannung und Blaulicht, sondern zum großen Teil zähes Warten im Fernsehraum der Feuerwache.

Schnitt komprimiert die Handlung. Durch Filmschnitt wird selbst der Bau eines Hauses – wahrlich eine langwierige Sache – zum kurzweiligen Event.

Es gibt fast nichts, das sich durch gezieltes Weglassen nicht beschleunigen ließe. *Ein Spiel dauert 90 Minuten* heißt ein Fußball-Gesetz. Dieses Gesetz wird jede Woche in Sportsendungen gebrochen, wenn ein Spiel auf vier Minuten komprimiert wird und dennoch alles Wesentliche vom Spiel erzählt wird.

Schnitt macht spannend

Durch geschicktes Schneiden kannst du eine Geschichte spannend(er) erzählen. Schnitt ist Teil der Erzähltechnik.

Beispiel

Sequenz 1 Zwei streitende Eltern, Topf mit Essen liegt umgestürzt auf dem Boden, Geschirr zerbrochen, das minutenlange Geschrei dreht sich um *Fremdgehen* und *Scheidung*.

Traurig genug. Jetzt gibst du dem Geschehen aber eine weitere tragische Dimension, indem du geschickt schneidest. Du wirst ein Stück der Geschichte erzählen, indem du das Gespräch unterbrichst und eine andere Sequenz dazwischen schneidest.

Eingeschobene Sequenz 2 Ein 9-jähriger Junge mit Schulranzen verlässt gerade ein Schulgelände. Er spricht ein Mädchen an, lädt es ein, mit seiner Familie zu Mittag zu essen.

Schiebst du dieses Fragment in den Streit der Eltern, erweiterst du die Geschichte. Jetzt geht es nicht mehr nur um die beiden Eltern allein, sondern auch um den kleinen Jungen, der Gefahr läuft, sich für seine streitenden Eltern vor der Mitschülerin schämen zu müssen.

In der Realität hast du die Aufnahmen des Jungen früher oder später gemacht. Vielleicht hast du einen ganz anderen Jungen gefilmt oder die Aufnahmen aus einem Archiv bekommen. Der Zuschauer verbindet die Bilder aber instinktiv zu einer inhaltlichen Einheit. Du hast die Geschichte weitererzählt, indem du die Bilder dazwischengeschnitten hast. Du hast neue Fragen aufgeworfen, die den Zuschauer tiefer in die Geschichte ziehen.

Schnitt macht interessant

Mit bunten Bildern und einer schnellen Schnittfrequenz kann man so manche etwas flaue Story retten.

Das menschliche Gehirn erkennt unbekannte Bildinhalte durchschnittlich erst nach drei Sekunden und beginnt nach vier Sekunden, diese zu interpretieren. Ist das Bild bereits bekannt, erkennt der Zuschauer schneller, was ihm gezeigt wird.

Eine Frau, rechts am Tisch sitzend, hinter ihr eine blaue Leinwand mit eingeblendetem Bildrechteck links oben. Das Gehirn erkennt schnell, dass da Nachrichten laufen. Diese Situation hat der Zuschauer schon tausende Male gesehen.

Stünde die Frau vor einem Regal mit Pullovern, bräuchte der Zuschauer etwa drei Sekunden, um überhaupt festzustellen: *Das ist eine Frau vor Regalen.* Dann würde er die Kleidung der Frau und den Inhalt der Regale erkennen, und mit der Interpretation beginnen. Von der Kleidung der Frau würde er vielleicht auf *elegant* schließen, dann vielleicht auf *Geschäftsfrau.* Die Interpretation wird durch Rückgriff auf verfügbare Klischees beschleunigt.

Hast du Zweifel hinsichtlich der Tragfähigkeit deiner Story oder deiner Bilder, kann es helfen, die einzelnen Sequenzen maximal 3 Sekunden zu schneiden. Wenn der Zuschauer nicht genug Zeit hat, zu verstehen, was er sieht, bleibt er eher dran. Wer Zeit hat, das Bild vollends zu verstehen, der erkennt, dass ihn die Story in Wirklichkeit gar nicht interessiert. Es ist nicht edel, seine Filme so zu verkaufen. Aber es funktioniert.

Durch hohe Frequenz und überraschende Schnitte kannst du die Attraktivität eines Films steigern. Das ist nicht nur dir bekannt. Deine Auftraggeber und viele Zuschauer merken es, wenn du ein dünnes Thema durch rasanten Schnitt aufmotzt. Deshalb kann dir passieren, dass du deinen Film vom Redaktionsleiter oder Auftraggeber dennoch um die Ohren geschlagen bekommst.

Es hindert dich aber niemand, durch mutigen, schnellen Schnitt aus einem ohnehin guten Film einen hervorragenden Film zu machen.

Schnitt gibt Rhythmus

Film hat einen Rhythmus, genau wie ein Musikstück. Eine Liebesballade hat einen anderen Rhythmus als ein Heavy-Metal-Track. Ein Liebesfilm hat einen anderen Rhythmus als ein Action-Streifen.

Durch geschickten Schnitt kannst du innerhalb eines Films den Filmrhythmus variieren. Die Frequenz der Bildabfolge beeinflusst die Stimmung des Zuschauers. Schnelle Schnitte erfordern Aufmerksamkeit. Hohe Aufmerksamkeit erzeugt Adrenalin im Zuschauer. Das ist einer der Gründe, wieso Action-Filme so schnell geschnitten sind. Und deshalb wirst du nicht im Stroboskop-Tempo schneiden, wenn du im Zuschauer ein romantisches Feeling wecken möchtest.

Wenn du am Anfang deiner Filmemacherkarriere stehst, empfiehlt es sich, in jedem Film ein einziges Schnitttempo zu halten. Besonders als Anfänger ist es schwer genug, eine Geschichte überhaupt verständlich und spannend zu erzählen. Bevor du Tempowechsel im Schnitt planst, lerne erst, einen Film in einem einheitlichen Rhythmus zu schneiden.

Der Ransprung

Der Ransprung entsteht, wenn du die Kamera auf derselben Achse in Richtung des Objektes bewegst, oder diese Bewegung durch Zoomen zwischen den Aufnahmen simulierst.

Ransprung mit ausreichend Größenunterschied.

Beim Ransprung ist es wichtig, dass der Größenunterschied deutlich genug ausfällt: mindestens zwei Einstellungsgrößen. Ist der Unterschied zu gering, fällt der Schnitt dem Zuschauer nicht auf. Dann wird aus dem *Effekt* Ransprung der *Fehler* Ransprung.

Ransprung mit einem zu kleinen Größenunterschied.

Jeder Ransprung muss inhaltlich Sinn machen. Wenn du einen Mann in der Amerikanischen zeigst und per Ransprung in die Nahaufnahme wechselst, sollte dies einen offensichtlichen Grund haben. Nach dem Ransprung könnte sich der Mann den Schweiß aus der Stirn wischen oder eine Sonnenbrille anziehen. Der Ransprung funktioniert besonders gut, wenn dabei auf Bewegung geschnitten wird.

Setze den Ransprung sparsam ein. In der Regel ist es besser, wenn du deine Position zwischen zwei Aufnahmen um mindestens 30 Grad veränderst. So stellst du sicher, dass zwei Bilder nicht zu ähnlich sind.

Bewegung schneiden

Guter Schnitt ist unsichtbarer Schnitt. Wenn du gut schneidest, merkt der Zuschauer gar nicht, dass du geschnitten hast. Sicher, die Bilder haben gewechselt. Der Zuschauer hat es aber nicht bewusst wahrgenommen. Dein Film erzählt dem Zuschauer eine Geschichte. Alles, was der Zuschauer vom Herstellungsprozess des Filmes merkt, steht zwischen ihm und der Geschichte. Wenn er merkt: *Ah, da war jetzt ein Schnitt!*, bricht deine Geschichte auseinander. Deshalb ist guter Schnitt transparent und unmerkbar. Er passiert, aber niemand achtet darauf.

Eine der effektivsten Methoden, den Schnitt zu verstecken, ist, *in eine Bewegung hineinzuschneiden.* Weil die Bewegung die Aufmerksamkeit des Zuschauers bindet, fällt der Schnitt weniger auf. Der Trick funktioniert, wenn man zuvor überlappende Bilder, also Aufnahmen der gleichen Handlung aus verschiedenen Perspektiven, gefilmt hat. Dann ist es leicht, einen Bewegungsschnitt aus einem ersten und einem zweiten Teil zu komponieren.

Als Vj kannst du diese Aufnahmen durch Inszenierung bekommen. Wenn du eine Verkäuferin filmst, die eine Vase in die Vitrine stellt, bittest du sie, die Vase mehrere Male hinzustellen. Zweimal genügt nicht. Beim Bewegungsschnitt fallen Unstimmigkeiten in den beiden Bewegungsabläufen besonders deutlich auf. Deshalb brauchst du mehrere Aufnahmen, um dir die beiden passendsten auszusuchen.

Die meisten Dinge auf dieser Welt passieren sowieso mehrmals. Die Verkäuferin, die eine Milchtüte scannt und sie in den Einkaufskorb legt. Der Postbeamte, der einen Brief stempelt... Alles passiert immer und immer wieder. Du wartest, bis die gleiche Handlung noch einmal passiert und filmst sie dann aus einer anderen Perspektive und in anderer Einstellungsgröße. Aus den verschiedenen Aufnahmen der gleichen Handlung komponierst du einen Bewegungsschnitt.

Man würde meinen, dass der Bewegungsschnitt am besten funktioniert, wenn man dieselbe Bewegung mit zwei Kameras filmt und dann die beiden verschiedenen Perspektiven kombiniert. Das stimmt aber nicht immer. Wenn sich vor und nach dem Schnitt die Einstellungsgröße stark ändert, funktioniert der Übergang oft besser, wenn das Tempo leicht verschieden ist.

Gehst du von einer Totalen in die Nahe, kann es besser funktionieren, wenn die Bewegung im zweiten Teil, der Nahen, langsamer abläuft. Die vom Zuschauer wahrgenommene Bewegungsgeschwindigkeit wird in Bezug auf das Fernsehgerät gesetzt. Bewegt ein Mann seinen Arm in der Totalen um einen halben Meter, sieht die Bewegung nicht so extrem aus, wie eine Bewegung der Fingerspitze um einen Zentimeter, wenn diese das gesamte Bild füllt.

Sind die Einstellungsgrößen von einer Szene zur nächsten sehr ähnlich, sollte sich zumindest die Kameraposition deutlich unterscheiden, sonst hast du einen ähnlichen Effekt wie beim Ransprung-Fehler.

Meist genügt es, vor dem Schnitt nur den Ansatz der Bewegung zu zeigen und nach dem Schnitt die eigentliche Bewegung.

Aber nicht immer sieht der mathematisch richtige Schnittzeitpunkt auch am besten aus. Der optimale Umschnitt ist eine Sache von

Gefühl und Erfahrung. Manche Bewegung wirkt flüssiger, wenn sie am Schnittpunkt um einige Frames gekürzt wird. Andere Bewegungen wirken verständlicher, wenn im Schnitt einige Frames verdoppelt werden. Am Ende läuft aber alles auf die wichtigste Regel des Filmschnitts hinaus: **Der Schnitt darf nicht auffallen.** Man darf ihn nicht als Schnitt wahrnehmen. Dann ist er stimmig.

Anschluss

Wenn Superman in Supergeschwindigkeit seine Superwohnung superordentlich aufräumt, sieht man als Zuschauer nur einen *Wusch* durch die Wohnung fliegen. Aber man sieht etwas. Ein häufiger Fehler im Schnitt ist der *Anschlussfehler* (englisch: Jump Cut). Das ist so etwas wie wenn Superman aufräumt, aber ohne dass man den Wusch sieht. *Anschluss* bedeutet, dass jedes Bild an das vorhergehende Bild anschließt. Oder genauer, dass kein Bild dem vorhergehenden Bild widerspricht.

Bei Dreharbeiten von Spielfilmen ist immer ein Script Girl am Set, dass sich um die *Continuity*, die richtigen Anschlüsse von Szene zu Szene kümmert. Sie sorgt dafür, dass bei jedem Schnitt das Cola-Glas gleich voll ist und der Hauptdarsteller den Scheitel immer auf der gleichen Seite hat. Manchmal aber passt das Script Girl nicht auf oder die Bilder geraten im Schnitt durcheinander. Es gibt zahlreiche Websites, die solche und andere Filmfehler hämisch auflisten.

Fiktives Beispiel

Western-Showdown. Held und Bösewicht stehen sich gegenüber. Man sieht den Helden von schräg hinten aus der Froschperspektive, den Bösewicht ihm gegenüber. Beide bereit, den Revolver zu greifen. Die Cowboyhüte sind tief ins Gesicht gezogen – Umschnitt – gleiches Bild, nur dass die Kamera jetzt hinter dem Bösewicht steht. Und siehe da: Auf dem Kopf des Helden ist kein Hut mehr. Offensichtlich wurde beim Dreh zwischen den beiden Bildern eine Pause gemacht. Und danach vergaß jemand, dem Helden den Hut aufzuziehen.

Vielleicht ist das Beispiel mit dem Hut unrealistisch. In der Praxis sind vergessene Utensilien aber nicht selten. Seien es Halstücher, Trinkgläser, Zigaretten, Schachfiguren, Bügeleisen – kaum eine Filmrequisite, die selbst in Millionen-Dollar-Filmen für Anschlussfehler gesorgt hätte.

Du als Videojournalist wirst in der Praxis eher Bewegungs-Anschlussfehler produzieren. Das sind Anschlussfehler, die entstehen, wenn du Aufnahmen von Menschen in Bewegung aneinanderschneidest.

Beispiel
Du hast einen Menschen gefilmt, der vom Tisch aufsteht, zum Schrank geht, einen Mantel herausnimmt, ihn anzieht und aus dem Haus geht. Du möchtest im Schnitt Zeit sparen und zeigst den Mann, wie er aufsteht – SCHNITT – er ist vor dem Haus und hat seinen Mantel angezogen. Er hat sich jetzt schneller bewegt als Superman, denn von dem hätte man wenigstens einen Wusch gesehen.

Du vermeidest Anschlussfehler, indem du den Protagonisten für kurze Zeit *versteckst*. Im obigen Beispiel könntest du zeigen, dass der Mann vom Tisch aufsteht. Du lässt die Kamera stehen und der Mann bewegt sich aus dem Bild. Dann gehst du mit der Kamera aus dem Haus heraus und zeigst als nächstes Bild wie sich die Tür öffnet und der Mann fertig bekleidet im Mantel heraustritt.

Der Zuschauer füllt die Zeit mit der Handlung, die nötig wäre, um logisch in das nächste Bild zu kommen. Er denkt sich also dazu, dass der Mann seinen Mantel angezogen hat und auch sonst alles nötig erledigte, um aus dem Haus gehen zu können.

Der Anschlussfehler ist der häufigste Schnittfehler bei Anfängern. Menschen, die sich mit Schnitt nicht auskennen und deinen Film sehen, äußern sich zu Anschlussfehlern mit Ausdrücken wie *Das ist jetzt aber komisch!* oder *Uups, wie ist das denn jetzt passiert?*. Wenn du eine kleine private Vorstellung veranstaltest und solches hörst, solltest du noch etwas am Schnitt arbeiten, um Anschlussfehler auszumerzen.

Upcutting

Zeit sparen. Unnötiges weglassen. Nur das Aller-aller-wichtigste erzählen. Das ist Upcutting.

Es gibt einen riesigen Unterschied zwischen *Abfilmen* und *Erzählen*. Ein Film ist nicht abgefilmte Realität. Die wäre meist furchtbar langweilig. Du erzählst eine Geschichte. Dafür schneidest nur die Bilder zusammen, die der Zuschauer braucht, um zu begreifen, was passiert.

Jedes Bild, jede Information, die zuviel ist, ödet den Zuschauer an. Er schaltet weg, wenn er angeödet wird. Upcutting ist die Kunst, nur das Wichtige zu zeigen. (Dabei darfst du natürlich nicht so weit gehen, zu viel wegzulassen. Wenn der Zuschauer überhaupt nicht mehr versteht, worum es geht, hast du das Gegenteil erreicht.)

Du willst zeigen, wie ein Pizzabäcker seine Pizza backt. Du könntest also abfilmen, wie er den Teig knetet, dann Soße und die einzelnen Zutaten aufträgt. Du könntest sogar noch weiter ausholen und zeigen, wie aus Mehl und Wasser der Teig entstand. Und du könntest die gesamte Backzeit über verfolgen, wie die Teigränder langsam knusprig werden. Wie die Pizza aus dem Ofen kommt, bekäme kein Zuschauer mehr mit, alle hätten weggezappt.

Folglich überlegst du: Was willst du zeigen? Was musst du überhaupt zeigen? Einen Pizzabäcker, der Pizza backt. Was braucht der Zuschauer, um das zu verstehen? Vielleicht nur das bekannte Teig-über-dem-Kopf-Bild?

Oder du zauberst ein wenig. Halte die Kamera so, dass der Pizzaman geschnittene Champignons direkt in die Kamera streut. (Die Welt aus der Sicht einer Pizza.) Wenn es das erste Bild der Szene ist, wundert sich der Zuschauer, was er da eigentlich sieht. Also zeigst du noch die Pizza, die in den Ofen geschoben wird. Zwei Bilder – und jeder weiß, worum es geht. So funktioniert Upcutting.

Schaue dir Werbespots an. Viele erzählen in 30 Sekunden eine komplette Geschichte mit Handlung und Message. Für jede Sekunde muss der Werbetreibende viel Geld zahlen. Er kann sich nicht die kleinste Redundanz leisten. Deshalb sind viele Werbespots wahre Meisterwerke des Upcutting.

Auf Musik schneiden

Alles sieht besser aus, wenn es auf Musik geschnitten ist. Schaue dir einige Minuten Musikfernsehen an, und du wirst diese These bestätigt sehen. Die Verbindung von Musik- und Schnittrhythmus gibt dem Film Einheit. Die Uralt-Floskel *Das ist Rhythmus, wo man mit muss* stimmt. Auf Musik geschnittene Bilder entfalten beinahe hypnotische Qualität.

Wieso sind dann nicht alle Filme dieser Welt auf Musik geschnitten?

Beim Schnitt auf Musik rückt die Methode selbst in den Vordergrund. Vor allem bei schneller, rhythmusbetonter Musik – also den meisten Chartsongs – fällt dem Zuschauer auf, dass die Bilder der Musik folgen. Bei nachdenklichen, unlustigen Themen wirkt dies verwirrend.

Schnitt auf schnelle Musik fühlt sich immer actionreich, aber auch oberflächlich an. Bilder einer Familie in der Achterbahn kannst du problemlos auf Musik schneiden. Das sind fröhliche, actionreiche Bilder und niemand nimmt dir übel, dass durch den rhythmischen Schnitt eine gewisse inhaltliche Oberflächlichkeit hereinkommt.

Bilder eines Krieges samt Toten und Soldaten, auf Musik geschnitten, wirken wie ein kritisch-zynischer Kommentar zum Krieg, da der *fröhliche* Schnittrhythmus dem furchtbaren Bildinhalt fühlbar widerspricht. Auf Musik geschnittenen Bildern haftet etwas Kommerzielles an. Es ist folgerichtig, dass Werbung so oft auf Rhythmus geschnitten ist, besonders bei Produkten, die Lebensfreude und Action verkörpern sollen. Bei Musikclips ist Schnitt auf Musik so selbstverständlich, dass anders geschnittene Clips, die es durchaus gibt, fehl am Platz wirken.

Ausgezeichnete Beispiele zum Schneiden auf Musik findest du in Musikvideos, die komplett aus Backstage- und Live-Material bestehen. Diese Bilder sind oft minderwertiger Qualität, da sie mit einer schlechten Kamera oder schlicht schlampig gedreht wurden. Um die schlechte Qualität zu kaschieren, wird konsequent rhythmisch geschnitten. Teilweise wird über die gesamte Videolänge ein einziger Schnittrhythmus beibehalten, als wäre die Schnittsoftware an den Drum-Computer angeschlossen worden.

Schnitt auf Musik kannst du als Vj neben Musikvideos vor allem in Magazinbeiträgen einsetzen. In Reportagen und Doku-Soaps kannst du auf Musik geschnittene Passagen einfügen, um die spielerische Leichtigkeit einer Handlung zu betonen – oder schlicht um langweilige Bilder etwas aufzupeppen. Schnitt auf Musik bereichert die Magazinbeiträge und steigert den Unterhaltungswert.

Technisch

Auf Musik zu schneiden bedeutet technisch einfach nur: Wenn's laut wird, kommt ein neues Bild. Höre dir deine Musik an und klopfe den Rhythmus mit. Die Schläge kennzeichnen, wo ein neues Bild beginnen kann. Wohlgemerkt: kann nicht muss. Auch beim

Schnitt auf Musik gilt, dass ein Mensch unbekannte Bilder erst nach etwa drei Sekunden überhaupt erkennt. Versuche, die lauten und dominanten Schläge, in der Regel die Taktanfänge, zu definieren und bevorzugt auf diese zu schneiden. Um das Schnitttempo nicht zu sehr anzuziehen, kann es ratsam sein, nur auf jeden zweiten oder nur jeden vierten Takt zu schneiden. Diesen Rhythmus solltest du dann auch ungefähr beibehalten.

Du kannst nach Gehör schneiden, denn am Ende ist dein Gehör die letzte verbindliche Instanz. Hat deine Software ein Audio-Oszillogramm, zeigt also in der Timeline die Hüllkurve des Musikpegels an, kannst du dich nach den angezeigten Lautstärkespitzen richten. In der Regel stimmt der Schnitt, wenn die Audiospitze im selben Frame einsetzt wie das neue Bild beginnt. Weil aber Audio viel feiner unterteilt ist als Video mit seinen 25 Bildern pro Sekunde, kann es sein, dass du manchmal den Bildschnitt einen Frame früher oder später setzen musst.

Wenn du deinen Schnitt auf Musik überprüfst, stelle sicher, dass Bild und Ton aus derselben Quelle kommen. Wenn du das Bild auf dem Computerbildschirm anschaust, den Ton aber durch die Kamera hörst, ist der Ton leicht verzögert. Das führt zu fehlerhaften Verschiebungen beim tatsächlichen Schnitt. Bei manchen Schnittprogrammen lässt sich diese Differenz ausgleichen, du solltest aber auf jeden Fall sicherstellen, dass du den richtigen Ton abhörst.

Bei elektronischer Musik kannst du dir die Arbeit meist richtig einfach machen. Kommt das Schlagzeug aus dem Drum-Computer, also bei den meisten Popstücken, sind die Abstände zwischen den einzelnen Schlägen durchgehend gleich. Finde den genauen Abstand heraus und schneide dann alle Clips framegenau gleich.

Audio-Schnitt

Filmschnitt ist Teil der Erzähltechnik, und der Audioschnitt verfeinert dies noch. Deswegen solltest du nicht weniger Sorgfalt darauf verwenden als auf den Bildschnitt.

Tonspuren

Manche Schnittprogramme bieten dir die Möglichkeit, unsinnig viele Audiospuren anzulegen. Abgesehen davon, dass die Programme dann nicht die Echtzeit-Verarbeitung der vielen Audiospuren schaffen, führen zu viele Audiospuren unweigerlich ins Schnitt-

Chaos. In der Regel solltest du mit sechs Audiospuren auskommen.

Auf die erste Spur legst du die gesamte Atmo. Hast du die Atmo zweispurig (stereofon) aufgenommen, dann nimm für deinen Film die besser ausgesteuerte Spur. In der Regel wählst du die lautere Spur, außer sie ist übersteuert. Die andere Spur kannst du löschen.

Die zweite Spur ist für O-Töne da. Falls du zwei verschiedene O-Tonspuren aufgezeichnet hast, nimmst du auch hier die lautere der beiden Spuren.

Die Spuren 3 und 4 sind Arbeitsspuren. In sie kannst du zum Beispiel Atmos legen, wenn die Originalatmo unbefriedigend klingt oder du unter einen O-Ton eine zusätzliche Atmo legen möchtest. Meistens bleiben diese Spuren aber leer.

Die Spuren 5 und 6 sind dem linken und rechten Kanal der Stereomusik vorbehalten.

Musik

Musik ist Teil des Geschichtenerzählens. Musik schafft Stimmung, gibt dem Film Einheit und zieht den Zuschauer hinein. Musik ist ein so wichtiges Gestaltungselement, dass du sie aussuchen solltest, bevor du beginnst, den Film zu schneiden.

Mit Musik kannst du den Ort der Handlung definieren. Zeigst du abwechselnd zwei verschiedene Orte, kannst du mit den Orten auch die Musik wechseln lassen. Ist Ort *A* im Bild, hört man Musik *A*. Ist Ort ***B*** im Bild, wird dies auch akustisch deutlich, da man Musik ***B*** hört.

Instrumentalmusik ist einfacher zu verwenden, da sie nicht mit O-Tönen oder OFF-Text in Konflikt tritt. Die Musik in den Charts ist aber meist Musik mit Gesang, dennoch hat Musik aus den Top-100 massive Vorteile. Chartmusik knüpfst an das an, was der Zuschauer bereits kennt. Wenn der Zuschauer die Musik in deinem Film als *aktuell* empfindet, schließt er damit auch automatisch darauf, dass dein Film aktuell ist. Musik in den Charts ist beliebt. Sonst wäre sie nicht in den Charts. Etwas von dieser Beliebtheit kann auf deinen Film abfärben.

Musik mit Rap-Passagen ist schwierig, da der Rap mit OFF-Text und O-Tönen in Konflikt tritt. Deutschsprachige Texte sind ebenfalls kontraproduktiv, da der Zuschauer sie ja meist besser versteht als die englischen Liedtexte. Bei englischen Texten ist er eher in der Lage, abzuschalten und den Gesang nur als musikalische Untermalung zu hören.

Musik kannst du ebenso schneiden wie Bilder. Jedes Musikstück besteht aus Takten, Strophen, Zwischenstücken, Instrumental-Teilen und Refrain-Wiederholungen. Du kannst sie auseinander nehmen und neu arrangieren. In der Regel wirst du sowieso nicht das gesamte Musikstück verwenden, deshalb musst du dich entscheiden, welche(n) Teil(e) des ausgewählten Musikstückes du verwendest. Du kannst zum Beispiel nur das Intro und einen Instrumentalpart verwenden und so den Gesangsteil umgehen.

Es ist schöner, wenn Musik einen natürlichen Anfang hat als dass sie eingeblendet wird. *Natürlich* heißt, dass ein sowieso vorhandener Taktanfang verwendet wird. Wenn du ein Musikstück daraufhin abhörst, wirst du Takte finden, mit denen ein Musikstück beginnen kann, obwohl der Takt mitten im Lied ist. Nach solchen Anfängen musst du vor allem dann suchen, wenn das Lied ein langes Intro hat. Viele Stücke beginnen mit halbminütigen Gitarrenschwaden, bevor der Beat und die eigentliche Musik beginnen. Versuche, einen anderen Anfang zu finden. Wenn du einen geeigneten Takt gefunden hast, blende ihn über zwei bis vier Frames ein. Damit kaschierst du den Schnitt.

Ein natürliches Ende – außer dem eigentlichen Liedende – ist schwerer zu finden, als einen neuen Liedanfang. Wahrscheinlich geht es oft sogar den Musikern selbst so, sonst würden sie wohl nicht so viele Stücke so einfallslos ausblenden. Wenn du eine Musik beenden willst, steht es dir offen, es den Künstlern gleichzutun und einfach auszublenden. Hat das Stück ein brauchbares Ende, kannst du dieses ausschneiden und an eine Musikpassage aus dem Mittelteil anfügen. In der Regel blendest du aber drei Sekunden lang aus. Die Blende sollte in einem unauffälligen Teil der Musik passieren. Kurz vor Schluss sollte nicht ein neuer Musikabschnitt beginnen oder gar Gesang einsetzen. Einen neu einsetzenden Musikabschnitt auszublenden wirkt unprofessionell.

Unter O-Töne wird in der Regel keine Musik gelegt. Vier Sekunden vor dem O-Ton sollte schon eine Ausblendung der Musik einsetzen. Noch besser ist, wenn die Musik rechtzeitig vorher ein *natürliches Ende* findet. Nein, sie soll nicht sterben. Ein Takt mit einem saftigen Schlussakkord tut es auch schon. Unter OFF-Text kannst du problemlos Musik legen. In vielen Filmformaten ist dies sogar der Regelfall.

Am Ende des Films sollte die Musik einige Sekunden über das Ende der Bilder hinausgehen, damit der Sender die Freiheit hat, den Ton in die nachfolgende Sendung zu blenden und so weichere Übergänge schaffen kann.

Für den gesamten Film gilt: Nichts darf stören. Dies gilt in besonderem Maße für die Musik. Außer bei Musikvideos – und manchmal auch da – ist die Musik nur Beiwerk. Sie ist eines der vielen Werkzeuge, mit deren Hilfe du deine Geschichte erzählst. Stelle fest, welche Musik die Redaktion oder der Sender, für die du arbeitest, im jeweiligen Format hören möchten. Versuche nicht, durch extravagante Musikauswahl aufzufallen. Der Zuschauer wird das nicht zu würdigen wissen, im Gegenteil. Bemühe dich lieber, Musik auszuwählen, die nahtlos zum restlichen Film passt. So wird deine Geschichte zu einer Einheit und wirkt inhaltlich geschlossener. Das ist eines der wichtigsten Ziele als TV-Erzähler.

Bild-Atmo-Schere

Bild und Ton müssen zusammenpassen. Wenn der Zuschauer im Bild ein Vögelchen auf einem Ast sieht, sollte im Ton nicht ein Presslufthammer zu „sehen" sein. Genau dieses Beispiel kann dir aber während der Dreharbeiten passieren. Du filmst eine romantische Szenerie im Park und 50 Meter weiter wird die Straße aufgerissen. Die Kamera nimmt den Baustellenlärm auf, ohne dass man etwas von der Baustelle sieht. Diesen Widerspruch zwischen Bild und Atmo nennt man Bild-Atmo-Schere.

Um diesen inhaltlichen Widerspruch zwischen Atmo und Bild aufzulösen, kannst du schon beim Drehen Aufnahmen der störenden Geräuschquelle machen. Du könntest im Film die Baustelle samt dahinter liegendem Park zeigen und danach filmisch in den Park gehen. Wenn dann Baustellenlärm im Hintergrund zu hören ist, kann der Zuschauer das zumindest einordnen.

Hast du diese Bilder nicht oder willst aus einem anderen Grund die Lärmquelle nicht thematisieren, musst du die Atmo im Schnitt ersetzen. Du kannst die Bilder des Parks mit einer Tonspur aus einem anderen Park unterlegen oder mit Atmo, die du einfach früher oder später im selben Park aufgenommen hast.

Wenn die *schlechte* Atmo allerdings mit O-Tönen oder anderen schwer ersetzbaren Geräuschen vermischt ist, hast du ein Problem. Du musst bereits bei der Aufnahme darauf achten. Wenn während eines O-Tons ein Geräusch dazwischenkommt, sei es ein anderer O-Ton, wie Hundegebell, ein Handy oder ein startendes Auto, bitte deinen Protagonisten, den letzten O-Ton – den letzten Satz – zu wiederholen.

Der Film muss als Hörspiel verstehbar sein. Dazu gehört, dass die Atmo stimmt. Verwende Sorgfalt auf eine abgestimmte und bruchfreie Atmospur.

Stille

In der Realität gibt es keine Stille. Selbst Gehörlose können mit dem Körper tiefe und laute Klänge wahrnehmen. Deshalb darf es auch in deinem Film niemals völlige Stille geben. Immer muss eine Atmo zu hören sein.

Bei O-Tönen übernehmen die minimalen Hintergrundgeräusche die Funktion der Atmo, aber sobald während der O-Töne Bilder über das Gesprochene gelegt werden, muss die zur Umgebung passende Atmo zu hören sein.

Achte auf Atmo-Lücken. In der Hektik des Schnitalltags kann es passieren, dass Lücken in der Atmospur entstehen. Deshalb solltest du deinen Film ohne Musik und Bild abhören. Achte gezielt auf Brüche in der Atmo. Die Tonspur muss glatt und durchgängig sein.

Atmo-Lücken entstehen auch, wenn die Atmo-Lautstärke unvermittelt leiser wird. Schneidest du von einem startenden Flugzeug zu einem Büro, darf die Atmo nicht plötzlich wegbrechen. Besser ist es, wenn der Klang der Motoren in die triste Bürostille hineinblendet. Achte beim Fernsehschauen bewusst darauf, wie gute Cutter die Tonsequenzen miteinander verbinden.

Audio-Vorlappung

Stell dir ein Haus vor, in dem es keinen Gang gibt, sondern jedes Zimmer direkt an das nächste Zimmer anschließt. Raum für Raum, Tür für Tür, durchschreitet der Besucher das ganze Haus. Du bist der Hausherr und verdienst dein Geld damit, dass du von den Kunden für jedes einzelne Zimmer, das sie durchschreiten, Geld kassierst.

Ein Film ist wie ein solches Haus. Der Zuschauer betritt die Vordertür und wird dann Zimmer für Zimmer, Einstellung für Einstellung, durch den Film geführt. Die Türen öffnen sich nur in eine Richtung, denn schließlich läuft Zeit ja immer nur vorwärts.

Dummerweise ist dein Haus ein Reihenhaus. Links und rechts stehen weitere Häuser. Deren Hausherren haben die gleichen Absichten wie du. Sie wollen Menschen in ihrem Haus halten, und zwar möglichst lange. Genau wie du kassieren sie Geld für jedes betretene Zimmer. Um die Sache für dich so richtig schwierig zu machen, sind in jedem einzelnen Zimmer zusätzliche Türen eingebaut. Diese führen nach links und nach rechts, direkt zu den Nachbarhäusern. Wird einem Besucher langweilig, kann er einfach mal schauen, wie es in den Nachbarhäusern aussieht.

Diese vertrackten Türen entsprechen der Fernbedienung, die dein Zuschauer in der Hand hält. Wenn ein Programm ihn langweilt, schaut er halt, was sonst noch so läuft. Du musst also möglichst viele Besucher möglichst lange in deinem Haus halten.

Die Kunst, den Besucher im Haus zu halten, gliedert sich in zwei Teile. Zum einen muss das aktuelle Zimmer die volle Aufmerksamkeit fordern. Naturgemäß sinkt diese aber mit der Verweildauer im Raum. Hat dein Besucher alles gesehen, so könnte er versucht sein, auch rechts oder links mal zu schnuppern.

Du musst den Besucher also auch auf den folgenden Raum neugierig machen. Noch während er Spaß am aktuellen Raum hat, sollte in ihm der Wunsch reifen, auch den folgenden Raum zu betreten.

Einer der einfachsten Tricks ist es, die Tür zum folgenden Raum einen Spalt weit offen zu lassen. Die Besucher können hören, was im nächsten Zimmer kommt, sie können es aber nicht sehen. Sie folgen dem, was sie hören. Unbewusst werden sie durch den Film gezogen.

In diesem Beispiel entsprechen die Zimmer den einzelnen Sequenzen deines Films. Jede Tür ist ein Schnitt. Die Geräusche, die der Zuschauer durch die angelehnte Tür hört, heißen „Audio-Vorlappung“ (englisch: Audio-Lead oder L-Cut). Die ist ein wirkungsvolles Mittel, um Zuschauer im Film zu halten.

Beispiel
Im Bild ist eine Wiese mit Blumen, die Sonne scheint und Kinder spielen. Plötzlich hört man Autolärm, eine knappe Sekunde lang. Dann schneidet das Bild um, und man sieht eine zum Geräusch passende Autobahn.

Das Geräusch „Autolärm“ widerspricht dem Bild „Blumenidylle“. Der Zuschauer „spürt“ diesen Widerspruch förmlich. Der Zuschauer ist überrascht und neugierig. Bevor die Spannung unangenehm wird, erscheint auch das zum Geräusch passende Bild. Der Zuschauer ist in seiner Neugier befriedigt.

Zu Beginn des Schnittprozesses liegen Bild und Ton in gleich langen Blöcken auf der Timeline deines Schnittprogramms.

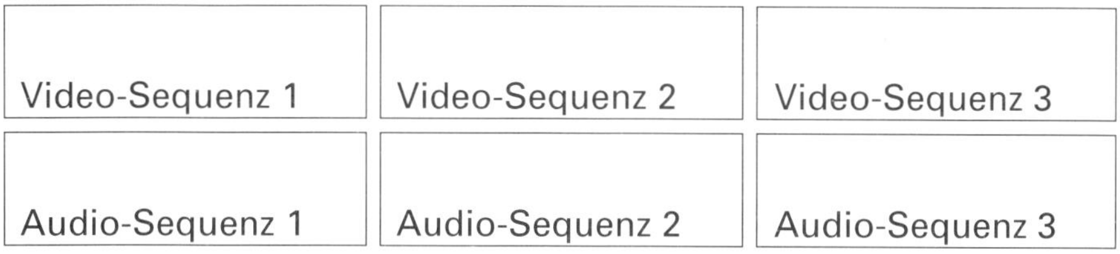

Simple Bild-Ton-Zuordnung bei grobem Schnitt (schematisch).

Das sollte nicht so bleiben. Bei der Feinarbeit an deinem Film trimmst du Bild und Ton so, dass praktisch nie das Bild und der Ton zur gleichen Zeit wechseln. In der Regel kommt der Ton etwas früher als das Bild.

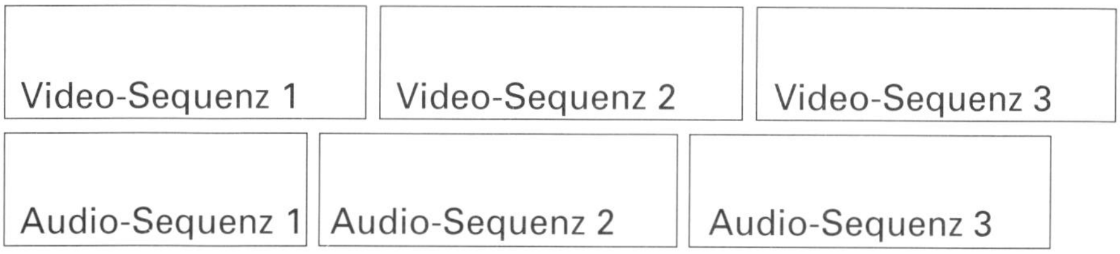

Audio-Vorlappungen (schematisch).

Audio-Vorlappungen werden natürlich wie alle Audio-Clips geblendet. Vermeide die Bild-Atmo-Schere. Wenn die zweite Atmo gleich laut oder leiser ist als die vorherige, macht das den Zuschauer nicht neugierig, sondern ratlos.

Die beste Audio-Vorlappung ist die, die der Zuschauer nicht (bewusst) merkt. Spiele deshalb ein wenig mit der Länge. Bei O-Tönen können zwei Silben bis zu zwei Worte die richtige Länge sein. Bei Atmo ist es ratsam, großzügig zu blenden, um Atmo-Brüche zu vermeiden. Traue mehr deinem Gefühl als irgendwelchen Regeln. Wenn der Film „fließt“ und eine „Einheit“ bildet, ist es richtig.

Audio-Vorlappungen bei O-Tönen

Beispiel
Das Bild zeigt Fabrikroboter, große Maschinen, aber keinen einzigen Menschen. Man hört Surren und dann kommt aus dem OFF: „Wir brauchen keine Menschen.“ – Schnitt – ein Mann im ON, er spricht weiter: „Wofür wir früher 400 Männer brauchten, schafft heute ein Roboter. Und der lässt sich aus der Ferne steuern.“

Ein markantes Zeichen professionell geschnittener Filme sind Audio-Vorlappungen bei O-Tönen. Der Kommentar zu einer Handlung beginnt, noch während diese gezeigt wird. Besonders wenn der Charakter schon im Film eingeführt ist, kannst du diese Technik einsetzen, um deinem Film Tempo und Geschlossenheit zu geben.

Wenn du mit der technischen Seite des Trimmens vertraut bist, kann dir nachfolgende Arbeitsweise helfen, genaue O-Ton-Vorlappungen schnell und einfach zu schneiden.

Schritt 1: Letztes Bild und erster Ton

Schneide zwei Filmsequenzen so aneinander, dass der erste Clip das letzte Bild enthält, das vor dem Umschnitt zu sehen ist, und der zweite Clip mit genau dem Ton beginnt, mit dem die Audio-Vorlappung beginnt. (Falls nicht verstanden, Satz noch einmal lesen.)

Video-Sequenz 1 mit korrektem Endbild	Video-Sequenz 2 mit korrektem Endbild
Audio-Sequenz 1 mit korrektem Endbild	Audio-Sequenz 2 mit korrektem Endbild

Letztes Bild und erster Ton.

Schritt 2: Links-Trim Video- und Audiospur

Jetzt trimmst du Video- und Audiospur mit einem einseitigen Links-Trim gleichermaßen nach links, bis der Übergang zwischen beiden Clips sich wie gewünscht anhört. Merke dir die Anzahl von Frames, um die du die Szene nach links verschoben hast. Die meisten Schnittprogramme zeigen dir die Anzahl an. Der gesamte Film wird sich übrigens um genau diese Länge verkürzen. Wenn du mit mehr als diesen zwei Spuren arbeitest, solltest du dieses Prozedere erst anwenden, wenn du genau weißt, was du tust und wie du Asynchronität vermeidest. Für den Fall, dass im Zuge der Maßnahme einige Spuren asynchron werden, ist es beruhigend, eine Sicherungskopie des Films gespeichert zu haben.

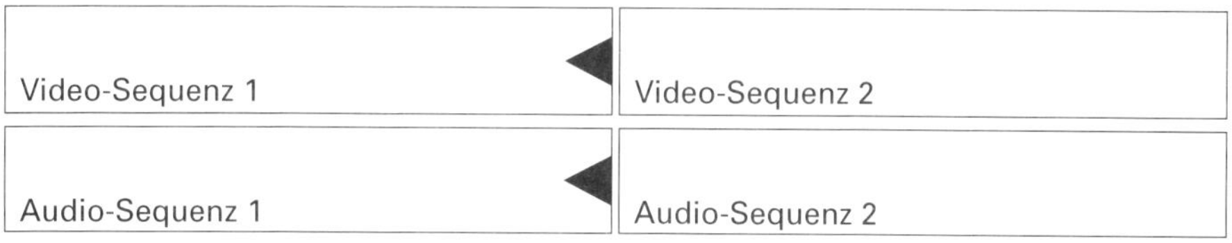

Links-Trim von Video- und Audiospur.

Schritt 3: Videospur: Beidseitiger Trim der Videospur

Zum Schluss trimmst du ausschließlich die Videospur, diesmal aber beidseitig. Gehe genau um die Zeit nach rechts, um die du beim einseitigen Trim nach links gegangen bist...

Beidseitiger Trim der Videospur.

... und fertig. Eine perfekte O-Ton-Vorlappung. Übe sie ein wenig. Schon beim dritten Mal ist es gar nicht so schwer. O-Ton-Vorlappungen sind besonders für Anfänger oft eine anstrengende Frickelei. Sauber gesetzt sind sie allerdings ein Qualitätsmerkmal deines Films.

Übergänge

Beim Bild kommt der harte Schnitt dem natürlichen Sehen am nächsten. Beim Audio-Schnitt musst du dagegen Anfang und Ende aller aufeinander folgenden Clips ineinander blenden. Zwei aneinander geschnittene Audiosequenzen sollten immer in einem weichen Übergang ineinander übergehen. Dieser kann zwischen zwei Frames und einer Sekunde lang sein.

Hart aneinander geschnittene Töne widersprechen den menschlichen Hörgewohnheiten. Praktisch ändern sich nie im Leben Lautstärke und Geräuschkulisse unserer Umgebung schlagartig. Wenn du von einem Raum in den nächsten gehst, hörst du bereits lange

Zeit vor Betreten des neuen Raumes Geräusche von dort. Selbst wenn der Raum durch eine schalldichte Tür abgetrennt ist, öffnest du diese ja. Und während du sie öffnest, steigt der Schallpegel von 0 auf 100 Prozent.

Ein plötzliches Einsetzen der Lautstärke innerhalb eines einzigen Filmframes ist ein Schock für den Zuschauer, den der Zuschauer nicht einmal in einem Horror- oder Actionfilm erleben möchte.

Schlagartiges Wegbrechen der Geräuschkulisse ist in der Realität höchstens mit einem Hörsturz vergleichbar – und das solltest du deinen Zuschauern nicht antun wollen.

Deshalb Audiospuren werden immer überblendet. Auch am Anfang und am Ende des Filmes solltest du auf- oder abblenden. Wenn der Film bei der Abnahme angesehen wird, sollen die abnehmenden Redakteure ja nicht aus dem Sessel fallen.

Pegelung

Nichts darf stören. Im Schnitt und in der Nachbearbeitung ist letzte Gelegenheit, Ungereimtheiten und störende Auffälligkeiten zu eliminieren. Nichts darf stören, weder im Bild, noch im Ton. *Nicht stören* bedeutet keineswegs, dass dein Film langweilig wird. Im Gegenteil. Wenn der Film keine störenden Elemente, keine technischen Auffälligkeiten hat, kann der Zuschauer sich voll auf die Geschichte konzentrieren. Ein gut gemachter Film lässt den Zuschauer völlig vergessen, dass er in einem Sessel sitzt und auf eine Glasfläche starrt. Er nimmt Zeit und Raum nicht mehr wahr. Und, vor allem, er fasst seine Fernbedienung nicht an. Der Zauber dauert solange, bis etwas die Rezeption deiner Geschichte unterbricht. Das kann Werbung sein, eine volle Blase – oder eben ein störender Filmfehler. („Störender Filmfehler“ entspricht dem „weißen Schimmel“.)

Bei der Pegelung beseitigst du sämtliche Auffälligkeiten im Ton. Hier verbindest du Bilder und Ton, aber auch die einzelnen Tonspuren zu einer Einheit. Wenn du Pop-Musik oder populäre Filme mit einem Lautstärkemesser abhörst, wirst du überrascht sein, wie konstant die Lautstärke auf einem Level bleibt. Bei Pop-Musik gilt es als Qualitätsmerkmal, wenn *sie nicht beim Bügeln stört.* Eine der Nicht-Stör-Faktoren ist eine zuverlässig gleichbleibende Lautstärke ohne überraschende Sprünge und Brüche. Pop-Musik und Fernsehfilme werden selten solo konsumiert. Pop-Musik wird nebenbei gehört, zum Beispiel beim Bügeln. Auch das Fernsehgerät läuft die meiste Zeit nebenbei. Oft sind mehrere Menschen im Raum und unterhalten sich, während die Glotze lustig Strom frisst. Der Ton wird als angenehmes Hintergrundgeräusch wahrgenommen. Viele Menschen schalten den Fernseher an, um sich nicht ganz so einsam zu fühlen.

Das alles macht Quote. Bedingung ist aber, dass die Tonspur gleichmäßig gepegelt ist.

Erste Regel für die Pegelung: Es gibt keine Extreme. In der Realität liegen zwischen einem zwitschernden Vogel und einem startenden Flugzeug locker 120 dB (Dezibel). Auch bei der Pegelung muss zwischen ihnen ein Lautstärkeunterschied bleiben, der allerdings wesentlich geringer ist als in der Realität. Beide Geräusche sind *Atmos*, also Hintergrundgeräusche. Wenn im OFF-Text gesprochen wird, ziehst du das startende Flugzeug bis etwa -15 dB hoch, die Vögel bis etwa -20 dB. Wenn die Atmo alleine steht, kannst du 5 dB drauflegen, also das Flugzeug etwa bis -10 dB, die Vögel auf -15 dB. Du stauchst den Lautstärkeunterschied auf 5 bis 10 Prozent seines ursprünglichen Umfangs. Die Atmolautstärke sollte sich nicht außerhalb dieser Bandbreite bewegen. Auf keinen Fall darf die Lautstärke völlig wegbrechen. In der Regel muss über den gesamten Film hinweg Atmo zu hören sein.

O-Töne und OFF-Text, also sprechende Menschen, bilden die wichtigste Tonspur und werden deshalb auch durchgängig auf einen Pegel zwischen - 8 bis - 5 dB hochgezogen. Darauf musst du schon bei der Aufnahme achten. Sind die O-Töne bei der Aufnahme zu leise, werden bei der Pegelung auch das Rauschen und sonstige Hintergrundgeräusche mit hochgezogen. Wenn jemand flüstert, haucht oder leise spricht, kann der Pegel ausnahmsweise tiefer gehen. Auf keinen Fall solltest du über -5 dB hinausgehen. Während du bei der Atmo etwas Spielraum hast, muss das gesprochene Wort auf einem gleichmäßigen Level bleiben. Das erleichtert dem Zuschauer die Wahrnehmung ungemein.

Wenn du nicht gerade ein Musikvideo schneidest, ist Musik nur Begleitung. Deswegen steht Musik praktisch nie allein, sondern neben der Atmo. Der Lautstärkepegel von Musik bewegt sich meistens zwischen -20 und -15 dB. Entscheidend ist aber, dass es sich gut anhört. Auch sollte Musik über den gesamten Film exakt gleich gepegelt sein. Mit den meisten Schnittprogrammen ist es möglich, mehrere Tonclips oder eine gesamte Spur gleichzeitig zu pegeln. Das kannst du für einheitliche Musikpegelung nutzen.

Höre deinen Film auf guten Lautsprechern oder auf einem guten Fernsehgerät einigermaßen laut ab. Billige Computerlautsprecher sind hierfür nur bedingt geeignet. Auf deine Kopfhörer kannst du dich noch weniger verlassen. Bei Kopfhörern ist der Lautsprecher direkt am Ohr. Deswegen hörst du zum Beispiel Sprache sehr deutlich, während sie beim Abhören auf Lautsprechern dann zu leise ist.

Wenn du deinen Film auf Lautsprechern abgehört hast und nichts störend auffällt, ist er fertig. Herzlichen Glückwunsch! Jetzt kannst du ihn ausspielen.

Ausspielen

Wenn du mit deinem Film fertig bist, spielst du ihn auf Tape aus, um ihn zum Sender oder zur Produktionsfirma zu bringen. (Jedenfalls ist das der Stand der Technik, während dieses Buch geschrieben wird. In nicht allzu ferner Zukunft wird sicher der Film als Datei übertragen werden, ob per DSL, Satellit oder speziellen Video-Server-Lösungen wie Avid-Unity. Am Ausspielvorgang selbst ändert das aber wenig.)

Was du ausspielst, hängt mit deiner Technik zusammen und mit dem, was von dir als Endprodukt erwartet wird. Sprich also mit deinem Auftraggeber.

Da die meisten DV-Kameras und Schnittplätze (bei Erstellung dieses Buches) nur zwei Tonspuren verarbeiten können, wirst du mehrere Versionen deines Films ausspielen.

1. IT-Fassung

IT steht für *International Tune*. Die IT-Fassung ist eine Fassung des Films mit Atmo und O-Tönen, aber ohne alle nationalen Merkmale (sprich: ohne OFF-Text) und ohne Musik. O-Töne sind Teil der IT-Fassung, unabhängig von ihrer Sprache. Je nach Absprache mit dem Abnehmer deines Films legst du die Atmo komplett nach links und die O-Töne komplett nach rechts oder beide in die Mitte.

2. Audio-dub

Der Audio-dub besteht aus Bild- und Stereotonspur. Wenn du nicht selbst vertonst, lässt du die Musik in OFF-Text-Passagen auf einem einheitlichen, relativ hohen Level. Dieser kann dann später bei der Vertonung heruntergezogen werden. Ansonsten pegelst du die Musik passend zum OFF-Text.

3. OFF-Text

Falls du selbst vertonst oder vertonen lässt, spielst du den O-Ton auf einer einzelnen Spur aus, natürlich in perfekter Pegelung passend zu den anderen Spuren.

4. Mix

Der Mix ist, wie der Name schon sagt, die zusammengemischte Version aller Tonspuren, sauber gepegelt und abgehört. Für den Mix legst du alle Spuren, außer der Musik, akustisch in die Mitte. Auch wenn du selbst nicht die endgültige Abmischung übernimmst, solltest du eine Mix-Version ausspielen, damit man bei der Abnahme in eine vollständige Version hineinschauen kann.

Ist der Film so kurz, dass mehrere Versionen auf ein einziges Tape passen, vereinst du die verschiedenen Versionen in einen einzigen Ausspielfilm. Hierfür legst du in deinem Projekt einen neuen Film an. An den Anfang dieses neuen Films legst du 30 Sekunden Farbbalken samt 1.000 Hz-Pegelton und 30 Sekunden Schwarz (Slug). Danach kopierst du die geschnittenen Clips der fertigen Version so oft in den neuen Film, wie du Ausspiel-Versionen erstellen willst. Der Ordnung halber solltest du dafür sorgen, dass zwischen jeder Version mindestens 30 Sekunden Pause ist und jede Version bei einer vollen Minute anfängt. Die Pausen füllst du mit Schwarzbild, auch nach der letzten Version fügst du erneut 30 Sekunden Schwarzbild ein. Wenn du besonders fleißig sein willst, kannst du vor jeder Version eine Texttafel mit dem Titel des Films einfügen.

Jetzt löscht du in jeder Version die jeweils überflüssigen Tonspuren. In der IT-Fassung wäre das also die Musik und eventuellen OFF-Text und so fort.

Je nach Geschwindigkeit deines Systems kannst du den Film jetzt ausspielen oder erst einmal den neuen Film mit allen Versionen als eigenständigen Film rendern lassen. Dieser Zwischenschritt hilft dir, mit eventuellen Bildausfällen deines Systems umzugehen. Den exportierten Film importierst du in einen neuen, leeren Film. Das Ausspielen eines Films, der nur einen einzigen Clip enthält, spart dem Rechner Arbeit, was das Risiko von Fehlern beim Ausspielen reduziert.

Kommentartext selbst sprechen

In den USA ist es nicht ungewöhnlich, dass Videojournalisten den Kommentartext für ihre Beiträge selbst sprechen, in Deutschland kommt das noch recht selten vor, und wenn, dann vor allem bei Nachrichten und Sportberichten. Da viele Sender und Sendungen über feste Sprecher verfügen werden diese für die Sprachaufnahmen eingesetzt. Die Sender nutzen auch den Widererkennungseffekt, wenn in festen Programmplätzen immer wieder die gleichen Sprecher die Kommentartexte sprechen. Natürlich ist auch ein Profi-Sprecher ein Merkmal für einen professionellen Film, denn ein guter Sprecher kann einen mittelmäßigen Film noch retten, während ein schlechter Sprecher einen guten Film verderben kann.

Aber gerade diese Professionalität nimmt auch den Filmen den persönlichen Stil. Du solltest deshalb einmal versuchen, ob deine Stimme nicht durchaus TV-gerecht ist und du zukünftig den Kommentartext für deine Beiträge selbst sprichst.

Willst du oder musst du deine Kommentare selbst sprechen, besuche unbedingt einen Sprecherkurs. In allen größeren Städten gibt es Trainer und Sprechschulen, die dir im Einzel- und Gruppenunterricht helfen, deine Stimme fernsehtauglich zu machen.

Möchtest du aber zunächst einmal mit der eigenen Stimme herumprobieren, tue es einfach. Technisch ist es mit den meisten Schnittprogrammen recht einfach, Filme selbst zu vertonen. Alles was du benötigst, ist eine Soundkarte mit Mikrofoneingang und ein gutes Mikrofon, beides gehört eigentlich zur Standardausrüstung eines Vj. Die meisten Schnittprogramme verfügen über eine Text-Draufsprech-Funktion, die du mit einem Mausklick aktivierst, dann liest du deinen OFF-Text. Du kannst natürlich auch deinen Kommentar zunächst in einem Soundprogramm aufnehmen und anschließend unter einen Film mischen. Lege für den Kommentartext auf jeden Fall eine eigene Tonspur an.

Natürlich wirst du zunächst durch das übliche *Huch-das-ist-meine-Stimme?* gehen. Versuche etwas emotionalen Abstand zu gewinnen und vergleiche deine Sprechweise mit den professionellen Sprechern im Fernsehen. Es gibt erfolgreiche Selbstvertoner, die ihre Sprechweise lernten, indem sie schlicht die Sprecher im Fernsehen nachmachten und daraus ihren eigenen TV-Sprechstil entwickelten. Es ist ein Stück weit Begabung. Ob du sie hast, stellst du nur fest, wenn du es ausprobierst.

Shotlist

Die Shotlist ist ein schriftlicher Überblick über dein verwendetes Material. Sie zu erstellen bedeutet Arbeit, auf die man manchmal scheinbar verzichten kann. Besonders bei komplexen Projekten mit vielen verschiedenen Drehorten ist es aber sinnvoll, einen schriftlichen Überblick über das Material zu haben.

Die Shotlist ist eine dreispaltige Tabelle, die man z. B. in Excel oder Word anlegen kann und die so aussehen könnte:

Start (Timecode)	**Bilder**	**O-Ton**

In der ersten Spalte notierst du den Timecode jeder Szene, beziehungsweise der Szenen, die dir wichtig erscheinen. In der zweiten Spalte beschreibst du die Bilder samt Kommentar zur Qualität und in der dritten Spalte beschreibst du die O-Töne. Zu jedem Band erstellst du ein eigenes Dokument in deiner Textverarbeitung oder Tabellenkalkulation, aber am besten ist natürlich, wenn man seine Shotlist gleich in einer Datenbank anlegt. Später wirst du es bei der Archivierung brauchen.

Wenn du zu einem späteren Zeitpunkt nachsehen möchtest, was auf deinem Material eigentlich drauf ist, genügt es, diese Liste zu überfliegen. Das ist viel schneller, als wenn du in jedes Band einzeln hineinsehen würdest. Durch die Erstellung einer Shotlist lernst du dein Material oft erst richtig kennen. Du hast also doppelt gewonnen. Du weißt später nicht nur genauer, welche Bilder und O-Töne du überhaupt hast, du kannst auch schnell feststellen, wo das Material zu finden ist.

Papierkram

Bevor du dein ausgespieltes Tape abgibst, musst du noch etwas Bürokratie veranstalten. Welche Papiere du genau abgibst, stimmst du mit deinem Auftraggeber ab. Es gibt aber Dokumente, die praktisch immer abgegeben werden müssen.

Tapebeschriftung

Zuerst musst du auf das Tape schreiben, was drauf ist. Dazu gehören Infos zu den ausgespielten Versionen samt Start-Timecode, aber auch Name des Autors (du), Titel der Sendung und geplanter Ausstrahlungstermin. Zumindest der Titel und die Bezeichnung ***Master*** gehören auf das Tape selbst, der Rest kommt auf die Hülle. Niemand hat die Zeit, Tapes undefinierbarer Herkunft auf ihren Inhalt zu untersuchen. Unvollständig oder unverständlich beschriftete Tapes landen deshalb bei den meisten Firmen im Papierkorb. (siehe Kapitel *Archiv*)

OFF-Text

Das ist das wichtigstes Begleitdokument neben der Tape-Beschriftung. (siehe Kapitel *OFF-Text*)

Gemaliste

Für praktisch jedes Musikstück, dass du zur Vertonung verwendet hast, muss eine Gebühr an die Gema bezahlt werden. (www.gema.de) Die meisten Sender haben einen Pauschalvertrag mit der Gema und müssen lediglich wissen, welche Stücke genau, wann und wie lange verwendet werden. Erstelle also eine Liste aller Musikstücke, samt Interpret, Titel, Album, LC-Nummer (hinten auf dem Cover) und aller Anfangszeiten und verwendeten Längen. Dein Auftraggeber wird wahrscheinlich ein spezielles Formular für dich bereitstellen.

Fremdrechteliste

Hast du fremdes Material verwendet, musst du auch das angeben. Ähnlich wie bei der Musik gibst du den Inhalt, die Herkunft, Startzeit und verwendete Länge an. Auch hierbei solltest du mit dem Auftraggeber die genaue Form abklären. Wenn du kein fremdes Material verwendet hast, erstelle trotzdem eine entsprechende Liste, die dann eben leer ist. Sonst wissen spätere Verwender deines Films nicht, ob du kein Fremdmaterial verwendet hast oder die Liste verschlampt wurde.

Nur Amateure und Anfänger schludern beim Papierkram. Du wirst bezahlt, um gute Arbeit zu erledigen. Unvollständige Unterlagen verursachen aber unnötige Arbeit beim Auftraggeber, kosten ihn also bares Geld. Du kannst noch so kreativ und begabt sein, wenn deine Unterlagen ein dauerndes Ärgernis sind, wirst du Schwierigkeiten haben, deine Arbeit zu verkaufen. Umgekehrt kann ein mittelmäßig begabter TV-Arbeiter seinen Lebensunterhalt allein dadurch sichern, dass er seine Arbeit pünktlich, ordentlich und vollständig dokumentiert abliefert.

Archiv

Wenn dein Film geschnitten ist, archiviere dein Material. Wenn du dein Rohmaterial an deinen Auftrag- oder Arbeitgeber abgibst, dann wirst du es sowieso dokumentieren und nummerieren müssen. Frage also nach, wie dein Material aufbereitet sein soll, damit es sinnvoll archiviert werden kann. Behältst du dein Material, ist es mindestens genauso wichtig, es ordentlich zu archivieren. Mit den Jahren entsteht so eine wertvolle Bibliothek bewegter Bilder. Wenn du bei späteren Filmen Bilder (oder auch Atmos) brauchst, die du bereits gefilmt hast, kannst du einfach in dein Archiv greifen, die Bilder neu überspielen und in deinen Film schneiden.

Undokumentiertes Material ist praktisch wertlos. Rohmaterial, dessen Inhalt du genau kennst, ist dagegen Gold wert. Du kannst wertvolle Drehzeit sparen, wenn du bereits gefilmte Bilder wiederverwertest. Manchmal können auch Szenen über Nacht wertvoll werden. Hast du zum Beispiel mit einem unbekannten Protagonisten gedreht und dieser entwickelt sich später zu einem Star, kann der Wert deines Materials erheblich steigen. Du bist der Held, der den Medien *unbekanntes Sensationsmaterial* anbieten kann. Du wärest nicht der erste, der sich auf diese Weise etwas dazuverdient. Das geht aber nur, wenn du die entsprechenden Bänder schnell herausgreifen kannst und nicht zweitausend Tapes durchsehen musst – um am Ende festzustellen, dass du die Aufnahmen aus Versehen überspielt hast.

Die nachfolgend beschriebene Anleitung zur Archivierung ist für Tape-Aufnahmen bestimmt. Wenn du bereits auf Festplatten drehen solltest, richtet sich dein Archivierungssystem nach deiner Archivierungssoftware. Die meisten Hinweise zur Bilddokumentation sind jedoch übertragbar.

Es ist völlig normal, dass du keine Lust auf Archivierung hast. Wenn dein Film geschnitten und abgegeben ist, möchtest du die Arbeit hinter dir lassen und dich neuen Projekten zu wenden. Du kennst dein Material praktisch auswendig und dir erscheint es überflüssig, es noch einmal aufzubereiten. Tröste dich: Es geht nicht nur dir so. Tue es trotzdem. Schalte Musik ein, hol dir etwas zu trinken und mache dich mit Schwung an die Arbeit – obwohl du keine Lust hast.

Nummerierung und Begleitdokument

Als ersten Schritt gibst du deinen Tapes fortlaufende Nummern. Um die Nummern übersichtlich zu halten, stellst du die Jahreszahl voran. Da du getrost davon ausgehen kannst, dass im Jahr 2101 nicht mehr auf DV-Tapes gedreht wird, kannst du die Jahreszahl ruhig zweistellig halten, etwa 08 für das Jahr 2008. Du gibst dem ersten Tape jeden Jahres die Nummer 0001 und zählst dann weiter. Das 251. Tape im Jahr 2005 hat demnach die Bezeichnung 050251. Mache die laufende Nummer ruhig vierstellig. Dann kannst du 9999 Tapes im Jahr archivieren – was über 18 Stunden Drehzeit an jedem einzelnen Kalendertag entspricht.

Wenn ihr zu zweit dreht oder zu mehreren Vjs gemeinsam euer Material archivieren wollt, gebt euch Nummern von 00 bis 99 und stellt eure Nummern an den Anfang der Tape-Codierung. Das 87. Tape von Vj Nr. 9 hat im Jahr 2007 demnach die Nummer 09070087.

Dies alles mag unpersönlich und zahlenorientiert klingen. Ist es ja auch. Aber so gibt keine Missverständnisse über die Bedeutung einer Tapebezeichnung. 09070087 ist deutlicher als *Interview mit Künstler*. Tape-Namen sind nach diesem System maximal 8 Zeichen lang und haben weder Leerstellen noch Sonderzeichen (Umlaute, Satzzeichen etc.). Verwende diese Tape-Bezeichnungen auch beim Loggen deiner Filme. Beim automatischen Exportieren von Schnittdaten aus deiner Schnittsoftware kann es passieren, dass nur die ersten 8 Zeichen übernommen werden. Die Tapes *Interview mit Bürgermeister* und *Interview mit Verbrecher* heißen dann beide plötzlich *Intervie*, oder auch *Inter...∞*, je nach verwendetem Betriebssystem deines Rechners, was Verwirrung und zusätzliche Arbeit verursacht. Der Transfer von Leerstellen oder Sonderzeichen kann schief gehen, weil auch bei Software mit deutscher Oberfläche die zugrunde liegende Software englisch denkt. Wenn der Tape-Name nur aus Ziffern besteht, kann im Namens-Transfer jedoch wenig schief gehen.

Notiere dir, welche Nummern du vergeben hast – und zwar sofort, wenn du vom Dreh zurückkommst. Wenn du abends in einer Tabelle notierst, welche Tape-Nummern bei welchem Dreh benutzt wurden, kannst du mit dieser Liste dein Material schnell überblicken. Diese Liste ist das absolute Minimum an Archivierung, das du dir leisten solltest.

Es ist unabdingbares Muss, deine Tapes sinnvoll zu bezeichnen – sei es nach diesem oder nach einem anderen System. Die folgenden Archivierungsschritte kannst du verschieden intensiv machen. Offensichtlich wertvolle Aufnahmen, etwa *24 Stunden an der Seite des Papstes*, sowie Tapes mit verschieden Inhalten solltest du besonders detailliert und sorgfältig dokumentieren. Hast du ein oder mehrere Bänder mit relativ gleichförmigen, unspektakulären Aufnahmen, etwa *Winterliche Abendimpressionen an der Nordsee*, reicht es, dein Tape zu nummerieren und lediglich die grundlegenden Daten zu erfassen.

Lege zu jedem Tape ein eigenes Dokument in deiner Textverarbeitung an. Die Archivierung geht schneller von der Hand, wenn du eine Vorlage erstellst, die du jeweils nur auszufüllen brauchst. Speichere das Dokument unter dem Tape-Namen. In MS-Word sieht das dann also etwa so aus: *060089.doc*. Für jedes Jahr legst du einen neuen Ordner an und sammelst deine Archivierungsdokumente dort.

Fragst du dich später einmal, was der Inhalt eines bestimmten Tapes ist, brauchst du nicht in dieses Tape hineinzuschauen, sondern kannst das entsprechende Dokument aufrufen und dir einen Überblick verschaffen. Über die Computer-Funktion *Nach Datei-Inhalt suchen* kannst du dein gesamtes Archiv nach Stichworten durchsuchen.

Grundlegende Daten

Einige grundlegende Daten müssen für jedes Band festgehalten werden.

1. Vj – Wer hat die Bilder aufgenommen? Meistens also dein Vor- und Nachname. Waren mehrere Leute beteiligt, notiere jeden Namen einzeln und vollständig.
2. Ort/Stadt – Wo wurden die Aufnahmen gemacht? (*München, Stuttgart*). Bei bekannten Lokalitäten auch zusätzlich deren Namen, zum Beispiel (*Berlin – Reichstag, Köln – Kölner Dom, St. Peter-Ording – Strand*)
3. Datum des Drehs

4. Thema des Drehs (*INTV Surfweltmeister*, *Vogelschützer*) – Bei mehreren Tapes zum gleichen Thema nummerierst du die Tapes durch und notierst die Gesamtzahl der Tapes. (*INTV Bürgermeister 2/3* ist demnach das zweite Tape vom insgesamt drei Tapes füllenden Interview mit dem Bürgermeister.)
5. Rechte – Wurden Einverständniserklärungen unterzeichnet? Ist das Material eine Kopie und haben andere die Rechte daran? Wurden mit dem Verkauf des geschnittenen Films auch die Rohmaterial-Rechte verkauft? Alles das gegebenenfalls hier notieren (Material, dessen Rechtelage du nicht einwandfrei kennst, wird dich früher oder später in Teufels Küche bringen.).

Auf den Tape-Aufkleber schreibst du die Tape-Nummer und das Thema des Drehs. (Beispiel: *040056 – INTV Bürgermeister 2/3*). Auf dem Papier-Inlay des Tapes und auf dem begleitenden Dokument notierst du die Tape-Nummer und alle diese Daten. Bei komplizierten Rechtesituationen genügt es, wenn du auf dem Papier-Inlay nur *Rechte!* notierst und die Situation im Dokument schilderst.

Sendedaten

Falls du bereits weißt, wo und wann das Material gesendet wird, schreibe es hier auf. Diese Informationen kannst du ja später ergänzen.

1. Thema des Drehs (*Hygiene-Skandal im Kanzleramt*)
2. Sender (*ARD*)
3. Sendung oder Sendeplatz (*Monitor*)
4. Datum (*04. Mai 2006*)

Stichworte

Stichworte erleichtern dir später, dein Material per Computer-Suche wieder zu finden. Überlege dir also, unter welchen Stichworten du suchen könntest und schreibe sie ins Begleitdokument. Man kann kaum zu wenige Stichwörter aufschreiben.

Bei einem Tape mit Aufnahmen einer Familie im Nordsee-Urlaub könnten die Stichwörter lauten: *Familie*, *Vater*, *Mutter*, *Kind*, *Sohn*, *Tochter*, *Sommer*, *Urlaub*, *Ferien*, *Nordsee*, *Strand*, *Sand*, *Wellen*, *Ufer*, *Sonne*, *Sonnenbrand*, *St. Peter-Ording*, *Eiscreme*, *Sandburg*,

Schaufel, *Muscheln*, *Krabben*, *Ferienwohnung* und vielleicht einiges mehr. Natürlich schreibst du nur Sachen auf, die sich irgendwie im Film wiederfinden lassen.

Besonders wenn du keine Shotlist erstellt und den Film nicht in der Schnittsoftware geloggt hast, ist es wichtig, Stichwörter zu erstellen. Hast du mehrere Tapes zum gleichen Thema gedreht, kannst du die Stichwortliste ja kopieren und in die einzelnen Dokumente einfügen.

Protagonisten

Schreibe die vollständigen Namen aller Personen auf, die im Film zu sehen sein könnten, samt Beruf und Funktion im Film. Es kann nicht schaden, auch besondere Eigenschaften und Hobbys zu notieren, besonders wenn diese im Material zu tragen kommen.

Beispiel
Dr. med. Hans Müller, Hals-Nasen-Ohren-Arzt, Motorrad-Fahrer (Harley-Davidson)

In diesem Beispiel merkst du auch den besonderen *Archivier-Geist*. Natürlich würde auch die Bezeichnung *Harley-Fahrer* genügen. So ist aber sichergestellt, dass dieses Tape auch bei einer Suche nach *Motorrad* gefunden wird. Um das Gefunden-Werden-Können geht es ja beim Archivieren.

Inhalt des Films

Hast du eine Shotlist des Tapes erstellst, kannst du sie hier hineinkopieren.

Wenn es keine Shotlist gibt, du aber das Tape in deine Schnittsoftware geloggt hast, kannst du dir die Logliste exportieren lassen. Dafür ist es notwendig, dass deine Clips in der Software nach Tapes sortiert sind. Schaue in der Anleitung deiner Software nach, wie du die Logliste exportieren kannst. Wurden die Daten der Clips von allen Tapes exportiert, kopiere nur die Daten der Clips des aktuellen Tapes. Füge sie in das Begleitdokument ein.

Es kann sein, dass das Ergebnis nicht besonders ästhetisch aussieht. Es wäre schon gut, wenn jeder Clip in einer eigenen Zeile steht. Im Zweifelsfall kannst du auch darauf verzichten. Hauptsache ist, dass die Namen der Clip-Bezeichnungen übernommen werden, damit du bei der Computer-Suche schnell das richtige Tape findest.

Wenn du weder eine Shotlist erstellt noch das Tape geloggt hast, kann es sein, dass es schlicht nicht ganz so wichtig ist. In dem Fall verzichtest du auf diesen Punkt und gibst dir bei der Erstellung der Stichwörter etwas mehr Mühe.

Jetzt druckst du das Dokument aus, heftest es in einen *Archiv-Ordner*, stellst dein Tape ins Archiv-Regal ... und wendest dich frohen Mutes dem nächsten Tape zu. War es das letzte Tape, bist du fertig. Herzlichen Glückwunsch.

Arbeiten mit einer Datenbank

Wenn du dein Archiv statt in Word oder Excel in einer Datenbank anlegt, verfügst du über wesentlich umfangreichere und komfortablere Funktionen. In einer Datenbank kannst du sämtliche Tapes archivieren und brauchst deshalb nicht dutzende oder gar Hunderte von Word-Dokumenten zu durchsuchen, um eine bestimmte Szene zu finden. Da Datenbanken über getrennte Eingabe- und Druck-Layouts verfügen, kannst du auch gleich die Inlay-Blätter und auch Aufkleber für die Tapes drucken lassen und kannst so sicher sein, dass alle Tapes deines Archivs mit den gleichen Informationen beschriftet sind.

Der Einsatz einer Datenbank setzt natürlich tiefe EDV-Kenntnisse voraus und auch wenn du zunächst alle Daten in Word oder Excel erfasst, solltest du immer im Hinterkopf behalten, das dies mit einer Datenbank schneller und effizienter ginge und den richtigen Moment abpassen, umzusteigen.

Backup

Sichere dein Archiv regelmäßig. Hast du einen CD-Brenner, kannst du wöchentlich eine Kopie deiner wichtigsten Daten ziehen. Dein Archiv ist wichtiges Kapital. Word-Dokumente brauchen nur minimalen Speicherplatz, besonders im Vergleich zu den Dateigrößen, mit denen du bei Filmdaten zu tun hast. Die Archiv-Dokumente sind aber nicht unwichtiger. Auf jeden Fall sind sie wertvoller, als die Cent-Beträge, die CD-Rohlinge kosten. Du kannst ja die Sicherung der Archivdaten mit einer generellen Sicherung der wichtigsten Dokumente auf deinem Computer verbinden. So hast du den Platz auf der CD besser ausgenutzt – und bleibst ruhiger, wenn etwas schief geht.

Aufbewahrung der Tapes

Lagere deine Tapes ähnlich wie du auch Mehl lagern würdest: kühl, dunkel, trocken. In vielen Produktionsfirmen sind der Serverraum und das Tape-Archiv die einzigen Räume, die gekühlt werden. Sollen die Mitarbeiter doch schwitzen, Hauptsache die Server und die Tapes haben es schön kühl. Beide nehmen es übel, wenn sie zu heiß gelagert werden.

Tapes und Festplatten speichern die Daten elektromagnetisch. Deshalb solltest du sie auch nicht unbedingt direkt neben einem Sendemast lagern oder auf einem Lautsprecher ablegen.

Und natürlich sollte dein Archiv zumindest abschließbar sein. Mancher, der sich etwas leiht, vergisst vielleicht, es zurückzubringen. Besonders, wenn du nicht einmal weißt, dass er es sich ausgeliehen hat. Gibst du also Material heraus, führe penibel Buch darüber. Arbeitet du mit einer Datenbank, kannst du hier auch eintragen, an wen ein Tape verliehen wurde. Das mag dir vielleicht den Ruf eines Bürokraten einbringen, hält aber dein Archiv zusammen. Du musst jederzeit nachvollziehen können, wo sich dein Material befindet. Nur so kannst du es verfügbar und vollständig halten. Und das ist schließlich der Sinn der ganzen Archiv-Arbeit.

Bildgestaltung

Der wichtigste optische Unterschied zwischen deinen Filmen und einem Urlaubsvideo ist die Tatsache, dass du dir Gedanken machst über die Art und Weise, in der du die Dinge ins Bild nimmst.

Es macht einen großen Unterschied, ob der von dir gefilmte Mensch irgendwo in der Bildmitte alleine herumsteht oder ob sein Gesicht bildfüllend zu sehen ist – das ist selbst einem Hobbyfilmer klar. Als Videojournalist musst du allerdings auch wissen, welchen Unterschied es macht, ob der Gefilmte vom Gürtel an aufwärts zu sehen ist oder erst ab der Brusttasche.

Bevor du auf den Record-Knopf drückst, solltest du darüber nachdenken, welche Einstellung du gerade wählst und wieso. Dieses Nachdenken muss nicht lange dauern – beim Autofahren denkst du an einer Kreuzung ja auch nur kurz an die Vorfahrtsregeln – Hauptsache du denkst überhaupt über die passende Bildeinstellung nach.

Beispiel
Wenn du einen wichtigen Manager bei der Arbeit filmst, wirst du ihn vielleicht vom Gürtel an aufwärts zeigen, wie er sich bei einem Vortrag souverän präsentiert. Du hältst die Kamera auf Höhe seiner Knie, filmst aufwärts. Er wirkt stark und unnahbar. Wenn du denselben Manager allerdings beim Frühstück alleine zu Hause filmst, nimmst du sein Gesicht bildfüllend, hältst die Kamera leicht über ihn. Durch die Nähe und die spezielle Kamerahaltung kann derselbe Macher plötzlich menschlich und bescheiden wirken.

Einleitung

Das Bild muss gut aussehen. Hört sich banal an, ist aber viel Arbeit. Für einen Hobbyfilmer ist Bildgestaltung meist kein Thema. Wenn ein Hobbyfilmer seinen Sohn beim Spielen im Garten filmt, richtet er einfach die Kamera auf ihn, so dass der Junior schön mittig in die Linse grient. Dann schaltet unser Hobbyfilmer die Videokamera an und hinterher sind alle glücklich.

Das Problem ist: Das sieht nicht nach Fernsehen aus. Auch diejenigen, die nicht in Worten definieren können, was ein *guter* und was ein *schlechter* Bildaufbau ist, also die allermeisten deiner Zuschauer, wissen es zumindest unbewusst. Sie spüren bei der einen Aufnahme, dass sie *amateurhaft* ist und bei der anderen, dass sie *professionell* gedreht wurde.

Die professionellsten aller Aufnahmen siehst du in Kinofilmen. Bei Kinoproduktionen wird jede einzelne Einstellung in vielen Arbeitsschritten vorbereitet und getestet. Der Drehbuchautor hat beschrieben, was (ungefähr) zu sehen sein soll. Der Storyboard-Zeichner und der Regisseur machen Skizzen davon – manche dieser Skizzen verdienen eigentlich den Namen *Gemälde*, so detailreich und künstlerisch sind sie. Set-Designer, Beleuchter und der Kameramann besprechen die konkrete Umsetzung der Bildkomposition mit dem Regisseur – bis schließlich irgendwann endlich die Kamera angeschaltet wird. Dann aber wird die Szene, oft nur wenige Sekunden lang, so oft wiederholt, bis der Regisseur auch mit dem letzten Detail zufrieden ist. Und dann ein weiteres Mal, zur Sicherheit.

Diese Möglichkeiten hast du nicht. Viele Handlungen, die du abfilmst, passieren nur einmal. Du bist meist alleine, kannst dich nicht mit Beleuchter und Kameramann beratschlagen – du bist nämlich selbst Beleuchter(in) und Kameramann/-frau!

Deshalb bekommst du in diesem Kapitel einfache Regeln, die deine Bildkomposition radikal verbessern können. Für dich als Videojournalisten ist aber wichtig, dass du diese Regeln automatisch befolgen kannst. So wie du beim Autofahren nicht mehr über Schaltung und Kupplung nachdenkst, musst du auch die Grundregeln der Bildkomposition automatisch anwenden können. Und da hilft nur eins: Üben!

Zusätzlich zu den Standardregeln bekommst du hier einige Ideen für *schöne* Bilder, die deine Zuschauer *Wow!* sagen lassen. Aber bevor du große Kunst machst, hole immer erst die *sicheren Schüsse*. Manches, was dir beim Filmen großartig vorkommt (und vielleicht auch tatsächlich großartig ist) kannst du eventuell im Schnitt dann doch nicht gebrauchen. Zuerst besteht jeder Film natürlich aus den Standardeinstellungen. Die filmst du zuerst!

Einstellungsgrößen

Die Einstellungsgröße bezeichnet, wie groß ein gefilmter Mensch oder Gegenstand im Bild erscheint. Sie ist eines der wichtigsten Gestaltungsmittel beim Filmen. Jede Einstellungsgröße hat eine eigene Wirkung und eigene Einsatzgebiete. Betrachte die Einstellungsgrößen als Werkzeuge. Dieses Kapitel ist eine Werkzeugkiste mit neun verschiedenen Werkzeugen.

Bei jeder gefilmten Szene musst du eines dieser Werkzeuge wählen. Jedes Werkzeug bewirkt etwas Eigenes. Selbst wenn du dir keine Gedanken darüber machst, wirken die Einstellungen auf ihre eigene Weise. Wenn du nicht weißt, was du gerade bewirkst, machst du wahrscheinlich genau das Falsche.

Es gibt keine weltweit einheitliche Normierung der Bezeichnung von Einstellungsgrößen. Auch kann man beliebig viele Zwischengrößen definieren, wenn man will. In diesem Kapitel werden die deutschen Bezeichnungen der geläufigsten Einstellungen aufgeführt. Dazu werden dann immer die entsprechenden amerikanischen Namen aufgeführt. Wichtiger aber als die Frage, wie genau welche Einstellung heißt, ist zu wissen, welche Wirkung sie auf den Zuschauer hat.

Bei allen Einstellungen ist wichtig, dass sie immer *relativ zum Objekt ist.* Wenn man ein Auge mit Augenbrauen bildfüllend sieht, ist das gleichzeitig die *Extreme Nahaufnahme* eines Menschen, aber auch die *Supertotale* eines Auges. Die Angaben zu den Einstellungsgrößen geben immer nur Sinn, wenn sie in Bezug auf ein Objekt stehen.

Detail (D)

Detail

Das Detail (Abkürzung: D, englisch: *Extreme Close Up*) ist so nahe, dass man nur ein einziges Detail eines viel größeren Objektes sieht, das dann aber bildfüllend.

Beispiele

- D eines Publikums: einzelner Mensch
- D eines Menschen: Auge
- D eines Waldes: Baum
- D eines Baumes: Blatt

Das Detail ist eine *versteckende* Einstellung. Ein Detail verbirgt mehr, als es zeigt. Ein Detail lädt zum Rätselraten ein. Wenn du einen Film mit dem Bild eines Tropfens eröffnest, der über nackte Haut gleitet, provozierst du den Zuschauer. Er überlegt: *Ist das Wasser oder Schweiß? Was ist das für ein Mensch? Was macht er, dass ihn schwitzen lässt? Wie sieht er oder sie dabei wohl aus?*

Detail und *Nahaufnahme* sind Einstellungen, auf die man immer gut umschneiden kann. Egal, was gerade im Bild zu sehen ist, meist kannst du auf ein Detail oder einer Nahaufnahme von etwas ganz anderem schneiden.

Beispiel

Im Bild ist eine Frau, die Holz hackt. – SCHNITT – Rote, sämige Tropfen fallen von einem Holzlöffel. (Später sieht man dann, dass ein Mann Tomatensuppe kocht.)

Verwende das Detail sparsam. Rätselraten kann deinem Film durchaus Würze geben. Allzu oft verwendet, wird es aber zu anstrengend und der Zuschauer kommt sich wie in einer Mikroskopie-Vorlesung vor. Das Detail solltest du nur verwenden, wenn das übergroß gezeigte tatsächlich in dieser Vergrößerung auch sehenswert ist. Ein strahlend blaues Auge ist auch bildfüllend attraktiv. Ein Detail einer Plastikgabel ist vielleicht nicht ganz so spannend. (Oder doch?)

Das Detail muss überraschen – und dabei verdammt gut aussehen!

Nahaufnahme (N)

Nah

Die Nahaufnahme (Abkürzung: N, englisch: *Close Up*) isoliert einen wesentlichen Teil des Gezeigten.

Beispiele:

- N eines Menschen: Kopf, Hand
- N eines Fußballstadions: ein Tor
- N ein Hauses: ein Fenster

Der Bildinhalt einer Nahaufnahme ist in der Regel sofort klar erkennbar. Wenn du den Kopf einer bekannten Popsängerin zeigst, wissen die meisten Zuschauer, wer gezeigt wird. Die Nahaufnahme zeigt bildfüllend das gerade Wichtige. Bei einem arbeitenden Schuhmacher könnte die Nahaufnahme seine Hände zeigen, die eine Schuhsohle kleben.

Fernsehen ist das Medium der Nahaufnahme. Im Kino-Krimi zeigst du ein Messer samt ganzem Arm des Täters. Die Klinge ist immer noch mehr als einen Meter groß und wirkt Furcht einflößend. Im Fernsehen musst du das Messer bildfüllend zeigen, damit es den Zuschauer beeindruckt. Wenn die Hälfte deiner verwendeten Bilder Nahaufnahmen sind, ist das kein schlechter durchschnitt.

Halbnah (HN)

Halbnah

Halbnah (Abkürzung: HN, englisch: *Medium Close Up*) ist die Zwischeneinstellung zwischen Nahaufnahme und Amerikanisch. Die Halbnahe hat die Vorteile einer Nahen – man sieht das Wesentliche sehr groß und deutlich – rückt aber nicht ganz so sehr *auf die Pelle.*

Die Nahaufnahme eines Menschen könnte sein Gesicht bildschirmfüllend zeigen. Die Halbnahe würde aber noch die gesamte Haarpracht und etwa zwei Handbreit vom Pullover mit ins Bild nehmen. Faustregel: *HN = Brustwarzen bis Haarspitze.*

Vorteil der HN gegenüber der Nahaufnahme ist, dass du nicht ganz so nah in die Intimsphäre des gefilmten Menschen eindringst. Im deutschen Fernsehen ist es unüblich, einen Menschen so nah zu zeigen – im amerikanischen Fernsehen ist das dagegen nicht selten. In Sendungen wie *60 Minutes*, einem US-Klassiker des investigativen TV-Journalismus, werden Filmbeiträge sogar mit der Großaufnahme des Gesichtes eines sprechenden Menschen eröffnet. In Deutschland wäre das *zu intim.*

Die Nahaufnahme ist die Einstellungsgröße, in der du zum Beispiel deine(n) Liebste(n) kurz vor dem Kuss siehst. Die Halbnahe ist in der Realität die Einstellung, in der du deinen Gesprächspartner an der Kneipentheke betrachtest. Sie ist nicht mehr ganz so intim wie die Nahaufnahme, aber immer noch sehr persönlich.

Amerikanisch (Am)

Amerikanische Einstellung

Amerikanisch (Abkürzung: Am, englisch: *American*) nennt man eine Einstellung, die einen Menschen von der Mitte seiner Oberschenkel an aufwärts zeigt.

Als Amerikanische Einstellung wird sie bezeichnet, da sie besonders gerne in amerikanischen Western verwendet wurde. Cowboys sollten so nah wie möglich gezeigt werden, auf jeden Fall inklusive der Revolver am Gürtel. Wenn der Held seine Waffe zog, sollte die Kamera den kompletten Vorgang des Waffe-Ziehens erfassen können. Das ergibt eben die Amerikanische Einstellung.

Du musst natürlich nicht Cowboy-Filme drehen, um die Amerikanische zu verwenden. Immer wenn Menschen sich bewegen und du die Bewegung zeigen möchtest, aber noch so nahe dran sein willst, dass man die Gesichter erkennen kann, ist die Amerikanische eine brauchbare Einstellungsgröße.

Halbtotale (HT)

Halbtotale

Die Halbtotale (Abkürzung: HT, englisch: *Medium Long Shot*) zeigt *fast alles* des gefilmten Objekts.

Bei einem Menschen ist dies eine Einstellung ohne Füße – eine unschöne Einstellungsgröße. Filmst du aber etwa ein Haus, entspricht die HT einer Einstellung, die das Haus mit dem angeschnittenen Dach zeigt, was bei einem langweiligen Dach durchaus Sinn machen könnte. Die HT ist enger als die nächste Größe, die Totale. Im Fernsehen, für das du ja filmst, ist es immer besser, wenn die Dinge größer zu sehen sind. Bei nicht-menschlichen Objekten wirst du die Halbtotale der Totalen bevorzugen, weil die Details besser zu erkennen sind.

Die Halbtotale von Personen hat in Spielfilmen eine spezielle Bedeutung. Wird ein Mensch *ohne Füße* gezeigt, sagt dies symbolisch seinen baldigen Tod voraus. Wenn du in Western (und Eastern) einen Kämpfer in der Halbtotale ohne Füße siehst, rechne damit, dass er bald sterben wird. Das Fehlen der Füße symbolisiert mangelnde Standfestigkeit.

Du solltest die Halbtotale deshalb bei Menschen praktisch nie verwenden. Wenn du hingegen unbelebte und größere Dinge filmst, wie etwa ein Stadion, einen Marktplatz oder ein Auto, ist die Halbtotale schöner als die Totale.

Totale (T)

Totale

Die Totale (Abkürzung: T, englisch: *Long Shot*) zeigt das ganze Objekt plus etwas zusätzlichen Luftraum an den Seiten.

Wenn du einen Menschen filmst, zeigt die Totale den ganzen Menschen samt etwas Raum über und unter ihm. Steht der Mensch etwa hinter einem Pult, zeigt die Totale auch das Pult bis dahin, wo sonst die Füße des Menschen wären. Die Totale als Einstellungsgröße ist unabhängig davon, ob das gesamte Objekt sichtbar ist oder nicht.

Die Totale ist in Kinofilmen sehr beliebt. Wenn zwei Liebende Hand in Hand durch einen Park gehen, so sind sie selbst in der Totalen auf der Kinoleinwand überlebensgroß zu sehen. Das Fernsehgerät hat nur einen Bruchteil der Größe einer Kinoleinwand. Menschen in der Totalen werden deshalb nur relativ klein abgebildet. Während du im Kino ihre Gesichtszüge noch deutlich erkennen kannst, sind die Gesichter auf dem Fernsehbildschirm nur kleine Farbflecken.

Als Videojournalist verwendest du die Totale seltener als etwa die Nahaufnahme. Sie hat den Zweck, einer Handlung Kontext zu geben. Mit der Totalen gibst du dem Zuschauer einen Überblick über die Szenerie. Fernsehen ist das Medium der Nahaufnahme. Eine gelegentliche Totale gibt dem Zuschauer die Chance, die Nahaufnahmen in inhaltlichen Zusammenhang zu bringen.

Supertotale (ST)

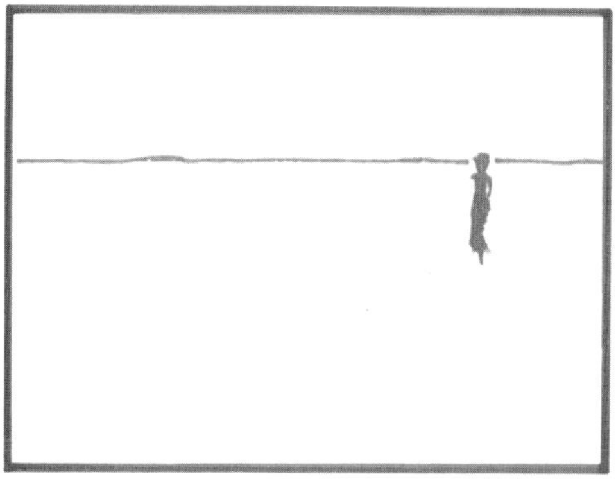

Supertotale

Die Supertotale (Abkürzung: ST, englisch: *Very Long Shot*) zeigt *mehr als alles*, also das ganze Objekt samt einer Menge der Umgebung.

Die ST eines Fußballers wäre etwa die komplette Hälfte des Fußballfeldes. ST eines Vogelnestes könnte die komplette Baumkrone zeigen.

Im Fernsehen musst du wissen, dass die Supertotale das eigentliche Objekt unter Umständen völlig verschwinden lässt – weil das Bild wie ein komplett anderes Motiv aussieht. Dies hängt natürlich auch vom Objekt und der Umgebung ab. Ein einsamer Schlittschuhläufer in der ST auf dem Eis ist immer noch klar erkennbar, da ja alles weiß ist und er als umherfahrendes Männchen auf dem Eis erkennbar ist. Ein Mädchen in der Frontreihe eines Boygroup-Konzertes dagegen ist in der ST nicht mehr als einzelnes Mädchen auszumachen – das Motiv ändert sich in: *Gruppe hysterischer Girls*.

Die Supertotale kannst du einsetzen, um Isolation oder Einsamkeit darzustellen.

Beispiel
Du machst einen Beitrag über einen Jugendlichen, der von zu Hause weggelaufen ist und sich von der Welt unverstanden fühlt. Du filmst ihn, wie er auf einer Parkbank sitzt. Du nimmst ihn so klein ins Bild, dass er nur etwa ein Viertel der Bildhöhe ausmacht.

Wenn um ihn herum keine Menschenseele ist und optimalerweise auch noch die Lichtverhältnisse etwas düster sind, begreift der Zuschauer die Einsamkeit und innere Leere des jungen Mannes – alleine durch die Kraft der Supertotalen.

Die ST verwendest du als Videojournalist nicht täglich. Sie geht mehr in Richtung *Kunst*. ST ist ein besonderer Effekt, den du einsetzen kannst, um das Motiv zu verfremden oder einen Eindruck von Einsamkeit zu erzeugen. Dein eigentliches Objekt ist in der ST kaum noch erkennbar, die Umgebung selbst wird zum neuen Motiv.

Subjektive

Subjektive

Eine besondere Einstellung ist die *Subjektive*. In der Größe kann sie alles von Close Up bis Very Long Shot sein. *Subjektiv* heißt: Die Kamera sieht, was der Protagonist sieht. Mit der Subjektiven gibst du dem Zuschauer die Möglichkeit, sich in den Protagonisten hineinzufühlen.

Beispiel 1

1. Einstellung	Mann schaut aufs Meer – Nahaufnahme: Gesicht
2. Einstellung	Subjektive – Supertotale: Meer

Beispiel 2

1. Einstellung	Frau schaut durchs Fernglas – Nahaufnahme: Gesicht
2. Einstellung	Subjektive – Teleaufnahme mit Fernglas-Silhouette

Beispiel 3

1. Einstellung	Kind spielt in Sandkasten, bemerkt, dass Eltern kommen – Halbnahe: spielendes Kind
2. Einstellung	Subjektive: Totale aus Perspektive des Kindes: Eltern nähern sich.

Die Subjektive eignet sich für TV-Formate, in denen du als *Erzähler* auftrittst, zum Beispiel Reportagen oder Magazinbeiträge. In der Doku-Soap solltest du keine Subjektiven verwenden, da die Doku-Soap ja dem Zuschauer sagen will: *Das ist alles so passiert, wir haben bloß zugeschaut.* Eine Subjektive ist immer inszeniert, was der Zuschauer auch weiß – zumindest unbewusst. Schließlich trägt niemand eine Kamera in seinem Auge.

Durch die Subjektive trittst du als Videojournalist in die Filmhandlung und sagst: *Ich zeige euch mal, was der Protagonist da gerade sieht.*

Goldener Schnitt

Der *Goldene Schnitt* ist tatsächlich Gold wert. Diese einfache Regel kann deine Filmarbeit sofort um 100 Prozent verbessern.

Der *Goldene Schnitt für Videojournalisten* geht so:

1. Unterteile dein Bild in Drittel, horizontal und vertikal. Das ergibt jeweils zwei (gedachte) horizontale und vertikale Linien.

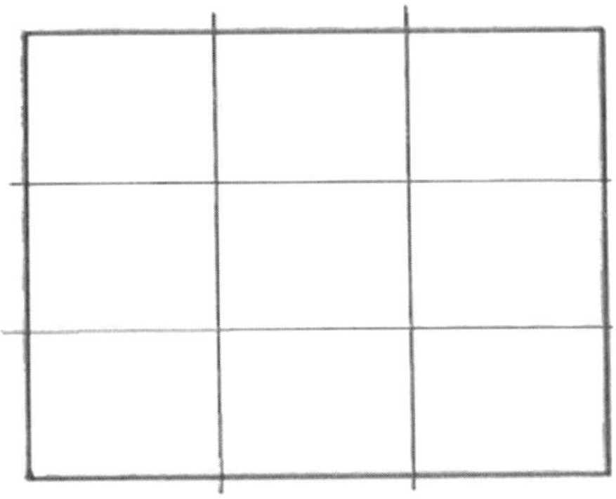

2. Die markanten und wichtigen Linien im Bild müssen auf diesen Trennlinien liegen.

Goldener Schnitt bei natürlichen Linien.

3. Wenn Menschen im Bild vorkommen, sollten ihre Augen auf der oberen horizontalen Linie liegen, unabhängig von der Einstellungsgröße.

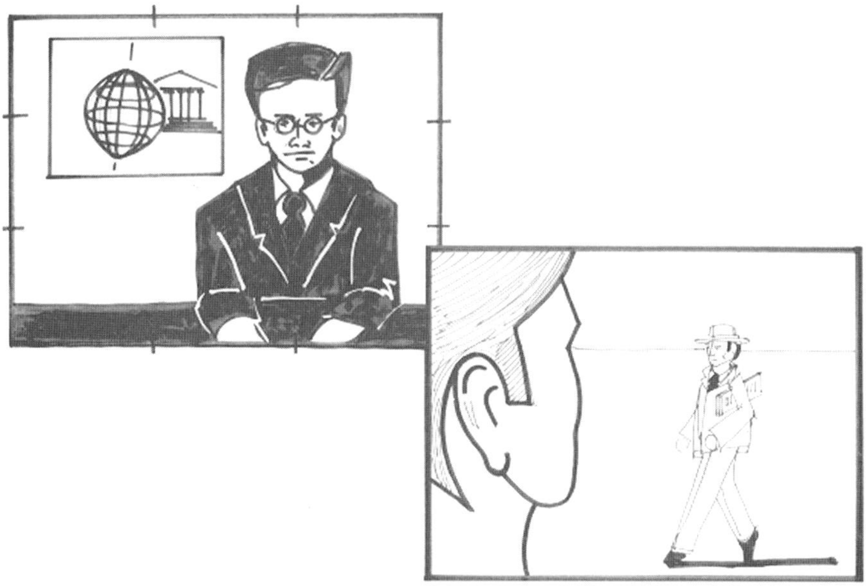

Goldener Schnitt bei Menschen und Position der Augen.

Wende diese Regel so oft wie möglich an. Der Unterschied in der Bildkompositionsqualität wird sich sofort bemerkbar machen. (du könntest sogar eine Folie mit den Drittel-Linien zeichnen und auf dem LCD-Display deiner Kamera befestigen, solange bis dir die Bildkomposition in *Fleisch und Blut* übergeht.)

Beim klassischen Goldenen Schnitt wird eigentlich nicht gedrittelt, sondern *eine Strecke so unterteilt, dass der kürzere Teil sich zum längeren Teil so verhält wie der längere Teil zur Gesamtstrecke.* Mathematisch ergibt das ein Verhältnis von 0,382 zu 0,618. Der Goldene Schnitt wird seit der griechischen Antike in Architektur und Malerei angewandt. Es hat sich gezeigt, dass dieses Seitenverhältnis vom menschlichen Auge als besonders harmonisch empfunden wird. Daher war es nur folgerichtig, dass der Goldene Schnitt auch von Filmemachern adaptiert wurde.

Das Regie-Genie *Sergej Eisenstein* hat im Klassiker *Panzerkreuzer Potemkin* sogar die zeitlichen Abschnitte nach den Regeln des Goldenen Schnitts unterteilt!

Es reicht aber völlig aus, wenn du dir merkst:

1. Bild dritteln
2. Markante Linien gehören auf die Drittel-Linien
3. Augen gehören auf die obere Gesichter-Linie

Achsen

Achsensprung

Der Achsensprung ist einer der häufigsten Anfängerfehler. Er entsteht in der Regel schon beim Dreh, manchmal erst im Schnitt.

Filmhandlung findet immer auf einer Achse statt. Stelle dir zwei Schauspieler vor, die sich auf einer Bühne unterhalten. Einer steht links, einer rechts. Der, der links steht, schaut nach rechts. Und der rechts stehende schaut nach links.

Theaterbühne mit Handlungsachse

Die Menschen sitzen im ganzen Zuschauerraum, manche weit links, manche weit rechts, einige in der Mitte. Eine gedachte Achse geht durch die beiden Schauspieler, parallel zur vorderen Kante der Bühne. Kein Zuschauer sitzt hinter dieser Achse. Das Publikum ist sich einig, dass der eine Schauspieler von links nach rechts und der andere von rechts nach links schaut.

Die gleiche Achse gibt es auch beim Film. Jede Szenerie hat eine solche gedachte Achse. Bei zwei Menschen am Frühstückstisch geht diese Achse durch die Nasen, genau wie bei den Schauspielern auf der Bühne. In komplexeren Situationen, zum Beispiel wenn sich mehrere Leute unterhalten, musst du eine Achse festlegen und dann konsequent auf einer Seite dieser Achse bleiben. Die andere Seite ist für dich tabu. Von da aus darfst du nicht filmen. Sei geschickt und lege die Achse so fest, dass du dich im legalen Raum gut bewegen kannst und der Schuss in Richtung des illegalen Raumes gute Bilder ergibt.

Handlungsachse beim Dreh

Du darfst in einem Schnitt nicht über diese Achse springen. Der Zuschauer geht unbewusst davon aus, dass er die Handlung immer nur von einer Seite der Achse aus sieht. Wechselst du die Achse, ist er irritiert. Die Blickrichtungen der Personen geraten durcheinander und der Zuschauer kann das Gesehene nicht mehr sinnvoll interpretieren.

Im Theater betrachten alle Zuschauer denselben Schauspieler als den *linken* Schauspieler, weil sie alle auf derselben Seite der Handlungsachse sitzen. Alle sind sich einig, dass er nach rechts spricht. Für die Bühnentechniker, die hinter der Bühne stehen, erscheint dieser Zuschauer aber als der, der rechts steht. Sie stehen ja auf der anderen Seite der Achse.

Beim Achsensprung im Film würdest du den ersten Schauspieler aus dem Zuschauerraum filmen, dann hinter die Bühne rennen, und den zweiten von da aus aufnehmen. Sowohl der erste als auch der zweite Schauspieler im Film agieren von links nach rechts. Das verwirrt die Zuschauer. Es sieht aus, als würden beide in dieselbe Richtung sprechen. Der räumliche Zusammenhang ist unklar – und damit die inhaltliche Beziehung zwischen den Schauspielern. Die Szene bricht auseinander, der Zuschauer versteht nicht, was passiert. Und das alles nur durch den Achsensprung.

Achse wechseln

Es gibt mehrere Möglichkeiten, filmtechnisch sauber die Handlungsachse zu wechseln. Allerdings musst du dies bereits im Dreh vorbereiten. Aber selbst bei einem vorbereiteten Achsenwechsel nimmst du dir die Möglichkeit, vor und nach dieser Filmsequenz die Szenen frei zu mischen. Bilder, die vor dem Achsenwechsel gedreht wurden sind nicht kompatibel mit Bildern, die du danach aufgenommen hast. Drehst du aber die komplette Szene auf einer einzigen Achsenseite, bist du im Schnitt wesentlich freier und nicht an eine bestimmte Schnittreihenfolge gebunden.

Kamerabewegung

Nehmen wir an, du filmst den Dialog zweier Schauspieler auf der Bühne und deine Achse ist dieselbe wie die des Publikums. Du möchtest kreativ werden und die Bühnenhandlung aus der Perspektive der Bühnenarbeiter zeigen. Natürlich könntest du direkt schneiden, denn sobald die Fernsehzuschauer im Bildhintergrund Publikum sehen, begreifen sie, dass die Kamera jetzt hinter der Bühne steht und folglich jetzt alles auf der Bühne spiegelverkehrt abläuft.

Du bist aber ein Profi, und möchtest den Fernsehzuschauer sauber auf die andere Seite der Achse bringen. Da es sich um eine offizielle Aufzeichnung handelt, ist es dir erlaubt, die Bühne zu betreten während das Stück spielt. Also steigst du auf die Bühne, nimmst einen der agierenden Schauspieler achsengerecht ins Bild und gehst langsam um ihn herum. Solange, bis du auf der anderen Seite der Achse stehst und von da aus in Richtung des Theaterpublikums filmst. Du hast noch immer denselben Schauspieler im Bild. Wenn du an der neuen Position angekommen bist, verharrst du in dieser Einstellung. Du gibst dem Zuschauer die Zeit, zu begreifen, was gerade mit ihm passiert ist. Du kannst dir das Ehepaar vor dem Fernseher vorstellen: „Schau mal, Schatz, jetzt sind wir auf die andere Seite der Bühne gegangen. Ist das nicht aufregend?“

Der Achsenwechsel ist nicht verboten. Es darf nur kein *Sprung* sein. In diesem Fall ist es aber ein *Achsengeher*, durch den du eine neue Achse festgelegt hast. Aber auch für diese neue Handlungsachse gelten dieselben Achsenregeln.

Frontalaufnahme

Mit einer Frontalaufnahme kannst du relativ problemlos die Achse wechseln. Dabei ist wichtig, dass es wirklich eine saubere Frontalaufnahme ist und der Fluchtpunkt genau hinter der Kamera liegt.

Beispiel
Zwei Jogger laufen nebeneinander durch den Park. Du filmst sie seitlich und ihre Laufrichtung ist gleichzeitig die Handlungsachse. – SCHNITT – du nimmst einen oder beide Jogger frontal ins Bild. Sie laufen auf die Kamera zu. Diese Aufnahme schneidest du lange genug, bis der Zuschauer die alte Achse vergessen hat. – SCHNITT – du kannst die Achse wechseln.

Halte die frontale Einstellung solange, dass sich die alte Achse im Kopf des Zuschauers auflöst. Bei einem zu kurzem Zwischenschnitt der Frontalen wirkt es sonst, als ob die Jogger plötzlich die Richtung geändert hätten.

Sollte aus irgendeinem Grund die Frontalaufnahme nicht geeignet sein, bist du gezwungen, die Jogger tatsächlich schlagartig umdrehen zu lassen. Damit wechselst du nicht nur die Achse, sondern auch noch den Vektor, also die Richtung der Handlung, was noch verwirrender wirkt. Drehe deshalb bei dieser Art des Achsenwechsels unbedingt mehrere frontale Einstellungen.

Nahaufnahme

Bei ruhigen Szenen, vor allem wenn es um eine einzige Person geht, kannst du die Achsen wechseln, indem du eine Nahaufnahme einbaust.

Beispiel
Du filmst eine Omi, die von früher erzählt. Sonst ist niemand im Raum. Du könntest das Gesicht der lieben Frau von rechts zeigen, dann eine Großaufnahme ihrer ringenden Hände, dann ihr Ge-

sicht, jetzt von links. Da dem Zuschauer klar ist, dass es um diese eine Frau geht, begreift er, dass immer noch dieselbe Dame im Bild ist.

Aber das erfordert vom Zuschauer Mitdenken. Damit er das schafft, solltest du den Achsenwechsel über eine Nahaufnahme tatsächlich nur in ruhigen Szenen anwenden.

Zwischenschnitt

Wenn alles nichts hilft, wechsele die Achse per Zwischenschnitt.

Du hast beim Dreh nicht aufgepasst und wild die Achsen gewechselt. In deiner Schnittnot kannst du die Achse noch per Zwischenschnitt wechseln.

Beispiel
Du zeigst ein Pärchen beim Candlelight-Dinner. Du hast aber auch Schnittbilder von den Kellnern gedreht, die durch das Restaurant gehen, ohne dass dein Pärchen im Bild zu sehen ist. Du zeigst den Kellner – SCHNITT – dann schneidest du zurück auf das Paar. Diesmal bist du auf der anderen Seite der Achse. Der Zwischenschnitt hat den Achsensprung etwas abgemildert.

In die Bewegung schneiden

Du kannst die Handlungsachse sauber wechseln, wenn du in eine Bewegung schneidest. Das musst du allerdings schon beim Dreh berücksichtigen – oder sehr viel Glück und solche Szene zufällig gedreht haben. Du brauchst Aufnahmen der gleichen Bewegung von beiden Seiten der Achse aus. Die Handlung fesselt die Aufmerksamkeit des Zuschauers. Deshalb kannst du in die Bewegung schneiden, also den Schnitt mitten in die Bewegung setzen.

Das Problem beim Achsensprung ist ja, dass der Zuschauer plötzlich die Orientierung verliert. Rechts und links stimmen nicht mehr. Er hat das Gefühl, in einer anderen Szene zu sein. Wenn du aber schneidest, während eine Bewegung läuft, ist der Zuschauer auf diese Bewegung konzentriert. Selbst bei einem Umschnitt mit Achsensprung versteht er den Film noch.

Beispiel
Ein Mörder schleicht sich von rechts nach links an sein schlafendes Opfer heran. Er holt aus, sein Messer saust herunter. SCHNITT Das Messer saust weiter herunter. Du schneidest in der Bewegung um und springst dabei über die Achse Täter-Opfer. Das merkt aber niemand. Plötzlich sieht man den Kerl von vorne in der genau gleichen Bewegung. Vielleicht sieht man jetzt sogar den Mörder das erste Mal von vorne – die Zuschauer erschrecken vor der gruseligen Visage. Hättest du vor oder nach der Bewegung geschnitten, wäre der Achsensprung vielleicht aufgefallen. So hat aber niemand Zeit, sich mit solchen filmtechnischen Feinheiten zu beschäftigen. Ein gut gesetzter Bewegungsschnitt kann den Achsensprung kaschieren.

Mehr zu diesem Thema erfährst du im Kapitel *Schnitt & Postproduktion; Video-Schnitt: Bewegung schneiden.*

Schuss – Gegenschuss

Schuss-Gegenschuss klingt martialisch, bedeutet aber lediglich, dass du zwei Seiten einer Sache oder einer Person zeigst.

Ein Schuss-Gegenschuss macht Sinn, wenn Menschen sich gegenüber stehen. Du zeigst die eine Person frontal mit der anderen im Anschnitt – SCHNITT – und jetzt das gleiche anders herum. Schuss-Gegenschuss etabliert die beiden Menschen und ihr Verhältnis zueinander.

Eine Schuss-Gegenschuss-Sequenz solltest du mit recht totalen Einstellungen eröffnen, in denen man jeweils ein Gesicht und einen Rücken sieht. Mindestens eine Einstellung von jeder Seite aus. Dann können die Einstellungen näher werden. Immer wieder solltest du in die Totale gehen, damit der Zuschauer seine Vorstellung vom Raum aufrechterhalten kann.

Bei Schuss-Gegenschuss-Sequenzen mit zwei oder mehr Personen sind Achsensprünge tragisch. Wenn zwei Menschen sich einfach nur gegenübersitzen, kannst du Achsensprünge nicht verstecken. Bei Schuss-Gegenschuss-Aufnahmen ist es aber meist nicht schwer, auf der richtigen Seite der Achse zu bleiben. Die Achse geht durch die Nasen der Kontrahenten. Stelle dir diese Linie als Bühne vor, und bleibe konstant im Zuschauerraum. Das mit den Nasen ist wörtlich gemeint! Wenn du die Achse so gelegt hast, dass du auf der rechten Seite von Protagonist 1 filmst – dann darfst du nicht einmal kurz über seine rechte Schulter filmen, denn das wäre ein erstklassiger Achsensprung.

Im Gegensatz zum großen Fernsehinterview am Sonntagabend filmst du nicht mit einem dutzend Kameras. Du kannst nicht das gesamte Gespräch filmen und nach Belieben zwischen den Kameras umschalten. Gespräche, die du als Vj im Schuss-Gegenschuss-Verfahren filmst, musst du später zusammenschneiden. Du filmst einen Teil des Gesprächs (wenn möglich mit Stativ), unterbrichst, baust das Stativ ab und stellst es auf der anderen Seite wieder auf. Dort filmst du dann den Gegenschuss.

Das Gespräch später zusammenzuschneiden bedeutet, dass du im Schnitt ein neues Gespräch formst. Um dir selbst die nötige Freiheit zu geben, brauchst du ausreichend Schnittbilder. Beim Gespräch sind die Bilder, in denen niemand redet, mindestens genauso wichtig wie Bilder, in denen man den Sprecher sieht. Die Reaktion auf das Gesagte ist ja sowieso oft interessanter als das Gesagte selbst. Je mehr Schnittbilder du hast, umso freier bist du bei der Gestaltung des Gesprächs.

In der Praxis wird Schuss-Gegenschuss für die meisten Situationen verwendet, in denen eine Szene von zwei Seiten aus gezeigt werden soll.

Schuss-Gegenschuss in Verbindung mit einem Bewegungsschnitt wirkt besonders elegant. Häufig wird der Schuss-Gegenschuss-Schnitt bei Menschen eingesetzt, die sich plötzlich umdrehen.

Beispiel
Der Detektiv schleicht durchs Hausdunkel. Der Zuschauer sieht ihn frontal. Der Detektiv hat etwas gehört und dreht sich plötzlich um. (du siehst ein Drittel der Bewegung.) – SCHNITT – Die restlichen zwei Drittel der gleichen Bewegung im Gegenschuss. Der Detektiv dreht sich in die Kamera, man sieht ihn wieder frontal. Es ist aber klar, dass der Detektiv sich um 180° gedreht hat.

Augenlinien und Bewegungsrichtung

Nachrichtensprecher schauen direkt in die Kamera. Seine Augenlinie ist die optische Achse des Kameraobjektivs. Sie zeigt weder nach rechts, noch nach links. Seine Augenlinie ist quasi genullt. Das ist die Ausnahme. Meist zeigt die Augenlinie eines Menschen nach links oder nach rechts, oben oder unten.

Auch ein Mensch, der sich bewegt, hat naturgemäß eine Richtung. (Wenn er nicht direkt auf die Kamera zu läuft.) Gleiches gilt natürlich auch für Autos und alles andere, das sich bewegt.

Einfach zu erkennende Bewegungsrichtungen.

Bei Objekten, die sich von der Kamera weg oder seitlich zu ihr hin bewegen, ist recht einfach zu erkennen, ob ihre Bewegungsrichtung links oder rechts ist. Kommen Objekte oder Menschen aber auf die Kamera zu, frage dich, ob die Handlung links oder rechts von der Kamera enden wird. Entsprechend ist die Bewegungsrichtung links oder rechts.

Gleiches gilt für die Augenlinie der Blicke. Wenn sie eine lange Linie darstellten – würde diese links oder rechts enden?

Für Bewegungsrichtung und Augenlinie gelten die gleichen Regeln. Der Einfachheit halber kann man beides als Richtung bezeichnen.

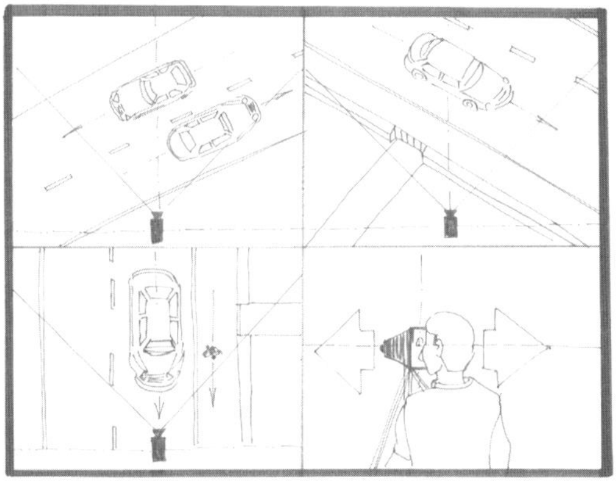

Der Schnittpunkt zwischen Handlung und Kamera-Basislinie bestimmt die Richtung.

Die Richtung von Bewegung und Blicken sind Teil deiner Bildsprache. Der korrekte Einsatz von Bildrichtungen ist aussagekräftiger als jeder OFF-Text. Die Richtungen in deinen Bildern erzählen auch dann etwas, wenn du nicht auf sie achtest. Wenn du Pech hast, sagen sie etwas aus, was deiner eigentlichen Filmaussage widerspricht. Bist du schlampig, verwirrst du den Zuschauer. Er versteht deine Geschichte anders, als du sie gemeint hast.

Wenn du die Bilder zweier Menschen hintereinanderschneidest, stehen sie immer in einer Beziehung zueinander, die auch dadurch ausgedrückt wird, in welche Richtung sie schauen. Dabei ist es unerheblich, ob diese Menschen tatsächlich im gleichen Raum stehen oder an verschiedenen Orten gefilmt wurden.

Beispiel
Mann schaut nach rechts, fragt: „Willst du mich heiraten?“ – SCHNITT – Frau schaut nach links, sagt: „Ja!“

Inhaltlicher Zusammenhang durch Richtungen.

Die Richtungen funktionieren in Verbindung mit dem Inhalt so stark, dass selbst der Hintergrund der beiden völlig verschieden sein kann und der Zuschauer dennoch davon ausgeht, dass die Frau dem Mann antwortet.

Du könntest an Stelle der Frau in obigem Beispiel einen Hund schneiden, der einmal kläfft. Hat dieser Hund eine andere Richtung als der Mann, meint der Zuschauer, der Hund würde antworten. Ein guter Lacher, alleine durch das Spiel mit den Richtungen.

Würde der Hund allerdings die gleiche Richtung wie der fragende Mann haben, ginge der Zuschauer davon aus, dass der Hund die Frage des Mannes unterstützt. Jetzt müsstest du als drittes Bild eine Frau schneiden, die, natürlich nach links schauend, sagt: „Ja, ich heirate euch beide.“ Der Zuschauer versteht sofort, dass die Frau den Hund und den Mann gleichzeitig anspricht. Schließlich hatten die beiden ja zuvor die gleiche Richtung.

Bei diesen Richtungsspielen ist es hilfreich, die Personen sehr groß im Bild zu haben. Wenn du die Gesichter bildlich isolierst, indem du sie sehr nahe zeigst, ist nur das Gesicht und dessen Richtung zu sehen. Dann fallen eventuelle Ungereimtheiten im Hintergrund weniger auf und du kannst deine Geschichte freier komponieren.

Hast du beim Dreh keine Zeit oder keine Lust, mit Richtungen zu spielen, versuche, möglichst auf einer Seite der Achse zu bleiben. (siehe *Achsensprung*). Solange du nicht die Handlungsachse übertrittst, besteht keine Gefahr, grobe Fehler mit den Richtungen zu produzieren.

Die Richtungen sind ein sehr mächtiges Werkzeug. Bist du unvorsichtig, können sie dir das Leben schwer machen. Kontrolliert eingesetzt, kannst du deinen Film mit der Wahl der richtigen Richtung besser und spannender machen.

Vordergrund - Hintergrund

Film ist zweidimensional, wie auch Photographie und Malerei – anders als etwa die Bildhauerei. Das Filmbild ist immer flach wie ein Blatt Papier. Es gibt aber ein paar Tricks, mit denen du beim Zuschauer das Gefühl wecken kannst, dass er eine dreidimensionale Handlung sieht.

Mehrere Bildebenen

In der Zeichentrickserie *Familie Feuerstein* laufen Fred und Barney immer geradeaus. Wenn sie durch ihre Wohnung laufen, scheint diese ein einziger langer Schlauch zu sein. Sie biegen nie ab, sie stehen selten vor- oder hintereinander, sie gehen praktisch nie auf die Kamera zu oder von ihr weg. Es gibt durchgehend eine einzige Handlungsebene. Bei *Familie Feuerstein* ist das ein Stilmittel. Wenn du aber deinem Bild etwas *dreidimensionale Tiefe* geben möchtest, solltest du zwei, drei oder sogar mehr Handlungsebenen einziehen.

Wenn Kinder ihre ersten Bilder malen, findet alles in einer Ebene statt. Film, der in einer einzigen Handlungsebene spielt, wirkt ähnlich kindisch. Schaue dir die Filme großer Filmemacher an, um festzustellen, mit vielen hintereinander liegenden Ebenen sie arbeiten.

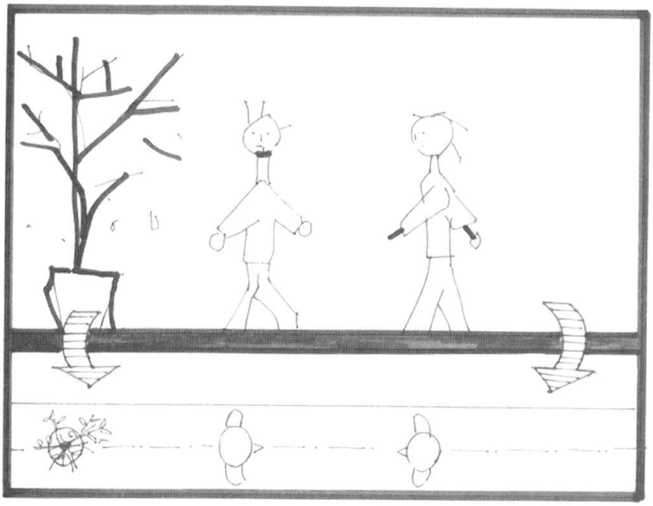

Kinderzeichnung mit nur einer Handlungsebene.

Beispiel
Ein Professor steht vor einer Raufasertapete und erzählt. Das Bild hat nur eine einzige Handlungsebene – und ist denkbar hässlich. Besser wäre es, wenn derselbe Mensch etwa auf einem Stuhl säße, im Hintergrund könnte ein weiter Vorlesungssaal sein. Im Vordergrund, also noch vor dem Professor, könnten einige Bücher zu sehen sein. Damit hast du also drei Ebenen im Bild. Welche Ebene die entscheidende ist, zeigst du durch die Schärfe. Der Professor muss scharf im Bild sein. Der Vorlesungssaal und die Bücher sollten unscharf erscheinen. Das entspricht auch der Augenwahrnehmung. Die Augen stellen auf das Objekt scharf, das uns interessiert, die anderen sind dann nicht ganz so scharf.

Mehrere Ebenen geben natürlich auch einem bewegten Bild dreidimensionale Tiefe. Wenn zwei Menschen etwa durch einen Park spazieren gehen und du ihre Bewegung mit der Kamera verfolgst, kannst du das Bild interessanter gestalten, wenn zwischen den Protagonisten und deiner Kamera immer wieder ein Ast *vorbeihuscht*. Auch hier musst du darauf achten, dass die Schärfe auf den Protagonisten bleibt und mit manueller Fokussierung drehen.

Drei Handlungsebenen in einem Bild.

Wenn du Fernsehsendungen oder Spielfilme anschaust, dann achte einmal darauf, wie der Regisseur mit den Ebenen spielt. Mal ist im Vordergrund die schwarze Silhouette eines Torbogens. Auf der zweiten Ebene steht das Liebespaar auf der Balustrade, während dahinter das Sonnenuntergangs-Meer höchst romantisch die dritte Ebene bildet und dem Bild die ganze Tiefe gibt.

Handlung auf Kameraachse

Wenn Hobbyfilmer ihre Kinder beim Fahrradfahren filmen, ist es völlig in Ordnung, wenn die Kinder von links nach rechts durchs Bild radeln, man reichlich Umgebung sieht und der Camcorder einfach mitgeht. Das Problem ist nur: So ein Bild wirkt flach und langweilig. Man sieht die Umrisse zweier Menschen. Die sind auf einem durchschnittlichen Fernseher gerade mal 15 cm groß. Hinter diesen kaum erkennbaren Menschen gleitet langsam der Wald vorbei.

Vielleicht hat unser Filmer aber auch Glück und die Kinder werden von plötzlicher Elternliebe überwältigt. Sie radeln direkt auf die Kamera zu. Wenn man die Kamera anlässt und halbwegs stillhält, ist das Bild plötzlich viel spannender. Während die Kinder auf die Kamera zufahren, werden sie immer größer abgebildet und der Zuschauer kann die Bewegung spüren. Er sieht die Kinder immer deutlicher und kann die Gesichter erkennen.

Die Handlung sollte mehr *von vorne nach hinten* orientiert sein als nur *von links nach rechts* – oder natürlich auch von hinten nach vorne. Dinge, die sich auf die Kamera zu oder von der Kamera weg bewegen, wirken dynamischer. Ein Ferrari sieht aufregender, aus, wenn er plötzlich hinter einer Häuserecke auftaucht, erst noch klein, dann aber, immer größer werdend, auf die Kamera zurast. Bewegung auf die Kamera zu oder von der Kamera weg gibt dem Raum Tiefe. Du überwindest ein Stück weit die 2-D-Beschränkung des Fernsehens.

Perspektive

Eye Level

Filmen in Augenhöhe

Eye Level, auf Deutsch: *Augenhöhe*, ist die häufigste Perspektive im Fernsehen. Dies hat zwei Gründe: Einmal ist die am häufigsten verwendete Betacam-Kamera sehr schwer und muss auf der Schulter getragen werden. Das entspricht etwa der Augenhöhe. Außerdem ist die Höhe der Augen auch die Perspektive, die wir aus dem Alltag kennen. Bilder, die aus Augenhöhe gefilmt wurden, entsprechen ungefähr unserer alltäglichen Wahrnehmung. Deshalb fällt diese Perspektive am wenigsten auf.

Augenhöhe ist aber missverständlich. Augenhöhe sollte eigentlich nicht deine Augenhöhe sein, sondern die der gefilmten Person! Selbst von erfahrenen Kameramännern, die seit Jahren nichts anderes tun, als Menschen zu filmen, erhält man gelegentlich Aufnahmen, die durchgehend übersichtig sind. Das heißt, dass die Kamera nicht auf Augenhöhe der gefilmten Person war, sondern deutlich darüber und heruntergeschaut hat. (Erstaunlicherweise gibt es mehr besonders große als besonders kleine Kameramänner und -frauen.) Eine 13-Kilo-Betacam-Kamera lässt sich nicht einfach 10 Zentimeter unter der eigenen Schulterhöhe halten. Das ist dein Vorteil: Mit etwas Übung kannst du deine DV-Kamera immer auf Augenhöhe der Menschen halten, die du gerade filmst.

Auch wenn du ein Kind filmst, solltest du dir die Mühe machen, auf seine Augenhöhe zu gehen. Gerade weil der Zuschauer Kinder meist nur *von oben* sieht, ist es reizvoll, die Welt aus neuer Augenhöhe zu betrachten.

Die Perspektive, aus der du Menschen filmst, sagt dem Zuschauer, was du von den Gefilmten hältst. Im Idealfall merkt der Zuschauer das nicht einmal bewusst, er fühlt es nur. Wenn du also einem Menschen auf dessen Augenhöhe begegnest, vermittelst du dem Zuschauer eine eher neutrale, unvoreingenommene Sichtweise auf den jeweiligen Menschen. Und für die meisten Filmeinstellungen ist das genau richtig. Wenn du also keine wichtigen Gründe hast, es anders zu tun, halte die Kamera immer auf Augenhöhe derjenigen, die du filmst.

Below

Below, auf Deutsch: *untersichtig* oder *Froschperspektive*, nennt man die Perspektive, wenn die Kamera unter der Augenhöhe des Gefilmten ist.

Faustregel: *Je mehr du von den Nasenlöchern siehst, desto untersichtiger ist das Bild.*

Filmen aus der Bodenperspektive.

Die bekannteste Anwendung des *Below Eye Level* sind Heldenposen. Wenn du Kraft und Macht eines Menschen etablieren möchtest, filmst du ihn untersichtig. Es ist die klassische Helden-Perspektive in jedem Cowboy-Film.

Wenn Bruce Willis mit seinen Mannen antritt, um einen Meteor zu sprengen und die Welt vor dem Untergang zu retten, oder der Terminator mit einer unglaublich großen Waffe auf der Schulter die Szene betritt – Helden treten immer untersichtig auf.

Du als Videojournalist trägst die Kamera meist vor dem Bauch. Es kann dir passieren, dass du Menschen zu oft untersichtig filmst. Und das wirkt nicht heldenhaft, sondern komisch. Wenn du unkontrolliert untersichtig filmst, produzierst du „Nasenloch-TV". Setze die Untersicht also geplant und sparsam ein. Dann kann sie ein wirkungsvoller Effekt sein.

Overhead

Overhead, auf Deutsch: *Übersicht*. Die optimale Perspektive, um Menschen als *klein* und *angreifbar* darzustellen.

Beispiel
Du drehst einen Bericht über eine einsame alte Frau. Zeige sie sitzend, alleine in einem großen Sessel – und filme sie aus deiner Augenhöhe. Wenn die Kamera nach unten gerichtet ist, wirken Menschen kleiner, der Zuschauer fühlt sich größer und überlegener.

Filmen aus der Überkopfperspektive.

Die Übersicht ist ein starkes Werkzeug. Sie wirkt immer. Wenn du aber einen Menschen filmst, der durch sein Auftreten, seine Rede und die äußeren Umstände offensichtlich stark und mächtig ist, übersichtig zeigst, wird dein Film widersprüchlich. Du hast einen offenen Bruch zwischen dem Inhalt des Films und der Art, wie er gefilmt ist. Es gibt Regisseure, die diesen Bruch bewusst provozieren. Die machen aber auch seit Jahrzehnten Filme, und wissen genau, wann sie die Regeln brechen dürfen. Du solltest dich an die Grundprinzipien halten. Untersicht vermittelt Stärke, Übersicht zeigt Schwäche, den Rest filmst du auf deren Augenhöhe.

Beispiel
Du filmst zwei Politiker, die sich in einer Wahl gegenüber stehen. Bis die Entscheidung feststeht (also auch in den Tagen vor der Wahl) filmst du beide Politiker auf Augenhöhe. Schließlich willst du dich als seriöser Journalist neutral zeigen. Wenn die Hochrechnungen aber die Wahlergebnisse klar werden lassen, änderst du die Kamerapositionen. Den Sieger filmst du von unten, vielleicht sogar in Victory-Pose. Den Unterlegenen zeigst du von oben. Man sieht sein schütteres Haar am Hinterkopf. Er sitzt alleingelassen am Tisch und ringt verbittert die Hände.

An der Wahl von Unter- und Übersicht kannst du zuweilen sogar die politische Ausrichtung eines Filmautors erkennen. Beobachte, wie welcher Politiker in welchem Film gezeigt wird!

Die Perspektive ist ein wirkungsvolles Werkzeug. Verwende sie bewusst, um die Aussage deines Films zu verstärken. Wenn du aber Zweifel hast, ob und wie du sie einsetzen solltest, gehe auf Nummer sicher: Kamera auf Augenhöhe der Gefilmten.

Große Kunst

Wenn du alle nötigen Bilder aufgenommen hast, ist es Zeit, große Kunst zu machen. Standardbilder sind Brot und Butter deines Films, mit ihnen erzählst du deine Geschichte. Deine Fähigkeit, Geschichten zu erzählen ist es, wofür man dich bezahlt – oder bezahlen wird. Hast du aber die Grundlagen abgearbeitet und alles Notwendige abgedreht, ist es an der Zeit, Bilder zu schießen, die über den Standard hinausgehen.

Wenn du den Zuschauer beeindrucken möchtest, musst du Perspektiven suchen, die der Zuschauer nicht erwartet, weil sie unüblich sind.

Beispiel
Du filmst in einem Restaurant. Stelle die Kamera in das Regal mit den Gewürzen und zeige die Küche aus dieser ungewohnten Perspektive mit Gewürzgläsern im Vordergrund. Du kannst die Kamera in einen der extragroßen Töpfe halten und den Koch von da filmen. Du kannst im Restaurant nach einem Standpunkt suchen, von dem aus du gleichzeitig einige essende Gäste siehst, einen Kellner und die Köchin bei der Arbeit. So fasst du in einer Aufnahme alle Menschengruppen zusammen und hast dazu ein schönes und interessantes Bild eingefangen.

Ungewöhnliche Perspektive im Restaurant.

Wenn du *Kunst* drehst, kannst du dich über Regeln hinwegsetzen. Wichtigstes Kriterium ist: Ist das ein beeindruckendes, überraschendes Bild oder nicht?

Wenn ein Spiegel irgendwo herumsteht, nutze ihn! Als Videojournalist bist du immer auf der Suche nach aufregenden, überraschenden Perspektiven. Ein Spiegel kann dir da gute Dienste leisten. Du filmst eine Person zunächst mittels eines Spiegels. Und dann plötzlich überraschst du den Zuschauer, indem du vom Spiegel wegschwenkst und die Person direkt ins Bild nimmst. Das ist keine neue Idee, sicher, aber sie ist immer wieder nett. Ein guter Grund, sie zu kopieren.

Überhaupt sind gläserne Dinge toll für die Bildkomposition. Im Restaurant filmst du durch ein Weinglas, das noch etwas Wein enthält. Weil deine Kamera so klein ist, kannst du sie in die Vitrine eines Schmuckgeschäftes legen und so den Schmuckverkäufer aus einer anderen, neuen Perspektive zeigen.

Wenn du beim Drehen etwas Gläsernes siehst, ist das oft eine Chance, deine Zuschauer zu überraschen, sie zum Lächeln zu bringen. Und das ist die Krönung der Arbeit des Videojournalisten: Den Menschen nicht nur an der Glotze dran zu halten. Er soll lachen, begeistert sein, seinen Freunde zum Fernseher holen: „Wow, das müsst ihr unbedingt sehen!"

Recherche und Themenfindung

Thema und Nachricht

Was ist eine Nachricht? Ein unbedarfter Mensch würde sagen: Etwas, das NEU ist.

Darüber nachdenkend, dass es jeden Tag sehr viele neue Ereignisse gibt und wahrlich nicht alles davon eine Nachricht ist, würde selbst der unbedarfte Mensch sagen: „Okay, eine Nachricht ist etwas, das 1. NEU und 2. INTERESSANT ist."

Das ist schon etwas genauer. Aber nicht viel. Denn neu ist nicht wirklich ein Kriterium. Seit Jesu Geburt werden Nachrichten über Weihnachtseinkäufe als neu empfunden – jedes Jahr aufs Neue.

Das Kriterium interessant verschiebt das Problem nur: Was macht eine Meldung interessant?

Nähern wir uns der Frage von einer anderen Seite. Nehmen wir das berühmteste Beispiel für eine echte Nachricht. John B. Bogart, Redakteur bei der US-Zeitung *Sun* soll im Jahre 1880 gesagt haben: *When a dog bites a man, that's not news, but when a man bites a dog, that's news.* (Wenn ein Hund einen Mann beißt, ist das keine Nachricht, aber wenn ein Mann einen Hund beißt, das ist eine Nachricht.)

Eine Nachricht ist ungewöhnlich. Sie knüpft an unseren Erfahrungshorizont an – und stellt ihn auf den Kopf.

Das Stichwort *Erfahrungshorizont* ist wichtig. Was nicht im intellektuellen Blickfeld des Zuschauers passiert, ist für ihn keine Nachricht. Der Zuschauer muss die Nachricht nicht von vornherein mühelos verstehen, sonst ist sie für ihn nicht interessant. Zeitungen richten sich nach dem Bezugsrahmen ihrer Leser. In der Bild-Zeitung stehen andere Nachrichten als im Handelsblatt.

Manche Meldungen erscheinen in vielen verschiedenen Zeitungen gleichzeitig. Wird ein neuer Bundeskanzler gewählt, steht das in allen deutschen Zeitungen, denn es passiert im Erlebnisrahmen aller Leser. Die neue Frisur der Britischen Königin wird von anderen Publikationen bemerkt werden, als die Unterbewertung des japanischen Yen. Es ist eine Frage des Leser-Erfahrungshorizontes. Nur was innerhalb dieses persönlichen Erfahrungs- und Erlebnisrahmens stattfindet, wird als Nachricht empfunden.

Als Journalist triffst du eine Auswahl aus den Meldungen, die dir gegeben werden und den (viel wertvolleren) Themen, die du dir selbst erarbeitest. Alle Meldungen und Themen müssen den *Ist-das-überhaupt-eine-Nachricht?-Filter* durchlaufen.

1. Findet das Thema im Erlebnisrahmen des Zuschauers statt?
2. Bewirkt das Thema eine Veränderung im Bezugsrahmen des Zuschauers?

Besteht dein Publikum überwiegend aus Währungsspekulanten, so ist die Unterbewertung des Yen eine wichtige Nachricht, weil sie 1. in deren Erlebnisrahmen stattfindet und 2. eine Veränderung darin bewirken könnte.

Die neue Frisur einer Blaublütigen ist eine Nachricht für jene Menschen, die selbst häufig und mit Genuss zum Friseur gehen und sich dabei an Vorbildern aus dem Adel orientieren.

Du wirst nicht aus allen Meldungen, die du als Nachricht identifiziert hast, auch einen Film machen. Aber mit diesen Filtern triffst du eine erste qualifizierte Auswahl in der täglichen Meldungs- und Ideenflut.

Themen bewerten

Die absolute Zahl der Fernsehzuschauer schwankt. An warmen Sommerabenden ziehen Biergärten und Baggerseen, Gartenterrassen und Balkone viele Zuschauer weg von ihrer eigentlichen Bestimmung: dem Fernsehschauen. Wie hoch die tatsächliche Anzahl der Fernsehnutzer auch ist, es sind jeden Tag genau 100 Prozent, die verteilt werden.

Als Fernsehmacher versuchst du täglich, einen möglichst großen Anteil dieses Kuchens für dich abzuschneiden. Das ist unabhängig davon, ob du privates oder öffentlich-rechtliches Fernsehen machst. Journalisten, die nicht den Wunsch verspüren, möglichst viele Zuschauer mit ihrer Geschichte zu erreichen, sind pseudointellektuelle Eigenbrödler und sollten nicht auf die Menschen losgelassen werden.

Quote machen ist eine dreifache Aufgabe: Zuerst musst du möglichst viele Zuschauer dazu bewegen, deine Sendung einzuschalten. Dann musst du die Zuschauer an der Sendung dranhalten, besonders über Werbeinseln hinweg. Auch Zuschauer, die zwischendurch vorbeigezappt kommen, müssen deinen Film weitersehen wollen. Und zum Dritten musst du die Menschen dazu bewegen, beim nächsten Mal wieder einzuschalten.

Dieses gesamte Buch handelt davon, wie du als Videojournalist qualitativ interessante und sehenswerte Filme herstellst – das die Voraussetzung für Quote. Im Folgenden findest du aber einige zusätzliche Tipps, die dir helfen können, gezielt auf gute Quote hinzuarbeiten.

Keiner der nachfolgenden Punkte kann alleine einen langweiligen Beitrag spannend machen. Selbst wenn du einige oder alle dieser Regeln beachtest, kann dein Beitrag aus irgendwelchen Gründen abstürzen. Und selbst unter Missachtung sämtlicher Regeln kann ein Beitrag grandios laufen.

In den meisten Fällen aber lässt sich der Quotenverlauf einer Sendung auf konkrete Gründe zurückführen. Hier sind einige davon.

Filmthema

Manche Themen sind interessant, finden im Erfahrungshorizont des Zuschauers statt, bewirken dort spürbare Veränderungen – und sind dennoch ungeeignet fürs Fernsehen. Im Jargon nennt man sie *Print-Themen*. Was sich spannend liest, muss nicht auch im Fernsehen unterhaltsam sein.

Beispiel
Ein Artikel über „Wohnungsmieten im deutschen Vergleich" wird in einer Zeitschrift viele Leser finden. Darin wird beschrieben, wo in Deutschland die Mieten und das Leben generell am meisten kosten, was die Ursachen dafür sind und wo man für günstiges Geld schön wohnen kann. Mit Hilfe von Tabellen neben dem Text kann der Leser selbst Vergleiche anstellen und die eigenen Mieten in bundesdeutschen Kontext stellen.

Dasselbe Thema im Fernsehen würde allerhöchstens zum 30-Sekünder reichen. Der Inhalt wäre ungefähr: „München teuer, Hamburg auch, bleiben Sie, wo Sie sind". Der Zuschauer will nicht abgeschwenkte Häuserfassaden und eingeblendete Zahlenkolonnen sehen. Es ist eben ein Print-Thema.

Du kannst dieses Thema aber weiterdenken. Von „Miete“ kommst du auf „Mietwucher“ und schließlich auf „Mieterschikane“. Du machst dich auf die Suche nach einigen besonders drastischen Fällen von schikanierten Mietern. Mit etwas Glück und Zähigkeit (vor allem letzteres) kannst du einen Film über Menschen machen, die sich vom Vermieter auf die eine oder andere Art bedrängt fühlen.

Positive Besetzung

Nimm positiv besetzte Themen. Sie sind sicherer. Ein Thema, dass beim Zuschauer von vornherein positiv besetzt ist, wird in der Quote besser laufen als ein negativ besetztes Thema. Und beide sind immer noch besser als ein gar nicht besetztes oder völlig unbekanntes Thema.

Beispiele

1. „Frau bringt Vierlinge zur Welt – alle gesund.“ – Thema ‘Baby’ ist positiv besetzt.
2. „Kind wurde von Vater misshandelt.“ – Thema ‘Gewalt’ ist negativ besetzt.
3. „Straßenlaternen sind jetzt 10 % stromsparender“ – Thema ‘Straßenlaternen’ sind weitgehend wertfrei. Und ob die Stadt mehr oder weniger für Strom zahlt, trifft den Zuschauer nur indirekt, aber immerhin trifft es ihn.
4. “Geschichtsforscher deutet die griechische Baubo-Figur neu.” – Thema ‚Baubo‘ ist völlig unbekannt. Keine Besetzung, weder positiv noch negativ.

Natürlich gibt es Ausnahmen

Negativ besetzte Themen laufen als kurze Nachrichten sehr erfolgreich. Du kannst die Zuschauer bis zu 90 Sekunden an einer negativen Nachricht dranhalten – wie es die Nachrichtensendungen ja täglich tun. Schon beim 4 – 8 Minuten langen Magazinbeitrag wirst du aber mit einem rein negativen Thema große Schwierigkeiten haben. Eine ausschließlich problemorientierte Reportage hat in den Privatsendern praktisch keine Chancen, auch in öffentlich-rechtlichen Nischensendern wird sie wenig Abnehmer finden. Wer will schon 45 Minuten Elend sehen?

Anders ist die Situation, wenn die Welt von Krisen oder Katastrophen erschüttert wird. Nach dem 11.9.2001 liefen auch unerfreuliche Berichte gut. Aber selbst in diesen Ausnahmesituationen suchten fähige Journalisten nach positiven Geschichten. So kamen bald Berichte über Überlebende aus den Twin Towers und über die Feuerwehrmänner, die in den Trümmern von Ground Zero wühlten.

Wenn du Quote machen und deine Filme erfolgreichen verkaufen willst, suche nach positiv besetzten Geschichten.

Massenverständlichkeit

Eine *gute Quote* bedeutet, dass viele Menschen eine Sendung gesehen haben. Wähle ein Thema, dass möglichst viele Leute verstehen.

Beispiel
Schlank werden mit McDonalds ist ein gutes Thema, da es von vielen Menschen verstanden wird. Ein Film über *Adipositas-Risiken durch gesättigte Fettsäuren* wird es schwer haben, auch wenn es im Kern um dasselbe geht.

Frage dich bei jedem Thema und bei jedem Film, ob es die Masse der Zuschauer verstehen wird. Stelle dir einen Fabrikarbeiter vor, der am Abend müde nach Hause kommt und seinen Fernseher einschaltet. Denke an eine Supermarktverkäuferin, einen Viehbauern, einen Arbeitslosen, einen Metzger, einen BWL-Studenten, einen Bayern, einen Sachsen, einen Niedersachsen… Wird jeder einzelne dieser Menschen dein Thema verstehen?

Allgemeinverständlichkeit steht nicht unbedingt im Widerspruch mit intellektuellem Anspruch. Erfahrene Fernsehmacher schaffen es, in einen breit verständlichen Film eine zweite inhaltliche Ebene einzuziehen, zum Beispiel durch leichte Ironie. Als Anfänger solltest du aber davon die Finger lassen. Du hast genug damit zu tun, ein brauchbares Thema vernünftig umzusetzen.

Emotionen

Brauchbare Geschichten wecken Emotionen. Gute Geschichten wecken positive Emotionen. Richtige gute Geschichten wecken negative und positive Geschichten gleichzeitig. Eine Geschichte, die in Menschen keine Gefühle weckt, taugt nichts. Sie ist nicht mal eine Geschichte.

Die Geschichte muss natürlich bei der angepeilten Zielgruppe Emotionen wecken. Dies klingt selbstverständlich, wird in der Praxis aber schon mal vergessen.

Beispiel
Klatschmeldungen über Adlige lassen dich persönlich vielleicht kalt. Aber große Teile deines Publikums reißen sie vom Sofa. Andersherum kann es sein, dass ein neues DV-Kamera-Modell dich interessiert, die Zuschauer aber langweilt.

Aber nicht immer ist die breite Masse deine Zielgruppe. Ein Nachrichtensender wie *n-tv* sendet andere Geschichten (Politik, Börse, etc.) als ein Musiksender wie *MTV* (Videos, Star-News). In beiden Fällen wecken die Nachrichten Emotionen bei der jeweiligen Zielgruppe: Der abstürzende Dax beim *n-tv*-Zuschauer, die Boygroup-Skandälchen beim *MTV*-Zuschauer.

Deine Filme müssen Emotionen bei deiner Zielgruppe wecken!

Lebensaspekt der Mehrheit

Dein Thema sollte ein Lebensaspekt der Mehrheit deiner Zuschauer sein. Es muss nicht, aber es ist definitiv besser für die Quote.

Beispiel
Ein Beitrag über *Lecker kochen mit Aldi* wird immer eine bessere Quote einfahren als *Solardächer auf Ferienbungalows*. Der Grund ist simpel: Aldi und Kochen betreffen mehr Menschen als Solardächer und Ferienhäuser.

Beispiel
Formel 1-Rennen sind im Fernsehen deutlich beliebter als Motorradrennen. Dabei sind Motorradrennen optisch viel spektakulärer als Autorennen. Aber es fahren mehr Leute Auto als Motorrad und können sich deshalb bei jedem Überholmanöver auf der Autobahn selbst wie kleine Rennfahrer fühlen.

Down-To-Earth or Over-The-Top

Karl Marx hatte Recht. Es gibt keinen Mittelstand. Jedenfalls nicht, wenn du Quote erzielen willst. Wenn es in deinem Thema um Geld und Lebensqualität geht, ist es für deinen Film besser, wenn die Protagonisten entweder bettelarm oder ekelhaft reich sind. Der wohlhabende Mittelstand ist ein Quotenkiller.

Beispiel

Du drehst einen Bericht über Menschen, die ein Auto kaufen. (Tipp: Autothemen laufen praktisch immer.) Nimm um Himmels willen nicht den gut situierten Familienvater, der sich seine sprichwörtliche Familienkutsche kauft. Du würdest die Quote steil abstürzen sehen.

Halte dich an die Regel: *Down-To-Earth or Over-The-Top*. Zeige einen Fabrikarbeiter, der sich vom Ersparten eine rostige Gurke holt. Zeige seine dürre Frau samt sieben hungriger Kinderlein, wie sie sich vor dem nächsten TÜV-Termin fürchten, weil ihr Wagen vermutlich nicht durchkommt. Der Zuschauer denkt sich: 1. arme Leute, 2. gut, dass es mir besser geht.

Und dann zeige die verzogene Millionärsgattin, die sich ihren neuen Porsche aussucht. Zeige, wie sie das Leder farblich passend zum Fell ihres Pudels bestellt – und der ist rosa gefärbt. Zeige, dass sie trotz (oder wegen) zahlreicher Liftings hässlich ist. Das mindert den Neid im Zuschauer. „Reich mag sie ja sein, aber dafür hässlich, da nutzt ihr das ganze Geld nichts", denkt der Zuschauer und fühlt sich gut. (Noch besser ist, wenn sie noch dazu prominent ist, denn Prominente laufen praktisch immer.)

Überlege, ob dein Thema irgendwie mit Geld, Einkaufen oder Spaß-Haben zu tun hat. Du darfst auf keinen Fall Mittelstands-Langeweile zeigen.

Auch Menschen, die Geld und/oder Spaß haben, motivieren zum Wegzappen. Der Zuschauer sagt sich: „Der hat Spaß und ich nicht. Der Blödmann! Will ich nicht sehen." Und weg ist er. Wenn Menschen Spaß haben, dann muss dieser Spaß so dermaßen Over-The-Top sein, dass der Zuschauer nicht neidisch wird, sondern sich denkt: „Meine Güte, ist das vielleicht bescheuert!"

Auch der *Over-The-Top-Spaß* muss im Bezugsrahmen des Zuschauers stattfinden. Ein aufgemotzer Porsche mit rosafarbenen Ledersitzen ist etwas, dass der Zuschauer versteht. Er kann sich vorstellen, selber darin zu sitzen. Die Helikopter-Bärenjagd in Kasachstan ist dagegen völlig außerhalb des Bezugsrahmens des Zuschauers, egal wie *Over-The-Top* das Thema ist. Er wird wegzappen, da er 1. nicht weiß, wie es ist, Hubschrauber zu fliegen, 2. nicht weiß (und nicht wissen will), wo Kasachstan liegt, 3. überhaupt keine Lust hat, Bären zu erschießen und 4. niemand in seinem Bekanntenkreis auch nur jemals einen Hasen erschossen hat, geschweige denn einen Bären.

Mache deine Filme *Over-The-Top or Down-To-Earth*. Kann sein, dass dabei Krawall-Fernsehen herauskommt. Kann aber gleichzeitig sein, dass es verdammt gut läuft.

Promi-Faktor

Prominente sind eine der sichersten Methoden, die Quote zu verbessern. Prominente wecken das Interesse des Zuschauers an deiner Sendung, allein durch ihre Präsenz.

Erkennt der Zuschauer einen Prominenten wieder, fühlt er sich in deinem Film *zu Hause*. In der schnelllebigen Fernsehwelt sind Prominente wie Inseln, sichere Anlaufpunkte für den Zuschauer. Trifft der Zuschauer beim Zappen auf einen Promi, den er mag, wird er instinktiv hängen bleiben. Er will wissen, was der Promi, den er ja aus einem anderen Kontext kennt, im Kontext deines Films anstellt.

Prominente sind Projektionsflächen. Wenn ein bekannter Bundesliga-Fußballspieler in deinem Film auftritt, zum Beispiel um ein neuartiges Sportgerät zu testen, projiziert Dein Zuschauer seine Vorstellungen vom perfekten Sportler auf diesen einen Fußballer.

Die Projektion funktioniert auch jenseits der Kernkompetenz: Wenn derselbe Fußballer vier kleine Kinder hat und in deinem Film Kindersitze fürs Auto testet, projiziert der Zuschauer seine Vorstellungen vom sorgenden Familienvater auf den Fußballer. Dabei kannst du ruhig lustige Verbindungen herstellen: Ein Schwergewichtsboxer könnte Kühlkompressen gegen Kopfweh testen.

Es muss einen nachvollziehbaren Bezug zwischen Person und Thema geben. Eine Berufsblondine sollte nicht einen Reifentest machen, ein plastischer Chirurg sollte nicht die neuesten Sommer-Cocktails vorführen. Und, ganz wichtig: Der Promi sollte Deutsch können. Super-Mega-Stars dürfen englisch sprechen – alle anderen sollten das Deutsche beherrschen, denn eine Übersetzung macht den Film schwieriger, zäher, egal ob gesprochen oder eingeblendet.

Prominente für deinen Film zu bekommen ist nicht so schwer, wie es dir im ersten Moment scheinen mag. Wenn du schon einen Auftraggeber für deinen Film hast, frage bei diesem nach, zu welchen Promis er Beziehungen hat. Vielleicht wird dir ein Prominenter vermittelt, der gerade etwas TV-Präsenz braucht.

Behalte im Auge, auf welchen Sendern welche neuen Formate und Sendungen angekündigt werden. Die Moderatoren oder Hauptdarsteller dieser neuen Sendungen sind manchmal sehr konkret an Auftritten interessiert und könnten dir gegen kleines Entgelt oder komplett honorarfrei für deinen Film zur Verfügung stehen.

Du kommst selten direkt an den Prominenten heran. Die meisten Promis werden durch eine Agentur vertreten, die den Kontakt herstellen kann. Die Adressen erhältst du von den Produktionsfirmen oder Sender, bei denen die Prominenten auftreten oder mit etwas Suchen im Internet.

B-Prominente zu bekommen ist relativ leicht. Wenn du an A-Promis herankommen möchtest, also an die wenigen besonders erfolgreichen und herausragenden Stars, brauchst du entweder ein pralles Budget – was du als Videojournalist selten hast – oder ein sensationelles Konzept, das die Agentur und den Prominenten gleichermaßen überzeugt.

Um wenigstens das Gesicht eines A-Promis in die Kamera zu bekommen, kannst du dich auf eine Veranstaltung mit A-Promis einladen lassen und dort versuchen, ein Interview zu führen.

Eines kann aber kein Prominenter: Eine Story ersetzen. Du brauchst ein gutes Thema mit einer pfiffigen Umsetzung. Ein Prominenter kann die Wirkung deiner Geschichte dann verstärken – ersetzen kann er sie nicht.

Vorteile des Zuschauers

Du willst etwas vom Zuschauer: seine Aufmerksamkeit. Ja, du willst das wertvollste und unwiederbringlichste aller Güter: seine Zeit. Gib' ihm im Austausch Inhalte, die ihn nicht nur unterhalten (was sie immer sollten!), sondern auch noch einen echten, handfesten Vorteil bringen.

Beispiel: Zeige dem Zuschauer, wie er ganz einfach hundert Euro sparen kann. Erkläre ihm, wie er realistisch ein Haus finanzieren kann. Bringe Infos über eine wirksame Diät. Wenn du das Thema zusätzlich in eine unterhaltsame Story einpackst, bist du auf bestem Wege zu mehr Quote.

Unterhaltung ist gut. Unterhaltung mit konkretem Nutzen ist noch viel besser.

Nachmachfaktor

Filme, ob vier oder 40 Minuten, sind in der Quote erfolgreicher, wenn der Zuschauer das Gezeigte auch nachmachen könnte.

Beispiel: Lasse deinen Bericht über Mountainbike-Touren im Harz stattfinden. Das wird besser ankommen als ein Bericht über Biken in der Negev-Wüste. Während des Beitrags übers Harz-Biking macht mancher Zuschauer schon Pläne im Kopf. Er stellt sich vor, wie es wohl wäre, wenn er es selber nachmachte. Negev-Biking lässt ihn kalt, weil es ihm zu unerreichbar erscheint. Wahrscheinlich wird er weder das eine noch das andere in die Tat umsetzen. Im Moment des Zuschauens kommt ihm aber die Harz-Tour realistischer vor, und das ist entscheidend.

Denke dich in den Zuschauer hinein. Kann er das, was du ihm zeigst, auch nachmachen? Will er es überhaupt nachmachen?

Deutschsprachige Protagonisten

Deine Protagonisten sollten deutsch sprechen. Außer wenn es um Menschen mit spektakulären Eigenschaften geht und diese besonderen Eigenschaften auch das Thema deines Films sind, sollte in deinem Film die Sprache des Ausstrahlungsortes gesprochen werden. In Deutschland, Österreich und der deutschsprachigen Schweiz ist das also Deutsch.

Das hat nichts mit Nationalismus zu tun. Übersetzungen von gesprochenem Wort bremsen immer das Tempo des Films, sei es durch Untertitel oder *Voice-Over*. Eine perfekte Synchronisierung wie in Spielfilmen wirst du dir nicht leisten können, zumal sie in Magazinbeiträgen unüblich ist.

Fremdsprachen reißen den Zuschauer aus der Story heraus. Die sprichwörtliche *Sprachbarriere* ist auch eine Barriere zwischen deinem Film und dem Zuschauer. Wenn es irgendwie geht, vermeide sie.

Soziale Kongruenz

Der Zuschauer versteht den Film besser, wenn er das Milieu der Filmhandlung kennt und versteht. Dabei ist nicht so sehr das finanzielle als vielmehr das sozial-kulturelle Milieu ausschlaggebend.

Beispiel
Ein reicher Rockstar kann sehr gut beim Zuschauer ankommen, wenn Habitus und Interessen denen der Zuschauer ähneln. Saufen, Feiern und Reichsein deckt sich mit der Interessenlage einer breiten Zuschauerschicht. Ein Gymnasiumlehrer für Philosophie, Religion und Geschichte wird dagegen vom Zuschauer als emotional weit weg empfunden, auch wenn dessen finanzielle Verhältnisse näher an denen des durchschnittlichen Zuschauers liegen.

Soziale Kongruenz zwischen Protagonist und Zuschauer ist gut für deine Quote.

Neu

Ein Zuschauer sollte das Thema deines Filmes als neu empfinden. Dabei bedeutet neu nicht immer, dass das Thema wirklich erst gestern auf diesem Planeten aufgetaucht ist.

Neu ist eine Meldung, die den Zuschauer reizt, mehr zu erfahren. Es gibt Themen, die empfindet der Zuschauer jedes Jahr wieder als *neu*. Zum Beispiel *die ersten Urlaubsstaus* oder *Shopping-Wahn kurz vor Weihnachten.*

Oft sind Sachen für dich als Nachrichten-Profi längst bekannt, für den Zuschauer aber *neu.*

Dazu gehören Ereignisse, die im Voraus feststehen, zum Beispiel Konzerte, Messen oder der Frühlingsanfang.

Manchmal werden Dinge einfach dadurch neu, dass sie plötzlich in einem anderen Kontext auftauchen.

Beispiel
Es wird bekannt, dass ein bekannter Schauspieler Kontakt mit Drogendealern hat. Schlagartig werden Details über das Drogenmilieu im Allgemeinen neu und interessant, obwohl sie eigentlich seit langer Zeit bekannt sind. Selbst Geschichtsthemen können neu sein, wenn der Zuschauer sie als solche empfindet.

Das englische Wort für Nachrichten ist *News*. Nachricht und Neuigkeit sind somit Synonyme. Wähle nur Themen aus, die in diesem Sinne neu sind.

Fleisch

Sex sells. Menschen schauen sich andere Menschen besonders gerne an, wenn diese hübsch und knapp bekleidet sind, und je nach sexueller Ausrichtung das jeweils passende Geschlecht haben.

Der Zuschauer ist aber medienerfahren. Er weiß, dass du ihn mit nacktem Fleisch manipulieren möchtest. Und er will nicht manipuliert werden … höchstens sanft verführt.

Neben dem Zuschauer sitzt auf dem Fernsehsofa oftmals der eifersüchtige Ehepartner. Deinem Zuschauer ist es peinlich, wenn sein Partner ihn dabei erwischt, dass ihm geiler Sabber aus dem Mund tropft.

Gib dem Zuschauer also einen nachvollziehbaren Grund, sich das Fleisch anzusehen. Es muss Sinn machen. Beseitige den Verdacht, dass du den Zuschauer plump manipulieren möchtest. Und gleichzeitig besänftigst du den Partner.

Beispiel
Lasse Inline-Skates von einem jungen Apollo mit nacktem Oberkörper testen. Zusammen mit seiner Freundin in Hotpants. Machst du einen Beitrag über ein Baby, zeige auch die Mutter, die es säugt. Wenn du über Skifahrer berichtest, zeige auch die Sauna hinterher.

Nacktheit darf nie schmierig sein, darf nicht anbiedernd oder billig wirken. Schließlich will der Sender Werbezeit verkaufen. Markenhersteller reagieren sehr allergisch auf plumpes Nacktsein. Bei der Darstellung wenig bekleideter Körper ist deshalb Ästhetik und Diskretion entscheidend. Das *Kino im Kopf* beim Zuschauer ist oftmals effektiver, als wenn man *alles* sieht. Hilf dem Zuschauer, sich mehr vorzustellen, als du gezeigt hast.

Sinnvoll eingesetztes nacktes Fleisch kann deinem Beitrag in der Quote helfen. Oder ihn auch komplett umbringen, wenn du es zu plump anstellst. Setze Sex also sehr vorsichtig ein. Im Zweifelsfall verzichte lieber darauf.

Abgegriffen

Hüte dich vor *abgegriffenen* Orten, Themen und Personen.

Es gibt Themen, die sind schon so oft gelaufen, dass sie sich selbst mit größter Anstrengung nicht als neu verkaufen lassen. Es gibt Prominente, die laufen auch nach Jahren Fernsehpräsenz ausgezeichnet, bei anderen Prominenten sinkt der Stern schon nach wenigen Wochen. Es gibt Orte, die sind eine Zeit lang auf jedem Sender zu sehen, und bald sollte man sie wieder meiden, weil die Zuschauer den Eindruck gewinnen, die Sendungen würden alle im selben Einkaufszentrum gedreht.

Das Kriterium *nicht-abgegriffen* ist unscharf. Man könnte das *Abgegriffensein* eines Themas definieren als den Zeitpunkt, zu dem es auf jedem der großen Privatsender mindestens einmal lief.

Frage erfahrene und erfolgreiche TV-Kollegen nach ihrer Einschätzung. Du wirst mit zunehmender Erfahrung selbst ein Gefühl dafür entwickeln, wie lange ein Thema oder ein Prominenter *frisch* sind.

Ur-Instinkte

Appelliere an die Ur-Instinkte des Menschen.

Gemäß der Maslowschen Bedürfnispyramide sind die Bedürfnisse des Menschen in Stufen verschiedener Dringlichkeit eingeteilt.

1. Stufe
Grundbedürfnisse: Trinken, Essen, Schlafen, Sexualität

2. Stufe
Sicherheit: materielle und berufliche Sicherheit, Lebenssicherheit

3. Stufe
Soziale Bedürfnisse: Kommunikation, Partnerschaft, Liebe, Freundschaft, Gruppenzugehörigkeit

4. Stufe
Soziale Anerkennung: Ich-Bedürfnisse sammeln, wie Anerkennung, Geltung (Macht und Einfluss), Selbstachtung

5. Stufe
Selbstverwirklichung: Individualität, Güte, Gerechtigkeit, Selbstlosigkeit (anderen etwas geben)

Wenn du Quote machen möchtest, bewege dich in den ersten Regionen, also Stufen 1 bis 3. Themen über Essen, Beruf und Geld laufen meist nicht schlecht. Spätestens bei Stufe 5 produzierst du Nischen-Fernsehen und die Quoten gehen in den Promillebereich. Wenn dein Film gesehen werden soll, bleibe in den unteren Regionen. Es ist keine Schande, über Dinge zu sprechen, die alle Menschen angehen. Und es macht dich erfolgreich.

Themen finden und entwickeln

Vorhandene Themen weiterdenken

Aktuelle Themen weiterdenken

Anfang des neuen Jahrtausends scheint es, dass fast alle Fernsehsender Casting-Shows anbieten. Während dieses Buch geschrieben wird, berichten Zeitschriften vom Casting-Boom, unzählige Internet-Sites wollen auf den Casting-Zug aufspringen. Casting ist ein top-aktuelles Thema. Und ein furchtbar ausgelutschtes Thema.

Aber das Thema lässt sich weiterentwickeln. Ein Bericht über das *Hunde-Casting* für einen Spielfilm mit Tieren wäre bestimmt nett anzuschauen. Oder ein *Bayer-Casting*, bei dem ein uriger Typ für einen Bier-Werbespot gesucht wird.

Wenn Themen omnipräsent sind, hat das einen simplen Grund: Sie finden viele Zuschauer. Es kann nützlich sein, sich da anzudocken und am Erfolg des Themas teilzuhaben. Finde einfach nur eine neue, überraschende Sichtweise auf das Thema.

Alte Themen weiterdenken

Wie viele Themen-Ideen kannst du aus dem Hasselhoff-Klassiker *Knight Rider* entwickeln?

Beispiel-Ideen: Hightech-Autos – wenn das Auto übernimmt, Männer und Autos, Warum Männer besser Auto fahren, So machen Sie Ihr Auto zur Agenten-Schleuder, Mit dem Auto durch

Europa – Alltag eines Autokuriers, Leben mit 2 Meter 10 – Alltag eines Riesen, Ärzte im Gefängniskrankenhaus.

Die letzten drei Themen mögen wenig mit dem ursprünglichen Thema *Knight Rider* zu tun haben – aber das ist ja der Zweck der Maßnahme: du entwickelst neue Themen, indem du dich von alten Themen inspirieren lässt.

Themen aus anderen Medien

Fernsehen ist nicht das einzige Medium. Zeitungen, Zeitschriften, Websites sind eine wunderbare Themenquelle. Zeitungen haben einige hundert Jahre mehr Erfahrung in der Themenfindung als Fernsehleute. Verfolge deshalb, welche Themen in der Print-Welt behandelt werden.

Dabei darfst du keine inhaltlichen Scheuklappen tragen. Wenn in der FAZ wieder einmal irgendwelche Philosophen grundsätzliche Europa-Fragen erörtern, kannst du daraus machen: *Das Quer-durch-Europa-Menue – Kochen mit Spezialitäten aus den schönsten Urlaubsgebieten*. Wenn die Bild-Zeitung ihr Sommerloch mit dem *Kaiman im Baggersee* fühlt, kannst du das Thema weiterdenken zu *Gefahren für Kinder beim Schwimmen in verbotenen Gewässern*.

Internet

Im Internet kann und darf jeder praktisch alles veröffentlichen, was er will. Im Internet können Dinge auf Knopfdruck veröffentlicht werden, sind dann aber jahrelang zu lesen. Dies mag beides zu theoretisch klingen, ist aber ein wichtiger Unterschied zu anderen Medien.

In Zeitungen und traditionellem Rundfunk kann meist nur eine *Meinungs-Elite* ihre Meinung kundtun. Wenn du eine Tageszeitung druckfrisch in die Hand bekommst, sind die Nachrichten bereits viele Stunden alt. Ausgelesene Zeitungen werden von ihren Lesern selten archiviert. Deshalb kann man Informationen aus früheren Zeitungen nicht ohne weiteres nachlesen.

Eine Zeitung hat zwei entscheidende Vorteile:

1. Sie ist da. So richtig physisch da. Du kannst sie auf dem Klo lesen. Du kannst Artikel ausschneiden und an die Pinnwand heften. Du kannst mit einer Zeitung Fliegen totschlagen. Und sie bleibt selbst mit Kaffeeflecken lesbar. Eine Zeitung ist ein

Stück echte Welt wie du auch. Papier fühlt sich natürlich und menschlich an. Das mag sich anhören wie Ökotanten-Gewäsch, macht aber Sinn: Es macht Spaß, sich mit einer guten Zeitung in einen Sessel zurückzuziehen. Die Tatsache, dass wir die Zeitung anfassen, greifen können, sagt uns unbewusst, dass wir die Informationen auch inhaltlich begreifen können. Dieses Gefühl ist einer der wesentlichen Vorteile des gedruckten Wortes gegenüber Medien, die auf einem Bildschirm oder über Lautsprecher ihre Information transportieren.

2. du kannst Zeitung lesen, auch wenn du blöd bist. Höflicher formuliert: Zwecks besseren Verständnisses kannst du Zeilen wiederholt lesen. Du kannst dir aussuchen, welche Artikel du liest (Sportteil jetzt, Kulturteil irgendwann einmal), du kannst nur die Überschriften oder nur die Bildunterschriften lesen. Du kannst einen Artikel nur überfliegen, wenn dir oberflächliche Informationen zum Thema genügen. Du kannst dir aussuchen, was du wann liest. Mit Fernsehen und Radio kannst du das alles nicht anstellen. Du kannst allerhöchstens zwischen den Programmen zappen. Um Informationen für später aufzuheben, bedarf es noch immer einigen technischen Aufwands.

In Radio und Fernsehen gibt es die Möglichkeit, sofort und live auf Sendung zu gehen. Wenn du eine Information aber nur um wenige Sekunden verpasst, ist sie weg, vorbei. Außer natürlich, du hast sie auf VHS, Festplatte oder sonstwie mitgeschnitten. Oder sie wird wiederholt. Doch kaum jemand zeichnet durchgehend das gesamte Programm auf. Und selbst wenn du es tätest, wäre es beim gegenwärtigen Stand der Technik nicht ganz einfach, in allen Sendungen der vergangenen vier Jahre nach dem Stichwort *Käsekuchen* zu suchen.

Das Internet vereint die Publikations-Geschwindigkeit des Rundfunks mit der dauernden Informations-Verfügbarkeit einer Zeitung. Man kann Informationen mit wenig Aufwand nach Stichworten durchsuchen. Das kannst du für deine Themenfindung nutzen!

Das Internet ist schneller. Als Tageszeitungen sowieso, und oft auch schneller als das Fernsehen. Und zwar nicht nur um Stunden und Tage, sogar manchmal sogar um Monate.

Beispiel
Irak-Krieg 2003 – Die Fälschungs-Vorwürfe, die im Sommer 2003 gegen *Bush* und *Blair* in den etablierten konservativen Medien erhoben wurden, konnte man bereits im Frühjahr selben Jahres im Internet lesen – mit praktisch gleicher Beweisführung. Und nicht nur auf den Sites linker Wirrköpfe. Eine *Alternative* ist ja definitionsgemäß *eine von zwei Möglichkeiten*. Die traditionellen Medien (Fernsehen, Radio, Zeitung) sind die eine, die konventionelle Möglichkeit, Themen und Ideen zu sammeln. Das Internet ist die Alternative. Mag alternatives Essen auch komisch schmecken, alternative Informationsquellen weiten deinen Horizont. Neue, überraschende Themen-Ideen kannst du nur sammeln, wenn du auch neue, ungewöhnliche Wege gehst.

Foren

Die meisten Internetforen unterliegen höchstens einer schwachen Zensur, wenn überhaupt. Der Nachteil: Jeder kann hineinschreiben, was er will. Der Vorteil: Jeder kann hineinschreiben, was er will.

Unter den vielen nutzlosen Beiträgen in Internetforen findest du auch Ideen für deine Filmthemen.

Beispiel
In einem Auto-Hobbybastler-Forum diskuieren einige Leute die Reparatur alter VW-Busse. Für dich ist das der Ansatzpunkt für einen Film: *Mit dem Hippie-Bus in Europas Norden*. Diese Idee kannst du weiterspinnen, Leute suchen, die so etwas tatsächlich machen, mit ihnen die Stationen der Reise absprechen ... bis du Material für einen schönen 45-Minüter hast.

Newsletter

Internet-Newsletter sind eMails, die du auf eigenen Wunsch regelmäßig bekommst. Newsletter sind meist monothematisch und werden oft von Firmen betreut, die ein Interesse daran haben, dass Ihr Name mit diesem Themengebiet in Verbindung gebracht wird. Ein Autohersteller wird vielleicht einen Newsletter zum Thema neueste Motor-Entwicklungen herausgeben, eine Anwaltskanzlei einen Newsletter über Internet-Recht.

Diese Newsletter sind eine wertvolle Informationsquelle, da sie oft Inhalte aus ihrem Spezialgebiet behandeln, die du sonst nirgends findest. Selbst wenn ein Newsletter überdurchschnittlich erfolgreich ist, sind es vielleicht nur einige Zehntausend Empfänger, die den Newsletter empfangen. Das ist eine relativ kleine und exklusive Gruppe, wenn du sie mit Hunderttausenden oder Millionen vergleichst, die eine Sendung im Fernsehen sehen. Wenn du eine Themen-Idee adaptierst, die du zum ersten Mal in einem Internet-Newsletter gelesen hast, hast du gute Chancen, dass du unter den ersten bist, die sich im Fernsehen diesem Thema annehmen.

Sites

Websites sind zur Ideen- und Themenfindung natürlich unbegrenzt nutzbar. Im Internet kannst du uneingeschränkt Ideen ernten. Verwendest du aber eine Website als Quelle für eine konkrete Information, musst du die Glaubwürdigkeit der Website überprüfen. Im Internet steht schließlich neben vielem Nützlichen auch viel Unsinn.

Wenn du über eine Suchmaschine eine Nachricht im Internet findest, gibt es gleich zu Beginn zwei Möglichkeiten: du kennst die Website und Ihren Betreiber – oder du kennst ihn nicht. Wenn du beispielsweise bei *www.spiegel.de*, der Online-Ausgabe des Spiegel-Magazins, eine Nachricht findest, ist dir der Betreiber bereits bekannt, und in der Regel vertraust du auf die Richtigkeit der Inhalte. Wenn du dagegen eine Nachricht auf einer privaten Homepage findest, kennst du den Betreiber wahrscheinlich nicht und hast auch keine Erfahrung hinsichtlich dessen Vertrauenswürdigkeit.

Das *professionelle Auftreten* einer Website ist ein erstes Kriterium, mit dem du die Glaubwürdigkeit einer Website bewerten kannst. Dies ist aber natürlich nur dann nötig, wenn du den Website-Betreiber nicht ohnehin schon kennst. Als informierter Mensch wirst du im Vorfeld wissen, wer hinter Website wie *www.faz.de*, *www.taz.de* oder *www.bild.de* steht, und was du ungefähr dort erwarten kannst. Dann ist natürlich kein *abklopfen* mehr notwendig. In allen anderen Fällen schon.

Für die Professionalität einer Website gibt es einige Regeln, auf deren Einhaltung du die Website abklopfen solltest.

1. Das Design ist sachlich, ästhetisch und offensichtlich von einem echten Designer gemacht.

Wenn die Website mit blinkenden und zappelnden Bildchen überquillt, ein auffälliges Hintergrundmuster hat, unzählige verschiedenste Schriftarten benutzt, unklar zu navigieren ist und auch sonst wirkt wie eine Hobbyisten-Homepage – dann ist sie es wahrscheinlich auch. Bei einem Buch oder einer Zeitschrift schließt du ja auch von der Qualität des Layouts ein Stück weit auf die Qualität der Inhalte. Das professionelle Design alleine ist aber nicht entscheidend. Mit Hilfe von Redaktionssystemen kann inzwischen selbst ein Hobbyist ein brauchbares Online-Layout realisieren. Aber ist das Design auffallend unprofessionell, stimmt etwas nicht.

2. Die Website sagt, wer für die angebotenen Inhalte verantwortlich ist.

Auf deutschen Websites gibt es fast immer eine Rubrik Impressum. Sie ist auch bei den meisten Websites gesetzlich vorgeschrieben. Im Impressum findest du Kontaktdaten, die du verwenden kannst, um gegebenenfalls Inhalte zu verifizieren oder weitere Informationen zu erbitten. Das Impressum sagt dir, wer für die Richtigkeit der Informationen geradesteht. Schon dort kannst du sehen, ob es eine Firma ist oder ein Privatmensch.

3. Die Quelle von Informationen wird offen gelegt.

Seriöse Websites sagen, woher sie die Informationen haben, die sie verbreiten. Eine solche Erklärung kann lauten ... *wie der Nachrichtensender CNN meldete*, *Wie uns aus Regierungskreisen zugespielt wurde* ... oder *Unsere eigenen Recherchen ergaben* .... Wenn die Informationen von anderen Websites stammen, wird auf diese verlinkt. Besonders Informationen, die du nur auf einer einzigen Website liest, solltest du auf ihre Quellen hin abklopfen.

Wenn du unbekannte Websites auf diese Kriterien abgeklopft hast, solltest du versuchen, ähnliche Informationen auf anderen Sites zu finden. Je öfter eine Information auf (seriösen!) Websites auftaucht, desto wahrscheinlicher ist es, dass sie nicht völlig falsch ist. Dabei ist natürlich wichtig, dass die Websites nicht voneinander abschreiben, sondern die Informationen aus unterschiedlichen Quellen beziehen.

Suchmaschinen

Selbst wer noch nie im World Wide Web unterwegs war, kennt *Google*, die erfolgreichste Suchmaschine der Welt. Wenn du sie noch nicht kennst, die Adresse lautet www.google.de. Eine Stichwortsuche bei Google ist im Redaktionsalltag der Beginn vieler Recherchen. Deshalb solltest du lernen, Google optimal zu nutzen. Um Google auszureizen, hilft es, zu wissen, wie Google *denkt*.

Die Google-Daten wurden nicht von Menschen eingegeben, sondern in den Google-Zentralen laufen Computerprogramme, die sich selbstständig durchs Internet klicken. Bei seinen Wanderungen durch das Internet besucht der Crawler manche Websites mehrfach, weil verschiedene andere Homepages Links dahin gesetzt haben. Google zählt die Links auf eine bestimmte Homepage und speichert die Anzahl, zusammen mit der Adresse, in der Google-Datenbank. Google erachtet Seiten als besonders wichtig, wenn viele andere Websites auf sie verlinked sind, und diese Ergebnisse werden bei einer Suche weit oben platziert.

Nehmen wird als Beispiel an, dass ein Sammler auf seiner privaten Website über seine beeindruckende Sammlung von Wandspiegeln berichtet. Wahrscheinlich gibt es aber im Internet mehr Links auf die Homepage des Spiegel-Magazins (www.spiegel.de) als auf die private Homepage dieses Sammlers. Wenn du bei Google das Stichwort *Spiegel* eingibst, wird die Homepage des Magazins viel weiter oben angezeigt werden als die Page des privaten Sammlers, weil Google eben den Spiegel für *wichtiger*, weil *öfter verlinkt*, hält.

Wenn du aber tatsächlich nach Spiegeln für die Wand suchst? Dann gibst du *wand spiegel* ein. Klar. Die Kunst der Google-Suche geht aber weiter. Google ist nur eine Maschine, und weil diese nicht denken kann, musst du für sie denken. Wenn du Informationen suchst, mache es dir zur Angewohnheit, nicht das einzugeben, was du suchst, sondern das, was wahrscheinlich auf einer Website stehen könnte, die die Informationen enthält, die du suchst.

Beispiele: Wenn du allgemeine Tipps und den aktuellen Diskussionsstand zu einem beliebigen Thema suchst, etwa zu *Motorrädern*, wird es wenig bringen, wenn du *Diskussionsstand Motorräder* eingibst. Viel mehr Erfolg bringt: *Motorrad Forum*. Statt *Eiche und andere Bäume* gibst du ein: *Botanik Datenbank*. Statt *schlaue Kinder* gibst du ein: *Hochbegabten Förderung*.

Die Kunst des *Googlens* ist die Kunst des Vorausdenkens: „Was könnte auf der Seite, die ich suche, stehen?"

Themen aus Trends

Buch-Bestseller

Buch-Bestsellerlisten geben dir einen guten Überblick über Themen, die gerade viele Menschen bewegen. Im Spiegel, im Focus oder online bei www.amazon.de findest du Listen der aktuell meistverkauften Bücher. Die Buchtitel in diesen Listen kannst du zur Inspiration auf der Suche nach Themen verwenden.

Vergiss nicht, dass viele gut laufende Bücher reine *Print-Themen* abhandeln, also Themen, die sich spannend lesen, aber als Film nicht funktionieren. Markantes Beispiel: Selbsthilfe-Literatur. Bücher über das persönliche Glücklichwerden verkaufen sich seit Jahrzehnten hervorragend. Dasselbe Themengebiet im Fernsehen will aber kaum jemand sehen. Zum Nachdenken über das eigene Leben möchten Menschen mit dem Buch ins Bett kriechen und nicht vor der Flimmerkiste sitzen.

Manche Themen laufen als Buch und als Film gleichermaßen gut. Wenn du etwa merkst, dass plötzlich mehrere Bücher zum Thema *Heiraten* in den Charts sind, wäre es vielleicht an der Zeit, eine Reportage über *Die ausgeflipptesten Hochzeiten* zu machen. Wenn Bücher über das Brotbacken die Bestsellerlisten erklimmen, könntest du einen entsprechenden Servicebeitrag andenken: *Brot backen – schnell und einfach*. Lies diese Listen regelmäßig. Auch wenn du nicht jedes Mal ein Thema findest, bleibst du auf dem Laufenden, was Menschen gerade so lesen.

Suchmaschinen-Trends

Auf der Internet-Seite http://www.google.com/press/zeitgeist.html findest du eine Aufstellung häufig eingegebener Suchbegriffe. Diese Charts werden monatlich erstellt. Wonach viele Menschen im Internet suchen, könnte vielleicht zu einem Thema für einen Film weiterentwickelt werden. Wenn viele Menschen zum Beispiel nach *Ferienwohnung Nordsee* suchen, könnte dich das zu einer Doku-Soap inspirieren, in der eine Familie zu einem Zelturlaub an der Nordsee aufbricht.

Geplante Ereignisse

Viele interessante Ereignisse passieren nicht aus heiterem Himmel, sondern werden lange vorher geplant und angekündigt. Messen, Straßenfeste, Bauarbeiten, Geschäftseröffnungen, Konzerte etc. Informationen hierüber kannst du in der Pressestelle deiner Stadt bekommen, in Veranstaltungs-Magazinen („Prinz" & Co.) und natürlich bei den Pressestellen der Messen-Veranstalter.

Diese geplanten Ereignisse selbst sind als Thema meistens ungeeignet – außer du arbeitest für eine News-Agentur. Die Ereignisse bilden aber oft einen guten Rahmen für einen Film über ein verwandtes Thema. Im Rahmen eines öffentlichen Festivals (z. B. Ringfest in Köln, Loveparade in Berlin) drehst du einen Magazinbeitrag über *Schwerhörigkeit und Tinnitus bei Jugendlichen.* Wenn du den Veranstaltungskalender deiner Stadt liest, wird wahrscheinlich kein einziger Punkt ein *fertiges Thema* sein. Mache es dir aber zur Angewohnheit, bei jeder Veranstaltung zu überlegen, wie du daraus ein Thema ableiten kannst. Beim Schützenfest könntest du ein Porträt einer Schützin machen, die besser als ihre männlichen Kollegen schießt. Das nächste Feuerwehrfest lässt du links liegen, machst aber eine Reportage namens *24h mit der Feuerwehr.*

Wenn du das Gefühl hast, *da müsste sich doch was machen lassen*, dir aber kein Thema einfällt, kein Problem. Schreibe die Daten des Ereignisses auf einen Zettel und klebe ihn an die Wand. dir wird schon etwas einfallen. Oder jemand anderem. Oft hilft es, einen Rahmen zu haben, und wenn du später ein konkretes Thema hast, kannst du den Rahmen darauf anwenden. Wenn du weißt, dass das lokale Feuerwehrfest in drei Monaten stattfindet, dir aber kein gutes Thema dazu einfällt (24h-Stunden-Feuerwehr hat's schon gegeben.), dann schreibe *Feuerwehrfest* auf ein Blatt und hefte es an die Wand. Vielleicht bekommst du etwas später den Auftrag, einen *Magazinbe*itrag zu drehen über das Thema *Wie wasserdicht sind Reisekoffer.* Und da kommt dir die Idee: du stellst die Testkoffer in eine Reihe, füllst sie mit Schwämmen, lässt die Feuerwehr die Koffer mit hohem Wasserdruck nass machen (natürlich in voller Feuerwehrmann-Montur) und wiegst anschließend die Schwämme. Welcher hat wie viel Wasser gesogen?

Geplante Ereignisse sind in der Praxis zwar selten ein interessantes eigenständiges Thema – weil sie halt *geplant*, das heißt *vor-*

hersehbar sind –, als Rahmenhandlung für ein Detail-Thema schaffen sie aber einen Bezug zum Zuschauer. Dieser kennt die Handlung, denn er hat davon bereits aus anderer Berichterstattung gehört. Jetzt ist er gespannt darauf, wie du das bereits bekannte Thema gegen den Strich bürstest.

Jahreszeit, Wetter & Co.

Einige der besten Themen kommen jedes Jahr wieder. Du brauchst sie nur jedes Mal neu zu verpacken.

Beispiel 1: Weihnachten
Mögliche Themen: *Schlank durch die Festtage*, *Die verrücktesten/romantischsten/einfachsten Last-Minute-Geschenke-Tipps*, *Weihnachts-Flirt-Tipps*, und, was immer geht: *Billig durch die Weihnachtszeit.*

Beispiel 2: Sommerurlaub
Mögliche Themen: *5 Kilo im Urlaub abnehmen*, *Die verrücktesten/romantischsten/einfachsten Last-Minute-Urlaubsreisen*, *Urlaubs-Flirt-Tipps*, und natürlich: *Billig in den Urlaub.*

Mindestens zwei Mal im Jahr wird in vielen Medien über biblische Themen berichtet. Meistens über *Jesus Christus*. Mit pseudowissenschaftlichem Ernst wird über *Entdeckungen* auf den Gebieten Theologie, Geschichte, Literatur, Archäologie, ja sogar Psychologie, Astrologie oder Spiritismus berichtet, egal, wie banal und unseriös es sein mag. Dabei stört es auch die seriösesten Magazine nicht, wenn sie viele Jahre alte Thesen zum x-ten Mal neu aufwärmen. Hauptsache, es wird von Menschen gerade als neu und interessant empfunden. Und das wird es, zu Ostern und zu Weihnachten ganz besonders.

Fallen dir Ähnlichkeiten auf? Nicht nur, dass manche exzellenten Themen jährlich wiederkommen. Jahreszeiten, Ferienzeiten, Festivitäten in deiner Stadt, Wahlen. Sie lassen sich auf immer ähnliche Weise zu Filmchen machen. Wenn du so unspektakulär dein Filmthema gefunden hast, liegt es an dir, es originell und witzig umzusetzen.

Mache dir eine Liste mit jährlich wiederkehrenden Ereignissen, die traditionell gute Fernsehthemen ergeben. Welcher Punkt deiner Liste trifft in zwei Monaten ein? Könntest du nicht jetzt schon ein Filmchen dafür andenken?

Gekaufte und geschenkte Themen

Nach einer Legende bezahlte Jack London fünf US-Dollar an jeden, der ihm eine gute Idee erzählte, aus der er dann eine gute Geschichte entwickeln konnte. Jaroslav Hasek (*Der brave Soldat Schwejk*) ließ sich angeblich einmal eine Idee zuflüstern, um aus ihr im Handumdrehen eine druckreife Erzählung zu basteln, um mit dieser eine offene Rechnung in der Kneipe zu bezahlen. Auch Johannes Mario Simmel war dafür bekannt, dass er fremde Ideen bis ins kleinste Detail recherchierte und gute Romane daraus machte.

Journalisten leben auch davon, was ihnen zugespielt wird. Schaffe Wege, um dir Feedback und Ideen von den Zuschauern geben zu lassen. Mache deine Kontaktdaten bekannt, diskutiere Themenideen mit anderen Menschen. Lese die Zuschauerpost, wenn du an sie rankommst. Deine Zuschauer sind intelligente Menschen, die zusammengenommen viel weiter herumkommen als du alleine. Sie sind bereit, ihre Augen und Ohren zu deinen Augen und Ohren zu machen. Du musst diese Chance nur nutzen.

Der Schriftsteller Dostojewski war ein Chaot. Seine genialen Romane lieferte er immer buchstäblich in letzter Minute ab. Beim Schreiben seines Romans *Der Spieler* blieb er aber stecken. Er wusste nicht, was er mit seinen beiden Protagonisten machen sollte. Seine Schreibkraft wagte es, einen Vorschlag zu machen: „Die beiden könnten heiraten, oder?" Der Roman wurde rasch beendet und der Vertrag war gerettet.

Es ist ein Fehler, Menschen zu ignorieren, nur weil sie keine Fernseh-Fachleute sind. Viele deiner Zuschauer schauen wesentlich mehr Fernsehen als du – alleine das gibt ihnen schon einen gewissen Expertenstatus. Als Videojournalist bist du darauf spezialisiert, aus einer Idee einen Film zu machen. Die guten Ideen fallen dir aber wahrscheinlich nicht öfter ein als einem Laien. Lerne aus den unendlich vielen Reizen und Themen, die täglich auf dich einprasseln, diejenigen herauszufiltern, die zu einem Film verarbeitet werden könnten. Erst das macht dich zu einem ideenreichen Menschen. Höre deinen Zuschauern also zu. Und profitiere davon.

TV

Du willst Filme fürs Fernsehen machen? Also kann es nicht schaden, reichlich fernzusehen und das Fernsehen als Themenquelle auszuschlachten. Weil, seien wir ehrlich, einige der erfolgreichsten Fernsehthemen sind nicht wirklich neu. Sie liefen vielleicht schon woanders und sind offensichtlich eine Kopie. Wenn Themen aber kopiert werden, dann machen das Redakteure einfach deshalb, weil sie wohl *gut laufen*, gute Quoten einbringen.

Schaue also TV-Magazine, (Talk-) Shows, Nachrichten und Reportagen. Und ähnlich wie bei Zeitschriften gilt: du musst das sehen, was alle sehen und die Themen weiterentwickeln. Neue Themen findest du allerdings eher in den inhaltlichen Nischen, im Abendprogramm auf Lokalsendern oder freien Magazinen im offenen Kanal.

Vor Ort im Alltag

Das Leben findet nicht nur bei Google und in der Bild-Zeitung statt. Besonders wenn du in eine Redaktion eingebunden bist, kannst du in die Wiederverwertungsmentalität verfallen. Statt eigene, originelle Themen zu finden, verwertest du nur noch, was andere bereits gefunden haben. Was bereits woanders veröffentlicht wurde, ist aber nie so heiß, wie Themen, die du selber aus deinem Alltag heraus generierst.

Wann warst du das letzte Mal in der Stadt unterwegs, hast bewusst und aktiv nach Themen gesucht? Vom Frühstücksei (sind Batterie-Eier gesünder als Freilauf-Eier?), das du am Küchentisch (Wo kommen *schwedische* Möbel wirklich her?) isst (Abnehm-Tipps, immer gut), bis zum Glas Wein (sind in Wein nur Trauben drin?), am Abend (Wieso werden wir müde?).

Wenn du Werbung liest, mit Freunden sprichst oder Einkaufen gehst, immer werden dir Dinge auffallen – erst einmal ohne sichtbaren Grund. Sie fallen dir einfach ins Auge, fesseln deine Aufmerksamkeit.

Beispiel
Beim Einkaufen siehst du, wie eine Blumenverkäuferin Rosen aus einem Karton auspackt, auf dem *Product Of Brazil* steht. Das fällt dir auf, also notierst du es auf dem Notizblock, den du natürlich immer dabei hast. (Ein Notizblock kostet € 1, ist aber sein Ge-

wicht in Gold wert.) Später gehst du in Ruhe die vielen notierten Stichworte durch. Wieso sind dir die einzelnen Themen ins Auge gefallen? Bei den Rosen könnte es sein, dass es dir unsinnig scheint, simple Blumen aus einem anderen Erdteil nach Deutschland zu importieren. Du kannst am Thema dranbleiben und einen Film über den Weg der Rosen machen, vom Züchter bis zum deutschen Krankenhaus-Nachttisch. Oder etwas über das Leben auf der Rosenfarm. Oder die chemische Behandlung und Ausdünstungen von einem Labor überprüfen lassen.

Im Fernsehalltag ist es keine Schande, wenn ein großer Teil deiner Themen Zweitverwertungen und Weiterentwicklungen sind. Das ist sicher und bezahlt deine Brötchen. Aber erst die Entwicklung eigener Themen macht dich zum Journalisten.

Tages- und Lokalzeitungen

Früher, als alles besser war, hatten Tageszeitungen hunderte rasende Reporte, die durch die Welt sausten und die allerheißesten Neuigkeiten ausgruben. Zumindest im internationalen Teil ist das aber bei den meisten Zeitungen leider nur noch ein Traum. Den größten Teil der Inhalte beziehen die Zeitungen von Nachrichtenagenturen. Lediglich die ganz großen Zeitungen leisten sich noch Auslandskorrespondenten. Aber auch diese bedienen oft mehrere deutsche Publikationen gleichzeitig.

Die Stärke der Lokalzeitungen liegt in ihrer Verankerung vor Ort. Eine Zeitung, die Jahrzehnte oder gar Jahrhunderte aus und in derselben Stadt berichtet, hat einerseits gute Kontakte zu den lokalen Drahtziehern, andererseits aber auch ausgeprägte Sensoren für Untergrundbewegungen in der Stadt. Eine erfolgreiche Lokalzeitung *fühlt*, was die kleinen Menschen bewegt, und kann sie gezielt ansprechen. Europas erfolgreichste Tageszeitung, die Bild-Zeitung, gibt in jeder deutschen Großstadt eine spezielle Lokalausgabe heraus. Sie bleibt auf Tuchfühlung. Sogar auf Mallorca können deutsche Urlauber eine lokalisierte Version der Bild-Zeitung lesen. Der Lokalteil Mallorca bringt News von der Schinkenstraße. Dies geschieht, um den Menschen stets das Gefühl zu geben, *ihre* Zeitung zu lesen, aber auch, um die Redakteure nah an der Straße zu halten. Das Bier-Sonderangebot bei Aldi ist eben interessanter als das Erdbeben in Indien.

Lese deine Lokalzeitung. Die besten Filme lassen sich oft aus Themen machen, die unmittelbar in deiner Nachbarschaft geschehen.

Mache keine reinen Lokalthemen fürs nationale Fernsehen. Der Umzug deines örtlichen Karnevalsvereins ist wahrscheinlich deutschlandweit nicht flächendeckend ein Top-Thema. (Außer natürlich, du wohnst in Bergisch Gladbach und Top-Model Heidi Klum nimmt am Umzug teil.) Viele lokale Themen lassen sich jedoch auf ganz Deutschland projizieren. Wenn es im lokalen Badesee Probleme mit Bakterien gibt, könnte es diese Probleme auch anderswo geben. Deutschland ist ja das Land der Untersuchungen und Statistiken – bestimmt gibt es auch eine darüber.

All business is local, sagen Geschäftsleute. Man kann es abwandeln: *All news is local.* Alles was passiert, passiert an einem Ort. Selbst völlig virtuelle Dinge wie Websites und Devisentransaktionen werden von Menschen ausgelöst, die irgendwo sitzen und Knöpfe bedienen.

Es ist kein Nachteil, in einem „Kaff" zu wohnen – das tun die meisten Zuschauer auch. Im Kaff geschehen oft Dinge, die viel interessanter sind, als der glatt gebügelte Alltag in der Stadt. Es liegt an dir, mit dem Geschehen vor Ort in Kontakt zu bleiben, und einen Blick zu entwickeln für kleine, aber starke Themen.

Geschichten erzählen

Story-Basics

Erstes Bild

Das erste Bild verkauft deinen Film. Fernsehen ist nicht Kino. Ein Kinofilm kann langsam anlaufen. Minutenlanger Schwenk über Stadtdächer. Hubschrauberflug über schottische Highlands. Die Kinobesucher haben ein Ticket gekauft und sie werden sitzen bleiben. Kinoregisseure können sich Zeit lassen, um eine Stimmung aufzubauen. Du kannst es nicht. Entweder du fesselst die Zuschauer sofort – oder sie zappen weg.

Das erste Bild muss schocken. Oder eine Frage stellen. Auf jeden Fall überraschen. Und das Thema andeuten. Der erste Eindruck entscheidet, sagt ein Sprichwort, und es ist wahr. Bei kurzen Filmen, wie im Magazin oder in den Nachrichten, schalten Menschen relativ selten mitten im Beitrag weg, außer natürlich, der Beitrag selbst ist sehr langweilig. Aber in der Regel bleiben Menschen dran, wenn sie sich erst einmal auf deinen Film eingelassen haben. Also musst du sie gewinnen. Das machst du mit einem spektakulären ersten Bild.

Schaue dir dein Material an und suche die fünf atemberaubendsten Bilder. Zeige deine enge Auswahl einigen Freunden und Kollegen. Achte darauf, welches Bild die Zuschauer am meisten beeindruckt. (Das Bild, bei dem du am häufigsten Ausrufe hörst wie *Geil!*, *Wie krass!*.) Dieses Bild nimmst du als Einstieg.

Mache dir die Arbeit einfach. Plane dein Einstiegsbild schon beim Dreh. Überlege, welche ungewöhnlichen Bilder dein Thema hergeben könnte. Oder geh an den Drehort und suche sie. Natürlich kannst du sie auch inszenieren.

In Nachrichtenfilmen über Unfälle und Katastrophen ist es nicht schwer, Schockbilder zu finden. Flammen, weinende Menschen, oder der klassische angesengte Teddybär auf der Wiese.

Schwieriger sind Nachrichtenbilder zu politischen Themen, aber es ist möglich. Bei einem Beitrag über Rentenpolitik kannst du einsteigen mit einem Baby, dass den Wirtschaftsteil der Zeitung liest. (Bitte nicht schon wieder mit Rentnern auf der Parkbank, das hat man zu oft gesehen.)

Beispiel
Einen Beitrag über Arbeitslosigkeit kannst du mit einem Schwenk über die Arbeitsamtfassade und öden Bildern wartender Arbeitsloser beginnen. Musst du aber nicht! Auch hier fährst du besser mit kleinen Kindern. Wie wäre es mit einem süßen Mädchen, das sagt: „Ich bin Susi. Ich bin 7 Jahre alt. (Sie hält sieben kleine Fingerchen hoch.) Meine Eltern sind beide arbeitslos."

Beispiel
Ein Film über den Fraktionsskandal in Berlin beginnst du nicht mit den üblichen Pre-Konferenz-Bildern. Eine lustige Idee wäre stattdessen, die *Untertisch-Arbeit* aufzunehmen. Zeige, wie die Füße nervös hin und her wippen. Nicht so toll? Überlege dir etwas Besseres!

Schaue bewusst Fernsehen und analysiere, wie andere Fernsehmacher in ihre Beiträge einsteigen. Lerne von ihnen!

Story ist alles

Zwei Hausfrauen in Kitteln stehen im Hausflur der Mietskaserne und erzählen sich den neuesten Nachbarklatsch. Opernzuschauer applaudieren einer gelungenen Zauberflöte-Aufführung. Was haben sie gemeinsam? Sie hören gerne Geschichten. Durch Geschichten werden sie von ihren eigenen Sorgen abgelenkt. Geschichten zu hören ist eine der liebsten Beschäftigungen der Menschen. Und immer wieder drehen sich Geschichten um die gleichen Themen. Um Liebe, Mord, Verrat und andere Menschlichkeiten. Das ist in der Boulevardzeitung nicht anders als im Bildungsblatt, im Arztroman nicht anders als bei Shakespeare.

Für einen Videojournalisten ist die Story alles. Ein Action-Film kann 90 Minuten lang einen Special-Effect nach dem anderen zünden und allein durch die Kraft seiner Bilder die Zuschauer begeistern. Jede einzelne Sekunde eines Hollywood-Films wird von Experten vorbereitet, anschließend in mehreren Versionen gedreht – und zwar auf Zelluloidfilm mit teuren Kameras. Du als Vj aber drehst meist alleine, oft musst du improvisieren und das mit einer relativ preiswerten DV-Kamera. Du brauchst eine unglaubliche, spannende, packende Geschichte.

Jede einzelne Szene des Films muss deine Geschichte weitertreiben, den Zuschauer neugierig machen auf das Bild danach. Wenn ein Bild verwackelt, unscharf oder grobkörnig ist – ja, auch das passiert –, muss es dafür so interessant und spektakulär sein, dass der Zuschauer gar nicht dazu kommt, eventuelle Schwächen deiner Dreharbeiten zu bemerken.

Konflikte

Grundlage der meisten guten Geschichten ist ein Konflikt. Tom gegen Jerry, das Haus Montague gegen das Haus Capulet. Besonders cool: Jekyll gegen Hyde. Eine Geschichte ohne Konflikt ist keine besonders gute Geschichte. Meist ist sie noch nicht einmal eine Geschichte.

Suche bei jedem Thema, dass du angehen willst (oder musst), nach Konflikten. Suche nach den Knackstellen, nach den Menschlichkeiten, die das Thema interessant machen.

Beispiel
Du machst eine Geschichte über einen Jahrmarkt. Du könntest über die Fahrgeschäfte berichten, das erwartet man ja. *Hier ist ein Karussell. Hier eine Geisterbahn. Viele Leute dort* – langweilig. Kein Konflikt, keine Story. Begib dich auf die Suche nach Konflikten. Vielleicht gibt es Menschen, die um den Jahrmarkt herum wohnen und sich über die späte Lärmbelästigung beklagen. Polizisten müssen bei Schlägereien eingreifen. Hobbyschützen sind der Überzeugung, dass an den Schießbuden die Gewehre krumm schießen.

Deine Konflikte sollten ein Happy End haben. Wenn du über eine Jahrmarkt-Schlägerei berichtest, wäre es schön, wenn du Bilder hast, in denen sich die Kontrahenten wieder versöhnen.

Verwechsele Konflikt nicht mit Frust.

Beispiel
Du berichtest über eine Fabrik, die Gift in den Fluss leitet. Zeige nicht nur die Rohre und erkläre dem Zuschauer, wie schlimm alles ist. Das ist Frust-Fernsehen, das will niemand sehen. Du

brauchst einen Helden, der gegen diese Firma ankämpft. Dann erst entsteht ein Konflikt. Greenpeace zum Beispiel weiß das und produziert regelmäßig solche TV-Helden, die bildstark die sichtbaren Symbole eines vermeintlichen Übeltäters angreifen. Dein Filmchen wird so richtig rund, wenn der Fabrikchef am Ende demütig Besserung gelobt. Firmenchef und bärtiger Umweltschützer fallen sich schluchzend in die Arme. (Oder schütteln sich zumindest die Hände.)

Im TV-Alltag musst du lernen, aus praktisch jedem Thema die kleinen menschlichen Konflikte zu schälen. Und manchmal, schlau wie du bist, kannst du bei Konflikten auch nachhelfen ...

Beispiel
Du filmst einen Menschen beim Einkaufen.

Das ist langweilig, hat keinen Konflikt. Also bittest du diesen Menschen, sich möglichst oft vorzudrängeln: wenn er den Einkaufswagen herauszieht, am Wühltisch und natürlich auch an der Kasse. Statt seine Waren aus dem Regal zu nehmen, bedient es sich lieber in fremder Leute Einkaufswagen. Vielleicht bittet er noch die Kunden, ihm zu erklären, was das eigentlich ist. Solange, bis sie euch aus dem Supermarkt werfen ... und selbst das könnten gute Bilder ergeben.

Übe deinen Blick für Konflikte. Nimm eine Lokalzeitung und versuche, zu jedem dort protokollierten Tagesereignis einen Konflikt zu erdenken. Beim Schützenfest: *Die allerjüngsten Schützenkinder und Waffen.* Ältester Bürger der Stadt wird 100: *Streit ums Erbe noch während Papi lebt.* Oft werden dich deine Ideen vom ursprünglichen Thema wegtragen. So erarbeitest du dir neue, eigene Filmideen. Und du machst interessante, überraschende Filme.

Die AIDA-Formel

Ein grundlegendes Prinzip erfolgreicher Werbetexte heißt *AIDA*. Ursprünglich stammt AIDA aus dem Direct-Mailing-Bereich, also den pseudo-individuellen Werbebriefen, die dich bewegen sollen, nach Lesen des Werbebriefs ein Produkt zu kaufen.

Werbtexter lernen die AIDA-Formel in der ersten Stunde des ersten Schultags. Inzwischen wird sie aber von praktisch jedem verwendet, der auf irgendeine Art mit Inhalten zu tun hat – vom Pfarrer bis zum Autor von Kurzgeschichten. (Gib einfach „AIDA-Formel“ als Suchbegriff bei www.google.de ein, um viele Ausführungen dazu zu finden. Im Folgenden liest du eine Anwendung für Videojournalisten.)

Die vier Buchstaben stehen für *Attention*, ***Information***, ***Desire*** und *Action*, frei übersetzt: Aufmerksamkeit, Information, Verlangen und Aktion. Ein gut und wirksam geschriebener Werbetext weckt erst deine Aufmerksamkeit, gibt dir dann Informationen zu einem Produkt, schafft in dir das Verlangen nach diesem Produkt um fordert dich schließlich zum Kauf auf.

Werbung buhlt um das Geld des Kunden, du buhlst um seine Zeit. Du willst den Zuschauer bewegen, seine Aufmerksamkeit deinem Film zu schenken. Es kann es nicht schaden, ihn zu umgarnen wie ein Autohändler sein Opfer.

A – Attention (Aufmerksamkeit)

Gleich am Anfang musst du die Aufmerksamkeit des Zuschauers wecken. Schocke ihn! Wenn er nicht aus dem Fernsehsessel fällt, hast du versagt. Entweder du saugst den Zuschauer gleich in den ersten Sekunden in den Beitrag – oder du hast ihn verloren.

Beispiele: Wenn du einen Beitrag über Landwirtschaftspolitik machst, steige nicht mit der Außenfassade eines Ministeriums ein. Besser: Ferkel, frisch geworfen, nass, und: bildfüllend. Wenn du einen Beitrag über den Straßenbau machst, steige nicht mit Straßenbauarbeitern ein, sondern vielleicht mit einem Auto, das schleudert und von der Straße fliegt.

Du kannst Aufmerksamkeit erzeugen, indem du ihm eine implizierte Frage stellst. Die Frage sollte dabei nicht explizit ausformuliert werden, das ist schlechter Stil. Wenn du einen Beitrag über Haarpflege machst, kannst du einsteigen mit: *Viele Menschen könnten bessere Haare haben, wenn sie einfache Pflegetipps beachten würden.* Die unausgesprochene Frage ist: *Wollen Sie besseres Haar haben?*

Und natürlich funktionieren die üblichen Schocker immer wieder: Leichenteile im Close-Up (Grusel), Hübscher Po im Tanga (Sex), süße Babys (Elterninstinkte) und so weiter. Das ist plump, aber besser, als dass niemand hinschaut.

I – Information

Du hast die Aufmerksamkeit des Zuschauers geweckt, jetzt kannst du ihm rasch die grundlegenden Informationen rund um dein Thema geben. Langweile aber nicht. Erzähle nur das, was wirklich nötig ist.

Der Zuschauer sollte genug erfahren, um zu wissen, worum es ungefähr geht. Immerhin musst du beweisen, dass dein fulminanter Einstieg gerechtfertigt war. Lieber zu wenige als zu viele Infos. Auf die Gefahr hin, den Untergang des Abendlandes voranzutreiben, sei dir hier ein Geheimnis verraten: Wenn du den Zuschauer umfassend informierst, machst du ihn glücklich – und dich arbeitslos. Ein Zuschauer, der 100 % mit Informationen zufriedengestellt ist, zappt weg, oder noch schlimmer, schaltet das Fernsehgerät gleich ganz ab.

Dein Job ist es aber, den Zuschauer dranzuhalten! du musst ihm so viel Informationen geben, dass er sich nicht von den Versprechungen auf den Arm genommen fühlt. Auf keinen Fall darfst du ihm aber zu viel Information um die Ohren schlagen. Was hältst du von Menschen, die, nach dem Wetter gefragt, dir die Grundlagen der Meteorologie erklären? Sie sind Langeweiler und Dummschwätzer. Du darfst kein Langeweiler sein, wenn du in deinem Beruf überleben möchtest.

D – Desire (Verlangen)

Verlangen – du musst Emotionen wecken. Wieso musst du für einen Porsche 911 so viel mehr Euro hinblättern als für einen VW Golf? Es ist nicht nur die Geschwindigkeit, denn ein Porsche ist nicht 10-mal so schnell wie ein Golf. Aber er weckt das Zehnfache an Emotionen. Deshalb sind Menschen bereit, die Porsche-Preise zu bezahlen. Sie zahlen nicht für die Technik, sondern für das eigene Adrenalin, wenn der Motor losröhrt.

Auch als Journalist musst du Emotionen wecken. Das ist unabhängig davon, welches *Niveau* du anstrebst. Von RTL-Explosiv bis zum Philosophie-Magazin auf ARTE. Dein Job ist, Emotionen zu wecken – bei deiner Zielgruppe.

Wie du Emotionen weckst, lernst du fortwährend, seit du ein Baby bist. Nicht lange nachdem du auf diesem Planeten ankamst, hast du gelernt, dass du mit freundlichem Lächeln ein *Och-ist-der-Süß-*Gefühl wecken kannst. Mit Kampfgebrüll im Supermarkt konntest du ein *Ja-gut-ich-kauf-die-Süßigkeiten*-Panikgefühl erzeugen.

Das ganze Leben lang manipulieren Menschen die Gefühle ihrer Mitmenschen. Manipulieren klingt so negativ, ist aber oft ganz prima. Wir möchten manipuliert werden. Wenn ein schöner Mensch mit dir flirtet, fühlst du, dass du manipuliert wirst – und du genießt es.

In Filmen funktionieren die gleichen Emotionsauslöser wie im richtigen Leben. Babys wecken Fürsorgegefühle. Verliebt sein ist toll und auch niedliche Tiere mag jeder. Wenn du eine Story erzählst, dann brauchst du ähnliche Gefühlsmomente wie Hollywood-Filme. Paar findet sich, Paar verliert sich. Mensch findet Sinn. Kind findet Eltern. Otto Normalverbraucher gewinnt gegen übermächtige Firma. Mensch besiegt Krankheit. Mensch unterliegt Krankheit. Eben alles was froh oder traurig macht.

Langfristig wird dein Erfolg als Fernsehmacher direkt verknüpft sein mit deiner Fähigkeit, Menschen gefühlsmäßig zu bewegen. Schaue dir die erfolgreichen Menschen im Privatfernsehen an. Die meisten haben in ihrer Vita bewiesen, dass sie genau wissen, was Menschen erreicht.

A – Action

A steht für Action. In der Werbung ist das der Punkt, an dem der potentielle Kunde kaufen soll. Du verkaufst aber in der Regel nichts, sondern machst Filme, die den Zuschauer von Werbeblock zu Werbeblock geleiten. (Dort wird dann tatsächlich verkauft, aber das ist der Job der Werbeleute.)

Dennoch hat das A auch für dich eine wichtige Bedeutung. Etwas abstrakter gesagt bedeutet *Action* ja, dass im Zuschauer die gewünschte Wirkung erreicht wird. Du willst, dass der Zuschauer dranbleibt. Auch wenn dein Film vorbei ist, geht das Fernsehprogramm ja weiter. Wenn du in der Fernsehwelt beliebt sein willst, gestalte *Enden zum Dranbleiben.* Schließlich ist nicht nur die Quote, die du erzielst, wichtig, sondern auch die Quote, die dein Film an die nachfolgende Sendung weiterreicht.

Seit die Welt sich dreht, enden die meisten schönen Geschichten mit einem Happy End. Menschen vertragen sich. Kleine besiegen die Großen. Die Guten zerstampfen die Bösen. Teil eines Happy Ends ist der Ausblick in die Zukunft. (*Wenn sie nicht gestorben sind...*) In einem Bericht über einen Kleinbürger, der die Bürokratie überlistet hat, zeige, welche Anstrengungen der Staat generell unternimmt, um diesen Missstand zu beheben. Das ist ein

Ausblick in die Zukunft, macht das Publikum glücklich – und versetzt den Zuschauer in gute Laune. Gute Voraussetzung, ihn am Programm zu halten.

In der Realität gibt es natürlich auch schlechte Enden. Manche Sachen gehen eben nicht gut aus. Das macht aber keinen Spaß! Deswegen: Wenn du einen Skandal, ein Unglück, eine Katastrophe zeigst, mache stets aus dem schlechten ein gutes Ende. Zeige dem Zuschauer, wie er sich wehren kann. Zeige Menschen, die in der Katastrophe noch Hoffnung haben. Erzähle von Helden, die gegen das Elend ankämpfen. Die Menschen sollen sich gut fühlen, wenn sie fernsehen, denn die Welt ist auch so schlecht genug.

Das Ende deines Films sollte auf jeden Fall ruhige Bilder beinhalten, die einige Sekunden länger dauern als der Film. Eventuelle Musik sollte sogar über diese Extrabilder hinausgehen. Damit gibst du den Verwendern deines Films etwas Freiheit beim Einbau deines Films. Der Sender oder die Produktionsfirma sind dir dankbar, wenn sie 5 – 10 Sekunden Schnittpuffer haben.

Frage und Antwort

Dein Job ist es, den Zuschauer dranzuhalten. (Falls du diesen Satz in diesem Buch schon woanders gelesen hast. Fein! Hier noch mal: Dein Job ist es, den Zuschauer dranzuhalten.) Wenn du die große Kunst des Dranhaltens beherrscht – mache dich bereit für eine große Karriere. Falls du es nicht beherrscht, den Zuschauer an deiner Geschichte zu halten, weil du entweder a) generell unfähig bist, oder b) größere Ansprüche hast (ein euphemistischer Ausdruck fürs erstere), solltest du deine Taxifahrerlizenz nicht auslaufen lassen.

Dein Job ist es, den Zuschauer dranzuhalten. Eine der erfolgreichsten Methoden hierzu ist das alte Frage-Antwort-Spiel. Du kennst das Klischee vom ewig fragenden Kind: Mama, kann ich draußen spielen? Nein. Warum? Weil du nass wirst. Warum? Weil es regnet. Warum? Weil das Wasser aus den Wolken kommt. Warum? Weil es ... und so weiter.

So ähnlich spielst du auch das ewige Frage-Antwort-Spiel mit jedem einzelnen der Millionen Zuschauer.

Ganz simples Beispiel
Bericht über einen Mann, der völlig zu Recht im Gefängnis sitzt.

Bild	Tränende Augen eines Mannes
OFF-Text	Seine Frau meint, er säße zu Recht im Gefängnis.
	Die Frage lautet: Was hat er denn getan, dass ausgerechnet seine Frau das meint?
Bild	Selber Gefangener. Er setzt ein Glas Wasser an seine Lippen.
OFF-Text	Am 6. Juni 1996 aß dieser Mann zum letzten Mal mit seiner 12-jährigen Tochter und seinem 6-jährigen Sohn zu Abend.
	Die Frage lautet: Was ist an diesem Tag passiert und haben die Kinder damit zu tun?
Bild	Frau in Schwarzweißaufnahmen, auf dem Weg in ein großes Gebäude
OFF-Text	Im entscheidenden Prozess sagt seine eigene Frau als Zeugin gegen ihn aus.

In diesem Moment hast du zum ersten Mal eine Antwort gegeben. Die erste implizierte Frage lautete ja: Wieso hielt seine Frau ihn für schuldig? Die Antwort ist jetzt: Weil sogar sie gegen ihn ausgesagt hat. Damit stellst du automatisch eine neue Frage: Womit hat sie ihn belastet?

Die Kunst des Dranhaltens ist zum großen Teil die Kunst der impliziten Fragestellung. Wenn du es schaffst, immer wieder Fragen im Zuschauer zu wecken, ist es leichter, ihn an deiner Sendung dranzuhalten. Lasse diese Fragen nicht zu lange unbeantwortet. Du musst sie beantworten, sonst denkt der Zuschauer, dass du ihn nur anlocken willst, ohne ihm Antworten zu geben. Er verliert das Interesse. Du musst die Antworten allerdings so geschickt geben, dass sie gleich eine neue Frage implizieren.

Kennst du Menschen, die in der Kneipe besonders gut Geschichten erzählen können? Menschen, denen man zuhört, obwohl die Geschichten eigentlich gar nicht so toll sind. Die beherrschen dieses Frage-Antwort-Spiel. Auch du solltest es drauf haben. Schließlich ist dein Job ja, den Zuschauer dranzuhalten.

Filmgattungen

Doku-Soap

Die Doku-Soap zeigt die unterhaltsame Seite der Realität. Eine relativ alltägliche Handlung wird auf ihre unterhaltsamen und emotionalen Elemente komprimiert.

Ergiebige Doku-Soap-Schauplätze sind zum Beispiel Umzüge, Arbeitswelt (wenn viele Menschen beteiligt sind), Hochzeiten, Krankenhäuser. Eine Doku-Soap kann davon leben, dass Menschen ans Limit ihrer Fähigkeiten geraten (Beispiel: Häuslebauer), was oftmals lustig ist. Die Doku-Soap kann Schadenfreude wecken oder den Zuschauer mitfiebern lassen. Menschen müssen sich in entscheidenden Momente ihres Lebens bewähren. (Beispiel: Erster Tag im ersten Job). Doku-Soap ist oftmals auch das ganz große Gefühl (Beispiel: Hochzeit). Gute Doku-Soaps vereinen alle diese Elemente gleichzeitig. (Beispiel: Notaufnahme)

Themen und Protagonisten

Bei der Themenwahl für eine Doku-Soap hast du eine relativ begrenzte Auswahl. Es sollten meistens Themen sein, die der Zuschauer aus seinem Alltag kennt oder kennen könnte. Versuche nicht, eine Doku-Soap auf einer Öl-Bohr-Plattform zu drehen. Es hört sich sicherlich von den Bildern und der Handlung her spannend an. In der Praxis setzen sich jedoch immer wieder die simplen, nahe liegenden Themen durch.

Wichtiger als die Wahl eines spektakulären Themas ist die Wahl der richtigen Protagonisten. Die Doku-Soap lebt von interessanten, redefreudigen, sympathischen, menschlichen, charmanten Hauptdarstellern. Wenn du die richtigen „Helden" ausgewählt hast, braucht deine Doku-Soap genau zwei OFF-Text-Sätze vom Sprecher: Einen Satz am Anfang zur Einleitung, und einen Satz am Ende. Den Rest füllen die Protagonisten mit unterhaltsamen, selbsterklärenden O-Tönen, während sie das tun, was Thema der jeweiligen Doku-Soap ist.

Vj-Dreh bei der Doku-Soap

Eine Doku-Soap sollte möglichst wenig geschnitten werden müssen. Während manche Magazinbeiträge in der Schnittfrequenz mit einem MTV-Musikclip mithalten können, fällt der Schnitt bei der Doku-Soap als eigenständiges gestalterisches Element weitgehend weg.

Der ideale Doku-Soap-Schnitt ist so strukturiert: Schnitt – neutrales IN (Nahaufnahme, Himmel, Detail, etc.) – Handlung mit griffigem O-Ton – neutrales OUT (Nahaufnahme, Himmel, Detail, etc.) – SCHNITT – neutrales IN usw.

Als Videojournalist wirst du dir sowieso angewöhnen *für den Schnitt* zu drehen. Während ein klassischer Kameramann die Unzulänglichkeiten seiner Bilder nur indirekt mitbekommt (wenn der Cutter ihm ausrichten lässt, dass das Material Mist sei), leidest du im Schnitt selbst und unmittelbar an den von dir gedrehten Bildern. Mit zunehmender Erfahrung wirst du schon deshalb bessere Bilder machen, um dir die Schnittarbeit leichter zu machen.

In kaum einem Filmformat bist du so abhängig von sauber gedrehten Bildern, wie in der Doku-Soap. Ein erfahrener Cutter kann mit Musik, Effekten und schnellen Schnitten selbst aus einem Urlaubsvideo ein nett anzuschauendes Filmchen machen. Bei der Doku-Soap geht das nicht…

Der Dreh einer Doku-Soap führt dich und deine DV-Kamera ans Limit. Bei Reportagen und Magazinbeiträgen kannst du praktisch jede Einstellung einzeln inszenieren und vorbereiten. Bei der Doku-Soap hingegen stößt du die Handlung einmal an, und wenn sie dann läuft, musst du sie einfangen. Solche Szenen sind gut zu schneiden, ohne ungewollte Unterbrechungen und in durchgehend sendbarer Bild- und Tonqualität.

Die Nachteile einer DV-Kamera schlagen beim Format Doku-Soap am ehesten durch. Die Kamera schwankt, da sie leicht ist und in der Hand getragen wird, der Autofokus verirrt sich gelegentlich ins Nirwana, der Ton erreicht praktisch nie eine Qualität, wie man ihn mit einem Tonassistenten erreichen könnte. Und während du Blut und Wasser schwitzt, um die Bilder sauber aufs Tape zu bekommen, musst du zusätzlich noch den Protagonisten zuhören, das Geschehen verstehen und gelegentlich dirigierend eingreifen.

Eine gute Übung für das Drehen von Doku-Soaps ist, die eigenen Urlaubs- und Freizeitfilme möglichst *Doku-Soapig* zu drehen.

Beispiel
Du drehst das gemütliche Beisammensein in einer Strandbar:

1. Nahaufnahme Cocktailglas

Diese Nahaufnahme heißt in der Filmsprache *Neutrales IN*. Neutral bedeutet, dass du praktisch aus jeder anderen Szene zu diesem Bild schneiden kannst, ohne dass ein inhaltlicher Bruch entsteht. Du bleibst in der Nahaufnahme und hörst dem Gespräch zu, bis du mitbekommst, dass am Tisch ein neuer Handlungsabschnitt beginnt. Wenn jemand sagt „Was machen wir heute Abend?“, dann ist das schon ein neuer Handlungsabschnitt, und es ist Zeit für den...

2. Schwenk auf den Handelnden/Redenden

Jetzt nimmst du den Fragenden ins Bild. Möglichst isoliert, das heißt möglichst ohne die anderen Kollegen am Tisch. Beim Schwenk ist es wichtig, dass er sauber und ohne Schwanken erfolgt, nicht zu schnell und nicht zu langsam.

Bevor du die Kamera bewegst, ist es notwendig, dass du vom Display hoch schaust und dir klar geworden bist, wie du den Sprechenden ins Bild nehmen wirst. Erst dann (!) ziehst du die Kamera hoch. Es ist wichtig, die Kamera zielsicher in den gewünschten Bildausschnitt zu führen, es darf keinen korrigierenden Wackler geben. Das ist der Unterschied zwischen Homevideo und Fernsehen.

Wenn du die Einstellungsgröße ändern willst, also beispielsweise von der Glas-Nahaufnahme zum Medium-Porträt, vergiss den Zoom. Das Wechseln der Einstellung funktioniert wesentlich zielgenauer, wenn du im Weitwinkel bleibst und den Bildausschnitt einfach regulierst, in dem du den Abstand Kamera – Objekt änderst. Du hältst die Kamera recht nahe an das Bierglas und nicht ganz so nahe an den Fragenden.

Wenn du wackelfrei und zielsicher den Sprechenden im Bild hast, hörst du ihm zwei bis drei Sätze lang zu. Du behältst ihn im Bild, selbst wenn er gerade nicht spricht. Währenddessen überlegst du dir ein *neutrales OUT*, also eine Bildeinstellung, mit der du diese Handlungseinheit beendest. Hierfür kommen beispielsweise in Frage:

3. Nahaufnahme T-Shirt-Aufdruck oder Nahaufnahme Bierlache

Wenn du im *neutralen Out* angekommen bist und plötzlich merkst, dass du eigentlich weiterdrehen möchtest, weil etwas wichtiges passiert, gerate nicht in Panik, sondern nutze das Out gleichzeitig als neues In. Wahrscheinlich kannst du später die Bilder genau dieser Passage (Schwenk auf OUT und zurück) nicht verwenden. Der Ton läuft aber weiter, und für solche Fälle drehst du später viele schöne Schnittbilder zum *Drüberlegen.*

Hast du das Gefühl, dass ein Sinnabschnitt endet, suche mit der Kamera ein *neutrales OUT.* Wie beim *neutralen IN* bedeutet neutral hier, dass als nächstes Bild praktisch alles folgen kann, ohne dass ein Sinnbruch entsteht.

Nun drehst du dieselbe IN-Handlung-OUT-Abfolge beim Gesprächspartner, und dann bei beiden zusammen, also so, dass man beide gleichzeitig im Bild sieht.

Dies ist die idealtypische Grundregel für den Doku-Soap-Dreh. In der Praxis geht es nicht immer so einfach. Prinzipiell solltest du aber versuchen, möglichst nah an dieses Schema zu kommen. *IN-Handlung-OUT.* Es erleichtert dir die Arbeit im Schnitt.

Zusätzlich zu den IN-Handlung-OUT-Sequenzen brauchst du Schnittbilder. Das sind Einstellungen, die als Trenner für praktisch alles verwendbar sind. In der Strandbar-Szene könnten dies etwa der Barkeeper, andere Gäste, der Strand aus der Bar-Perspektive oder ein Sonnenschirm sein. Diese Bilder helfen dir später, von einer Handlung in die andere zu kommen, indem du sie *dazwischen schaltest.*

Grundsätzlich hilft die Doku-Soap-3er-Regel: du brauchst...

ein Drittel Aktion,
ein Drittel Reaktion und
ein Drittel Schnittbilder.

In Doku-Soaps bewegen sich Menschen. Sie handeln, gehen herum, tun etwas. Das erfordert von dir besondere Anstrengung. Drehst du beispielsweise eine Doku-Soap über Automechaniker, gehen diese in der Werkstatt hin und her. Sie holen Werkzeug oder wechseln die Autos.

Beim Filmen von Bewegung hast du drei Möglichkeiten:

a) du bleibst bei deiner Bildeinstellung und lässt die Mechaniker aus dem Bild gehen.

b) du bleibst bei deiner Bildeinstellung oder änderst sie nur geringfügig und nimmst das Hin- und Hergehen auf.

c) du bewegst dich und die Kamera mit.

Wenn die Handlungseinheit sowieso endet, nimm Möglichkeit a) Lasse die Leute das Bild verlassen. Wenn die Hauptakteure das Bild verlassen, zählt dies als *neutrales OUT*, da du danach (fast) überall hin schneiden kannst.

Wenn die Handlung gerade spannend ist, ein Hinterherlaufen aber nur zu hässlich-wackeligen Bildern führen würde, wähle Möglichkeit b) Nimm die Situation offen ins Bild.

Bist du dir in der Kameraführung sicher und drehst auch im Gehen ruhige Bilder, dann kannst du dich an Möglichkeit c) versuchen, also beim Gehen zu filmen, einen *Kameragang* machen. Das ist aber selbst für erfahrene Profis mit einer DV-Kamera recht schwierig. Die DV-Kamera ist eben so verflucht leicht und sie wackelt eher als so eine große Betacam-Kamera, die zudem noch auf der Schulter abgestützt wird. Deshalb ist die bewegte Kamera immer nur die Kür, die du angehen kannst. Zuerst drehst du aber die Pflicht, die stabilen Bilder.

Das Drehen von Doku-Soaps ist eine sehr physikalische Tätigkeit. Die Doku-Soap drehst du mit ganzem Körper, mit Knien und Bizeps. Wenn die Handlung passiert und die Kamera läuft, ist dein gesamter Körper in Spannung, mitten drin im Geschehen, immer auf der Suche nach schönen IN-Handlung-OUT-Sequenzen.

Schneiden einer Doku-Soap

Der Schnitt einer Doku-Soap richtet sich nach dem, was die Protagonisten sagen. Eine optimale Doku-Soap hört sich so an:

a) ca. 15 Sekunden Sprecher, der kurz in das Gesehene einweist.

b) x-Minuten Handlung, alle Bilder erklären sich schlüssig aus dem, was die Protagonisten sagen.

c) ca. 15 Sekunden Sprecher, der das Gesehene abschließt und vielleicht auf die nächste Sendung hinweist oder auf die Handlung nach der Werbepause neugierig macht.

Dazwischen reihst du die gefilmten IN-Handlung-OUT-Sequenzen aneinander. Die Doku-Soap wird vom O-Ton zusammengehalten. Deshalb musst du die Sequenzen so aneinander reihen, dass die Tonstrecke Hörspiel-Charakter bekommt. Hierbei gilt wieder: *Fernsehen wird öfter gehört als gesehen!* Stelle dir beim Schnitt der Doku-Soap die sprichwörtliche bügelnde Hausfrau vor. Sie konzentriert sich auf ihre Arbeit, achtet mit einem Auge auf das spielende Kind und hat die Gedanken auch noch beim Kuchen im Backofen. Klar, dass sie nicht durchgehend auf die Bilder achten kann, die du in deiner Doku-Soap zeigst. Was sie aber durchgehend mitbekommt, ist die Tonspur. Deshalb muss eine gute Doku-Soap auch als Hörspiel funktionieren.

Wenn du deine Doku-Soap schneidest, stelle zuerst eine Abfolge von unterhaltsamen, selbsterklärenden O-Tönen zusammen. Im Gegensatz zu Reportagen und Magazinbeiträgen muss eine Doku-Soap eine kontinuierliche, bruchfreie Geschichte erzählen. Wenn du deinen Beitrag ohne Bilder abhörst, sollte dir allein aus der Tonspur halbwegs klar sein, was die Handlung ist. Und natürlich sollten die O-Töne witzig und interessant sein.

In einer idealen Welt ist deine Doku-Soap jetzt fertig, da du natürlich jede Handlungseinheit sauber als IN-Handlung-OUT-Sequenz gefilmt hast und deshalb einfach nur die besten Sequenzen aneinander reihen musst. In der Realität wirst du jedoch Brüche im Bild haben, da du dich ja beim Grobschnitt zuerst nach den O-Tönen gerichtet hast.

Beispiel

Bild	Mann schlägt mit Hammer auf Nagel
O-Ton	Das ist ja ein ganz schönes Stück Arbeit...

– SCHNITT –

Bild	Derselbe Mann kramt in Werkzeugkiste
O-Ton	...aber ich denke, dass wir das heute hinbekommen!

Der Ton funktioniert hervorragend, nur im Bild gibt es einen Bruch. Eben hält er noch den Hammer, jetzt hockt er am Boden und kramt in der Kiste.

Die Lösung: du hast genug Schnittbilder gedreht. Hier zum Beispiel: Die zuschauende Ehefrau in Nahaufnahme. Dieses Bild legst du über die Bruchstelle, 5 – 10 Sekunden lang. Den Ton lässt du weiterlaufen – und plötzlich funktioniert der Film. Der Zuschauer sieht einen Mann, der einen Nagel in die Wand schlägt, eine Frau, die dabei zuschaut und denselben Mann, wie er in seinem Werkzeugkasten wühlt. Unbewusst ergänzt der Zuschauer: Während ich die Frau gesehen haben, hat der Mann den Hammer aus der Hand gelegt, ist in die Hocke gegangen und hat begonnen, in seinem Werkzeugkasten zu kramen.

Spätestens dann erkennst du: Schnittbilder sind nicht weniger wichtig als das eigentliche Geschehen. Ohne ausreichend Schnittbilder kann dir passieren, dass du ansonsten wunderbare Aufnahmen wegwerfen musst, weil dir einfach ums Verrecken die passenden Schnittbilder fehlen. (du wärst nicht der Erste.) Schnittbilder zu vergessen ist ein häufiger Anfängerfehler. Hast du aber genug Schnittbilder und dazu noch sorgfältig gedrehte Sequenzen mit unterhaltsamen Protagonisten, macht es viel Spaß, eine Doku-Soap zu schneiden.

Casting für die Doku-Soap

Die Doku-Soap steht und fällt mit den Protagonisten. Sie sind die Stars. Es liegt an dir, im Vorfeld Protagonisten zu suchen, die so witzig und unterhaltsam sind, dass Menschen auch über eine halbe Stunde (oder wesentlich länger) dranbleiben.

Gutes Aussehen ist nicht unbedingt notwendig – wenn auch gelegentlich nicht schädlich. Bei der Doku-Soap kommt es auf eine gewisse Extrovertiertheit an. Der Zuschauer muss das Gefühl haben, dass die abgefilmten Menschen *so sind wie er* – nur dass sie meist offen aussprechen, was er selbst bloß denkt oder still vor sich hin grummelt.

Bevor du mit den Dreharbeiten beginnst, suche zunächst einmal Protagonisten. Wenn du dein Thema festgelegt und viele Protagonisten kontaktiert hast, musst du eine Auswahl treffen, das kannst du z. B. Durch Casting-Interviews.

Beim Casting-Interview lässt du die potentiellen Protagonisten auf einem Sofa Platz nehmen, stellst deine Kamera auf ein Stativ, drückst auf den Record-Knopf und fragst den Gecasteten Löcher in den Bauch. Du willst eine Ahnung davon bekommen, ob man genau diese Leute in einem längeren Film als Hauptdarsteller sehen möchte.

Nimm das Interview unbedingt auf Tape auf. Die Wirkung, die ein Mensch live auf dich entfaltet, ist oftmals komplett unterschiedlich von der Ausstrahlung, die derselbe auf Tape hat. Wer im persönlichen Gespräch langweilig oder schnoddrig wirkt, kann abgefilmt plötzlich charismatisch und interessant wirken. Auch das Gegenteil kommt vor: Menschen, die beim persönlichen Gespräch einen positiven Eindruck hinterlassen, wirken beim Sichten der Tapes plötzlich langweilig. Deshalb ist es wichtig, dass du die Casting-Interviews filmst und dir diese Filme mit etwas zeitlichem Abstand erneut anschaust, um die Darsteller besser beurteilen zu können.

Übrigens: Bei großen Castings, bei denen Menschen live etwas vorspielen müssen, wird gelegentlich der Gecastete abgefilmt und synchron auf einem Fernsehgerät gezeigt. Selbst Casting-Profis verlassen sich nicht nur auf den persönlichen Eindruck hinsichtlich der Bildschirmfähigkeit der Gecasteten. Sie möchten sehen, wie er auf dem Fernsehbildschirm wirkt.

Beispiel
Für die Doku-Soap brauchst du echte Menschen, Typen, die alles andere als perfekt sind – und das auch wissen. Und es zugeben können. Möchtegern-Perfektionisten sind langweilig. Für emotionale Doku-Soaps (zum Beispiel Hochzeit), brauchst du Menschen, die Gefühle zeigen können – inklusive Tränen, großen Gesten und die auch über ihre Gefühle sprechen können.

In vielerlei Hinsicht ist die Vorbereitung und Durchführung einer Doku-Soap schwieriger als das Drehen einer gespielten Daily-Soap. Während du bei einer Daily Soap mehr oder weniger interessante Ereignisse ins Drehbuch schreibst und den Darstellern einfach Charme und Unterhaltungswert auf den Leib dichtest, musst du bei einer Doku-Soap Menschen finden, die alle notwendigen Eigenschaften von Natur aus mitbringen.

Wenn du dir unsicher bist, ob die gecasteten Protagonisten geeignet sind, spiel das Interview einem Bekannten vor, der es sich unvoreingenommen anschaut. Dabei beobachtest du deinen Bekannten. Wenn seine Augen nach 30 Sekunden durch den Raum wandern und die Protagonisten noch vor Ende des Interviews mit *ganz nett* bewertetet werden, kannst du sie vergessen. Klebt dein Bekannter allerdings eine halbe Stunde am Bildschirm, schlägt sich dabei vor Lachen auf die Schenkel oder drückt mit dem Taschentuch die Tränen weg, hast du deine idealen Protagonisten gefunden.

Boulevardmagazin

Boulevardmagazine sind so etwas wie die Fernsehausgabe eines gedruckten Magazins. Du erzählst ein paar nette herzergreifende Geschichten, plapperst etwas über das schöne Leben der Promis und gibst einige Tipps für Haushalt und Alltag.

Boulevardmagazine werden von nett-durchschnittlichen Sprechmenschen moderiert, die zu den einzelnen Beiträgen kurze Texte aufsagen, die Anmoderationen, kurz: *Anmods*. Auch wenn ich eventuell deine Illusion zerstöre, muss gesagt werden, dass es die Ausnahme ist, wenn der/die Moderator/in auch redaktionell in die einzelnen Beiträge involviert ist. Die Regel ist, dass kurz bevor die Kameras eingeschaltet werden, die Sprecher erst den Text vorgelegt bekommen.

Die Filmbeiträge werden von verschiedenen Redakteuren oder Videojournalisten erstellt. Je nach Magazin werden sie vom Sender selbst oder, was häufiger vorkommt, von externen Produktionsfirmen konzipiert, gedreht, geschnitten und vertont. Gelegentlich werden auch Beiträge aus dem Ausland eingekauft. Die meisten Magazine mischen zeitunabhängige Themen mit tagesaktuellen Features.

Das Format *TV-Boulevardmagazin* ist für Videojournalisten ein gutes Betätigungsfeld. Zwar wirst du Probleme haben, gegen die Hochglanzbilder der Promi- und Luxussparte zu konkurrieren, in den Bereichen Bericht und Test bist du aber mit der DV-Produktionstechnik oft im Vorteil.

Magazinbeiträge werden fast so rasant geschnitten wie ein Musikclip. So kannst du gelegentliche Schwächen des DV-Aufnahmesystems durch den Schnitt kaschieren. Viele Aufnahmen im Magazinbereich sind inszeniert und vorbereitet. Du setzt die gefilmten Menschen und Dinge optimal in Szene. Im Kapitel *Kamera & Co.* kannst du einiges über die Schwächen der DV-Kamera lesen. Aber durch eine sorgfältige Ausleuchtung und Positionierung der Kamera (und durch Verwendung eines Stativs!) kannst du viele Nachteile des DV-Formats kompensieren.

Jedes Magazin hat seinen eigenen Stil. Bevor du für eine Magazinredaktion arbeitest, schaue dir die laufenden Beiträge genau an. Sprich mit den Redakteuren und lasse dir erklären, wie dort Geschichten erzählt werden. Und jedes Format hat seinen eigenen Themenmix. Alle Redaktionsleiter haben ihre eigenen Lieblings- und Hassthemen. Magazin ist Teamarbeit. Ein Großteil der Zuschauer denkt bis heute, dass die/der präsentierende Moderator(in) die Filmchen selbst recherchiert und gedreht hat. Aber um diesen beabsichtigten Eindruck für den Zuschauer zu erhalten ist es wichtig, dass jede einzelne Sendung wie aus einem Guss wirkt. Der Erzählrhythmus muss verlässlich gleich bleiben. Wenn der Zuschauer eine bestimmte Sendung anschaltet, will er stets die gleiche Form von Filmen sehen.

Unterschätze Magazinsendungen nicht. Die Themen möchten keinen Grimme-Preis gewinnen. und Tiefgang ist im Magazin vielleicht sogar schädlich. Aber ein gutes Magazin ist perfektes Handwerk. Jedes Filmchen muss eine kleine Geschichte mit Happy End sein. Und Geschichten zu erzählen ist dein Job.

Service, Test und Skandale

Tests sind bei Zuschauern beliebt, weil die getesteten Produkte den Zuschauer direkt betreffen. Im Test du zeigst klar und direkt, was gut und was schlecht ist. Und die Menschen glauben dir. Wenn du heute in einem Servicebeitrag behauptest, dass Sardinen die Potenz steigern, wundert sich Aldi morgen, wieso die Sardinendosen ausverkauft sind. So flach manchem Pseudo-Intellektuellen das Format *Magazin* erscheinen mag, so groß ist der Einfluss, den du im Magazin auf die Zuschauer hast. Das bringt Verantwortung mit sich und jedes wertende Wort muss deshalb doppelt und dreifach geprüft sein.

Der Servicebeitrag erklärt dem Zuschauer etwas. Auf unterhaltsame Weise bekommt er erklärt, das ihm von Nutzen sein kann.

Beispiel

Service-Thema *Sommer-Sandwiches selber machen*

Thema: du erklärst dem Zuschauer, wie er sich selbst ein leckeres und ausgefallenes Sandwich machen kann.

Sonstiges: Günstig muss es auch sein. (Immer gut.)

Durchführung: Zunächst stellst du fest, dass das Thema an sich relativ öde ist. Es sind halt bloß Stullen, die du da schmierst. Nichtsdestotrotz hat das Thema vielleicht genau das richtige Feeling. Schließlich sind es nicht die dicksten Bretter, die im Fernsehmagazin gebohrt werden. Es kommt darauf an, wie pfiffig du das Thema aufziehst.

Immer nützlich. Nette junge Mädels. Sie tun deinem Magazin-Stückchen immer gut. Grund: Männer schauen sich gerne Frauen an. Und Frauen tun es auch. Das hat nichts mit Sexismus zu tun, sondern damit, dass deine Sendung gesehen werden soll. Also sorgst du für nette Protagonistinnen.

Als nächstes brauchst du einen Experten. Das ist ein Mensch, der deine Geschichte unterfüttert. Suche jemanden, der glaubhaft den Sandwich-Experten mimt. Jeder, der irgendwie beruflich mit Essen zu tun hat, ist im Prinzip qualifiziert. Noch wichtiger ist jedoch, dass dein Experte gut reden kann, charmant und sehenswert auf dem Bildschirm wirkt. Wenn es um die Entdeckung eines Krebsheilmittels ginge, würde der Zuschauer ja noch einen nuschelnden Professor akzeptieren. Beim Sandwich-Test weiß der Zuschauer aber, dass es mehr als einen potentiellen Fachmann gibt. Also will er wenigstens gut unterhalten werden – von einem witzigen, redseligen Experten.

Du brauchst noch eine gute Location. Magazin lebt vom Bild. Es muss gut aussehen. Das galt bei den Protagonistinnen und beim Experten. Das gilt für den Drehort. Der langweiligste Ort, um Sommer-Sandwiches zu machen, wäre eine Küche. Wie wäre es dagegen mit einem Straßenfest? Oder einer Einkaufsstraße? Einem Strand? Sandwiches kann man fast überall machen. Du brauchst einen Tisch, frische Zutaten (Kühlbox) und etwas Zubehör.

Story: Auch ein Sandwich-Film braucht eine Handlung. Möglicher Ablauf wäre:

1. Leute essen teure, aber langweilige Fertig-Sandwiches aus Plastikdreiecken.
2. Protagonistinnen gehen mit dem Experten in einen Supermarkt und kaufen Sandwich-Zutaten ein.
3. Gemeinsam werden der Experte und die Protagonistinnen drei kreative Sandwiches herstellen, Schritt für Schritt und für den Zuschauer nachvollziehbar.

4. Die fertigen Sandwiches werden den Passanten oder Strandmenschen zum Probieren angeboten. Diese geben je eine Note für Aussehen, Geschmack und Kreativität.

5. Die Ergebnisse werden einzeln zusammengefasst und samt Preisangabe für jeden Sandwich einzeln ins Bild eingeblendet. Dem Zuschauer wird angeboten, die Sandwich-Rezepte per Internet, Fax, Brief oder Service-Telefon abzurufen. (du wirst überrascht sein, wie viele das tun.)

Diese Story erzählst du in einem Zeitraum von drei bis sieben Minuten. Magazinbeiträge sind in der Regel eine Mischung aus O-Tönen und OFF-Text. Am Anfang stellst du wie in einer wissenschaftlichen Arbeit eine These in den Raum. Etwa: *Gekaufte Sandwiches sind nicht so toll wie selbst gemachte.* Und diese These stützt oder widerlegst du im Folgenden. Das tust du eben mit O-Tönen und (inszenierter) Handlung. Wichtig ist, dass konstant etwas passiert. Menschen müssen etwas tun, etwas sprechen, etwas testen. Du darfst dir keine einzige Sekunde meditativer Ruhe gönnen.

Beim Servicebeitrag ist es wichtig, dass du dem Zuschauer gleich am Anfang deutlich machst, dass er einen konkreten Nutzen aus diesem Beitrag ziehen wird. Zum Beispiel wird er lernen, bessere Sandwiches zu machen oder er wird erfahren, welche Billig-Waschmaschine am saubersten wäscht. Service- und Test-Magazine bestehen zu gleichen Teilen aus Unterhaltung und Nutzen. Wenn du es schaffst, dem Zuschauer gleichzeitig Unterhaltung und Nutzen zu bieten, wirst du Quote machen.

Bericht

Der Magazinbericht zeigt, was passiert. Das tut er entweder extrem unterhaltsam oder extrem menschelnd.

Extrem unterhaltsam wäre ein Bericht über kriegführende Nachbarn. Einer uriniert jeden Morgen ins Blumenbeet des anderen, der wiederum beschießt die Gartenzwerge seines Feindes mit einem Luftgewehr. Bestimmt macht es Spaß, den beiden zuzuschauen. Vielleicht ist einer davon bereit, vor der Kamera O-Töne zu geben. Du brauchst nur noch etwas von der Szenerie zu zeigen, also worum es eigentlich geht und knackige O-Töne von den Nachbarn zu holen. Schon hast du Material für einen 10-Minuten-Magazinbeitrag.

Der Aufbau eines Magazinberichtes folgt ungefähr dem AIDA-Prinzip. Du erregst die Aufmerksamkeit des Zuschauers, sagst ihm, worum es geht, emotionalisierst die Geschichte und gibst einen abschließenden Ausblick in die Zukunft.

Beispiel
Der Bericht über die streitenden Nachbarn könnte so aussehen:

1. Ein Nachbar zeigt einen zerschossenen Gartenzwerg. Du zeigst, wie jemand mit einem Luftgewehr zielt und schießt. (Gesicht wird nicht gezeigt, sondern Detailaufnahmen. Durch die Verschlusszeit von $^{1}/_{10}$ s in Verbindung mit der bewegten Handkamera verwischt das Bild. Jetzt noch die Farbe herausnehmen und dem Zuschauer ist klar, dass es sich um eine nachgestellte Szene handelt.) Mit diesem krimiartigen Einstieg hast du die Aufmerksamkeit der Zuschauer gewonnen.

2. du erklärst dem Zuschauer, worum es geht. Bilder, vom entstandenen Schaden, von den Nachbarn, die sie sich am Gartenzaun beschimpfen. Darüber wird OFF-Text gelegt, der kurz schildert, wie es zu der Situation gekommen ist. Danach vertiefst du die Information. Einer oder zwei Nachbarn erklären im O-Ton, worum es eigentlich geht.

3. Jetzt wird es Zeit, zu emotionalisieren. Im O-Ton erklären die Ehefrauen oder Nachbarn, wie sie unter dem Streit leiden. Der Gartenzwerg-Nachbar zeigt noch einmal seinen zerschossenen Lieblings-Gartenzwerg und beschreibt tränenzerflossen, was ihm dieser Wicht bedeutete. Um die Emotionsschraube noch weiter zu drehen, schneidest du hart dahinter einen O-Ton des Nachbarn, der zeigt, wie kaltschnäuzig-egal ihm der Gartenzwerg-Tod ist.

4. An das Ende gehört, heute wie zu Zeiten der Bibelschreiber, das Happy End. Die Ehefrauen der Streithähne unterhalten sich am Gartenzaun, bahnen erste bilaterale Konsensgespräche an. Oder der O-Ton eines gutmeinenden Nachbarn, der um die große Versöhnung bemüht ist. Ist partout kein Friede in Sicht, wird sich vielleicht die Polizei darum kümmern. (Spätestens nach deinem Hinweis ...)

Magazin ist die Kunst der kleinen Geschichten. Und so ist Magazin die optimale Vorbereitung für alles andere, das du im Fernsehen anstellen willst. Alles, was im Fernsehen gezeigt wird, wenn es denn erfolgreich sein will, erzählt kleine und große Geschichten. Nachrichten, Reportagen, Spielfilme sowieso. Selbst Game-Shows inszenieren kleine Dramen: Ein Mensch kommt mit Nichts und kann Alles gewinnen – das ist eine sehr starke Geschichte. Lerne, im Magazin gute Geschichten gut zu erzählen. Es wird dir nutzen.

O-Töne im Magazin

O-Töne im Magazin stehen praktisch immer alleine. Die Fragestellung wird herausgeschnitten. Sie würde nur den Rhythmus stören. Das bedeutet aber, dass du schon bei der Formulierung der Frage darauf achten musst, dass sie problemlos herausnehmbar ist. Offene Fragen sind geeigneter als geschlossene. Oft erntest du die besten O-Töne mit der Aufforderung, etwas zu beschreiben.

Negativbeispiel:

Frage: „Sind die Medikamente wirksam?“

Antwort: „Ja, auf jeden Fall.“ (Diese Antwort kannst du nicht alleine stehen lassen. Damit ist sie fürs Magazin praktisch unbrauchbar.)

Besser-Beispiel:

Frage: „Wie wirken diese Medikamente?“ (Besser: „Beschreiben Sie doch bitte dieses Medikament und seine Wirksamkeit!“)

Antwort: „Dieses Medikament XYZ bekämpft Schnupfen, indem es die Schleimhäute komplett austrocknet.“ (Alles klar, diesen O-Ton kann man so verwenden.)

Beim O-Ton-Generieren ist es hilfreich, wenn du dem Interviewpartner offen sagst, dass deine Fragen herausgeschnitten werden und du deshalb ganze Sätze von ihm brauchst. Sage ihm – völlig wahrheitsgemäß – dass du ihm helfen möchtest, so gut wie möglich auszusehen. Deshalb wirst du einige Fragen doppelt stellen. Er solle bitte versuchen, jedes Mal frisch darauf zu antworten und Sätze nicht einzuleiten mit „Wie ich schon sagte …“

Merkst du während des Gesprächs, dass eine Antwort so nicht verwendbar ist, formuliere die Frage neu. Manchmal hilft es, die Frage zu einem späteren Zeitpunkt zu wiederholen. Vielleicht hat sie den Gesprächspartner beim ersten Mal überrascht, beim zweiten Mal sind seine Gedanken aber geordneter und er kann dir einen besseren O-Ton geben.

Manche Gesprächspartner sind einfach nicht in der Lage, ganze vernünftige Sätze zu bilden und bringen dich damit zur Verzweiflung. Das hat nichts mit deren Bildungslevel zu tun. Du kannst an einen genialen Schriftsteller oder Professor geraten, der es einfach nicht schafft, kameratauglich zu reden. Je nach persönlicher Dreistigkeit kannst du es mit dem Satzanfang-Spiel versuchen. Wenn du dem Interviewpartner die Situation erklärst, wird er vielleicht mitmachen. Du nimmst all deinen Mut zusammen und sagst: „Wir spielen jetzt ein kleines Spiel. Ich fange einen Satz an, sie wiederholen das und vervollständigen ihn."

Wenn du Pech hast, fühlt sich der Interviewpartner auf den Arm genommen, steht auf und geht. Deshalb ist es wichtig, dass du dieses Spiel nur als Notlösung und nur zum Schluss einsetzt. Hast du aber Glück, wird er sich auf dein Spiel verlassen und dir brauchbare O-Töne liefern.

Beispiel

Frage: „Wiederholen und vervollständigen Sie bitte folgenden Satz: 'Das Medikament XYZ bewirkt bei Patienten...'"

Antwort: „Das Medikament XYZ bewirkt bei Patienten, dass der Schnupfen schneller abklingt und die Nase schneller frei ist."

Im Magazinbereich ist das Interview nur eingeschränkt ein Gespräch. Es dient der Generierung von O-Tönen. Es ist eine Kooperation zwischen dir und dem O-Ton-Geber. Sage ihm, was du erreichen möchtest. Menschen sind eitel, und wenn du ihre Eitelkeit streichelst, wenn du ihnen hilfst, gut auszusehen, werden Sie dir gute O-Töne geben.

Reportage

Die Reportage ist wie ein Roman – eine große Geschichte mit kleineren, verknüpften Nebengeschichten. Die Reportage wird gelegentlich als die Krönung des non-fiktionalen Fernsehen bezeichnet. Ganz falsch ist das nicht. Die Zuschauer sechs Minuten lang am Fernseher zu halten, wie im Magazin, ist schwer. Die Menschen aber 30 oder 45 Minuten für eine Geschichte zu begeistern, ist eine komplett andere Liga, aber es ist nicht unmöglich. Viele gute Reportagen wurden von Videojournalisten gemacht. Aber eine Reportage sollte nicht der erste Beitrag sein, den du machst. Nimm eine Reportage erst in Angriff, wenn du im Erzählen von Geschichten mit dem Umgang der DV-Kamera einige Übung hast.

Für den Fall, dass du trotz dieser Warnungen schnell loslegen willst, oder musst, kannst du dich an einige Bauregeln für die erste Reportage halten.

1. Definiere deine Geschichte

Mache es nicht zu kompliziert. Selbst einfache Themen sind schwierig genug zu bearbeiten. Besonders, wenn du noch am Anfang deiner Vj-Laufbahn stehst.

Beispiel
Thema *Einkaufen*

2. Recherchiere dein Thema

Du musst dir absolut sicher sein, dass du das Thema komplett verstehst, alle wichtigen Hintergrundinformationen zusammengetragen hast und die Arbeiten der führenden Experten zum Thema kennst. Du wirst bestimmt nicht alle diese Daten verwenden. Aber welche Daten du auswählst, kannst du erst wissen, wenn du sie alle kennst. Oft sind Angaben, die dir anfangs nebensächlich erschienen, später wichtig und tragend. Besonders das nicht Offensichtliche ist interessant. Was jeder weiß, ist langweilig.

Beispiel
Arbeite dich ein in die Themenkomplexe *Einkauf im Verlauf der Jahrtausende*, *Verkaufspsychologie*, *Kaufsucht*, *Wirtschaftliche Bedeutung des Konsums* und *Ladendiebstahl.*

3. Suche Protagonisten

Nutze alle deine Kanäle, um geeignete Protagonisten zu finden. Kontakte aus der Recherche sollten dir weiterhelfen. Sprich mehr Leute an, als du brauchst. Es gibt bei jedem Thema Menschen, die sich besser darin auskennen als du und tiefer in der jeweiligen Szene involviert sind. Nutze ihre Kontakte. Sie können dich beraten und dir helfen, an gute Protagonisten und interessante Geschichten heranzukommen.

Beispiel
Finde Verkaufstrainer, Konsumforscher, Kaufsüchtige, Ladendetektive.

4. Lege die Geschichte fest

Du brauchst einen Hauptfaden und einige kleine Nebengeschichten. Aus den Ergebnissen der Recherche und der Protagonistensuche solltest du ein ausreichendes Verständnis der Materie haben, um Geschichten auszuwählen, die gleichzeitig stellvertretend für das Gesamtthema stehen können und unterhaltsam genug sind, um den Film über die Zeit von 45 Minuten zu tragen. Schreibe eine Liste der möglichen Themenblöcke.

Die Liste könnte so aussehen:

Hauptgeschichte: *Kaufhaus backstage – die Arbeit im Kaufhaus hinter den Kulissen*

Umsetzung:

1. Warenanlieferung
2. Überprüfung der gelieferten Lebensmittel
3. Einstellung eines neuen Mitarbeiters
4. Regionalchef macht anonymen Selbsttest – wie freundlich sind die Verkäuferinnen?
5. Mittagspause und Zwischenfazit der Verkäuferinnen
6. Neueinrichtung der Parfümerie-Abteilung
7. Ladenschluss, Putzkolonnen rücken an, Sicherheitsdienste bringen die Tageseinnahmen weg

Nebengeschichten:

Verkaufspsychologie im Supermarkt-Design

Umsetzung:

Ein Supermarkt-Einrichter geht durch einen Supermarkt und erklärt, wieso was wo steht.

Ladendetektiv bei der Arbeit

Umsetzung:

1. Ein Ladendetektiv zieht seine Kreise durch ein Warenhaus.

2. Der Ladendetektiv erwischt einen Dieb und zeigt ihn an.

Kaufsucht-Selbsthilfegruppe

1. Eine Betroffene berichtet aus ihrem Leben, zeigt, was sie alles gekauft hat.
2. Der Betroffenen wird in der Selbsthilfegruppe geholfen.

Dieser erste Überblick muss nicht perfekt sein, wie es obige Liste bestimmt nicht ist. Es geht darum, deine Ideen und recherchierten Information zu ordnen. Mit dieser Liste gehst du die riesige Aufgabe Reportage an. Die Aufgabe ist tatsächlich groß. Allerdings gilt hier mehr denn je die Weisheit: Große Probleme kannst du lösen, indem du sie in kleine Probleme zerlegst. Und die gehst du dann einzeln an. Das tust du mit dieser Liste.

5. Das Storyboard – Schreibe die Geschichte auf

Aus dem Bereich Spielfilm kennst du vielleicht die Storyboards. Mit ihnen wird der gesamte Film buchstäblich Bild für Bild geplant. Es ist faszinierend, im Nachhinein zu sehen, wie aus den Zeichnungen und aufwändigen Bildern spätere Filmszenen wurden.

Auch du machst ein Storyboard, nur ohne gezeichnete Bilder. Du planst deinen gesamten Film, Bild für Bild, Satz für Satz.

Im Storyboard unterteilst du obige Liste in kleinere Einheiten. Du definierst Schritt für Schritt, welche Aufnahmen du haben möchtest. Bislang hast du nur wohlklingende Ideen gesammelt. Jetzt kommt der aufregendste Teil der Übung. Du musst die Geschichte erzählen. Du planst jede Sekunde des kompletten Films.

a) Lege in deiner Textverarbeitung eine fünfspaltige Tabelle an.
b) In der ersten Spalte, klar, nummerierst du die Szenen fortlaufend von 1 bis 300, oder wie viele Szenen du hast.
c) In der zweiten Spalte schreibst du, wann der jeweilige Block beginnt, und zwar im Timecode-Format, wobei du Stunden und Frames in der Regel weglässt. Fängt ein Block nach 3 Minuten und 20 Sekunden an, schreibst du: 03:20.
D) In die dritte Spalte schreibst du die geplante Länge des Blockes, mit einem Apostroph für die Minuten und zwei Apostrophen für die Sekunden: 1'20" heißt also 80 Sekunden Länge, 45" steht für eine dreiviertel Minute.

e) In die vierte Spalte schreibst du, ob der Text OFF-Text oder O-Ton ist, wer (beim O-Ton) spricht und was gesagt werden soll. Diese Spalte ist inhaltlich entscheidend. Von oben nach unten gelesen muss sie Sinn machen, genauso interessant sein wie der fertige Film. Wenn du zu drehen beginnst, muss diese Spalte fertig und gut sein. Sie entscheidet, ob dein Film am Ende Sinn machen wird.

f) In der fünften Spalte schließlich steht, welche Bilder du zur Illustration des Textes verwendest. Illustration mag etwas despektierlich klingen. Ist es auch. Viele schlecht gemachte Reportagen sind bebilderter Hörfunk. (Besonders die von manchen altgedienten, ehrwürdigen Kollegen, die oft genug tatsächlich vom Hörfunk kommen.) Deshalb ist es wichtig, dass du dir beim Ausfüllen der fünften Spalte viele kreative Bildideen einfallen lässt. Du willst nicht wirklich bloß die Texte der vierten Spalte illustrieren. Du willst sie ergänzen, erweitern und auf eine neue Ebene heben.

Sei ehrlich zu dir selbst. Kannst du die aufgeschriebenen Bilder tatsächlich einholen? Überarbeite das Storyboard. Mache es rund. Lege es erfahrenen Vjs oder TV-Redakteuren vor, damit sie es unvoreingenommen lesen. Einiges, das dir logisch erscheint, ist für andere Leser unverständlich. Texte, die dir interessant scheinen, werden von Kollegen als redundant empfunden.

Wenn dein Storyboard fertig ist, kannst du mit der Drehplanung beginnen. Du weißt ja jetzt, welche O-Töne und welche Bilder du benötigst. Mache dir einen effizienten Arbeitsplan, damit du das nötige Material möglichst Zeit und Kosten sparend drehen kannst.

Wenn ein Spielfilm abgedreht ist und geschnitten wird, sieht vieles anders aus, als es auf dem Storyboard geplant war. Das ist bei Reportagen nicht anders. Dadurch wird das Storyboard nicht unwichtig – im Gegenteil. Speichere die erste Version des Storyboards auf dem Computer, damit du weißt, wo du ursprünglich inhaltlich hinzieltest. Speichere aber auch eine zweite Version, die du nach jedem Dreh überarbeitest. Ersetze Wunsch-O-Töne durch jetzt tatsächlich vorhandene. Ersetze Wunsch-Bilder durch tatsächlich gefilmte Sequenzen. Wenn das Storyboard auf die harte Realität trifft, wird es sich ändern. Manche Blöcke werden herausfliegen, weil du Schwierigkeiten hattest, sie zu filmen, oder weil sie in der Realität nicht so interessant sind wie sie auf dem Papier noch klangen. Andere Blöcke werden komplett neu dazukommen, weil du erst während der Dreharbeiten darauf kommst.

Behalte während der Produktionszeit deiner Reportage den Überblick. Sichte gedrehte Tapes so bald wie möglich. Türme die vollen Bänder nicht bis zum Schluss auf. Wenn du während der Entstehung weißt, auf welchem Stand deine Dreharbeiten sind, wirst du eher merken, wo Schwierigkeiten auftreten und kannst dagegen ansteuern. Nur wenn du die ganze Zeit über deine gesamte Geschichte samt aller Nebengeschichten im Blick behältst, kannst du dir sicher sein, dass die Reportage wie aus einem Guss sein wird. Die Einheit der Reportage, der konstante Spannungsbogen über alle kleinen und großen Teilgeschichten hinweg, ist es, die aus deiner guten Reportage eine verdammt gute Reportage macht.

News

Das Nachrichten-Geschäft ist von allen Fernsehbereichen wahrscheinlich der Fernsehbereich, in dem heute die meisten Videojournalisten arbeiten. Ob Irak-Krieg, Berliner-Politreporter oder Blaulicht: Immer mehr Nachrichten werden von Vjs gemacht.

Content

Für den Vj im News-Einsatz gilt ganz besonders der alte Pfadfinder-Grundsatz: Allzeit bereit. Dein Equipment muss jederzeit perfekt funktionieren. Und es muss vollständig sein. Wenn es schnell zu einem Einsatz gehen muss, ist es zu spät dein Werkzeug einzusammeln. Halte dein Dreh-Equipment jederzeit ordentlich in einem Kamerarucksack gepackt. Die Akkus sollten frisch geladen und im Rucksack genug Reservetapes vorhanden sein.

Wenn du am Drehort ankommst, sichere dir zuerst die Basis-Bilder. Beim Hausbrand sind das beispielsweise die Opfer, die Flammen und ein O-Ton vom Feuerwehr-Brandmeister. Wenn du diese Bilder hast, hole die Extra-Bilder, also Nachbarn, Kollateralschaden etc.

Die Fragen, die du mit der Kamera zuerst beantworten musst, sind: Was? Wer? Wie?

Beispiel Hausbrand

Was?

- Einfamilienhaus brennt
- Bild: Totale und Details des brennenden Hauses, vielleicht brennende persönliche Dinge

Wer?

- Familie mit zwei Kindern, alle mit Schrecken davongekommen
- Bild: Familie wird notärztlich versorgt

Wie?

- Beim Schlafengehen Herd angelassen
- Bild: O-Ton von Familie oder Feuerwehrmann

So kannst du fast jede Nachricht abfilmen, sei es ein Autounfall, die Geburt eines Giraffenbabys oder der geplatzte Busen einer Pornodarstellerin. Du kannst glücklich und zufrieden sein, wenn deine Bilder diese Fragen beantworten.

- Was ist passiert?
- Wer ist involviert?
- Wie ist es dazu gekommen?

Wenn du im Freien Menschen mit dem Handmikrofon interviewst, stelle dich oder den Interviewpartner mit dem Rücken zum Wind auf. Das ergibt zwar wirre Frisuren, wie du sie öfter aus diesem Grund bei Korrespondenten siehst, aber der Ton ist deutlich besser, was letztendlich viel wichtiger ist. Es braucht einige Übung, mit einer DV-Kamera in der rechten Hand und dem Mikrofon in der linken Hand einen Menschen zu interviewen. Aber es ist möglich und einige Videojournalisten kommen damit zu guten Ergebnissen.

Arbeitest du mit einer Funkstrecke, schalte zuerst den Empfänger an und versuche festzustellen, ob nicht ein Kollege bereits auf derselben Frequenz sendet. Falls ja, wechsele die Frequenz und prüfe noch einmal. Vergiss nicht, auch den Sender umzustellen. (Oder bist du hinterhältig, behältst du die Frequenz, und versuchst, seinen Protagonisten auch noch ins Bild zu bekommen.)

Bei News hast du selten Zeit und Muße, über deine Filmarbeit nachzudenken. Du musst also von vornherein wissen, was du tun wirst. Hauptstadt-Reporter warten oft ganze Tage lang darauf, dass ein Politiker aus einem Auto steigt, um ihm auf den zehn Metern zur Tür einen O-Ton zu entreißen. Dabei sind sie nicht alleine. Eine ganze Meute von Kollegen möchte das Gleiche erreichen. Je mehr Menschen sich DV-Kameras kaufen, desto mehr Konkurrenz wirst du an jedem Mord-Schauplatz haben. Umso wichtiger ist, dass du deine Technik perfekt beherrschst.

Technik

Beim Newshunting bist du als Vj gegenüber den klassischen Kameramännern teils im Nachteil, teils im Vorteil.

Die große Schulterkamera strahlt mehr Autorität aus als die kleine DV-Kamera: mit einem 13-Kilo-Geschoss im Anschlag sieht man halt wichtig aus. Der Videojournalist dagegen wird mit seiner DV-Kamera unter Umständen nicht ganz ernst genommen. Und leider wirst du auch einfach nur abgedrängt, weil die alte Kameramanngeneration fürchtet, dass du Ihnen als Videojournalist einen Arbeitsplatz wegnimmst. Deshalb kann und wird es dir passieren, dass du auch mal aus *Versehen* einen Ellbogen abbekommst.

Die geringe Größe der DV-Kamera kann aber auch ein Vorteil sein. Du kannst deine Kamera dazwischenquetschen, wo die großen Mühlen nicht reinpassen. Der frisch Verurteilte auf dem Weg vom Gerichtsgebäude: du in der Meute, hast es immerhin in die zweite Reihe geschafft. Vor dir die Tiere mit den Beta-Mühlen. Du hältst die DV-Kamera mit beiden Händen durch die erste Reihe hindurch. Plötzlich geht es schnell. Der Verbrecher in Polizei-Begleitung, versucht sein Gesicht zu verdecken. Du bleibst – voller Muskeleinsatz – dran. Der Gangster mogelt sich ins Auto. Und deine Kamera ist die einzige, die Bilder auf Augenhöhe schießt. Du bist die Heldin. (Oder der Held, natürlich.)

Als Videojournalist fehlt dir die Stabilität eines Betacam-Kameramanns. Ein Ausweg ist ein Einbeinstativ. Im Gegensatz zum großen Stativ braucht ein Einbeinstativ keine Stellfläche, da es ja nur ein einziges Bein hat. Aber es kann auch nicht alleine stehen. Du musst die Kamera immer noch halten. Aber das Einbeinstativ beseitigt vertikales Schwanken im Bild – was erheblich störender wirkt als eine horizontale Bewegung. Es macht deine Kamera vielleicht etwas unhandlicher – aber wenn du ein Stativ mit Stativplatte und Schnellverschluss hast, steht es dir ja frei, das Stativ nach Bedarf an- und abzuschnallen. Manche Einbeinstative haben einen ausklappbaren Dreifuß. So kannst du die Kamera in der Not auch einmal alleine stehen lassen.

In Verbindung mit einem Einbeinstativ kannst du einen Telekonverter verwenden. Im Newsgeschäft musst du schon mal weiter entfernte Bilder heranholen. (Ob dafür die leichte DV-Kamera das geeignete Medium ist, steht auf einem anderen Blatt.) Mit einem Telekonverter machst du das Objektiv deiner Kamera zum Tele objektiv. Vergiss dabei nicht, dass die DV-Kamera sowieso recht wacklig ist. Ein Telekonverter ohne Stativ, ob Ein- oder Dreibein, ist mit einer DV-Kamera praktisch wertlos.

Und wenn du dich sehr danach sehnst, wie ein *richtiger* Kameramann auszusehen, kannst du ja das Einbeinstativ nach hinten klappen und versuchen, die Kamera so auf der Schulter zu tragen. Aber besser nur heimlich daheim vor dem Spiegel.

Texten

OFF-Text

OFF steht beim Film für *Nicht-im-Bild*. Ein Schauspieler, der aus dem OFF hineinkommt, tritt von der Seite ins Bild hinein. Und OFF-Text ist logischerweise Text, der zu hören ist, dessen Sprecher man aber nicht sieht. In der Regel wird der Begriff OFF-Text aber weiter eingeengt. OFF-Text ist Text, der über den Bildern gesprochen wird und die Bilder (im weitesten Sinne) erklärt. Sprache, die bereits beim Dreh aufgenommen wurde, bezeichnet man als O-Ton, selbst wenn der Sprechende nicht zu sehen ist.

Im deutschen Fernsehen hat praktisch jeder non-fiktionale Film einen OFF-Text. Selbst bei Doku-Soaps, die ja von möglichst vielen O-Tönen leben, wird zumindest am Anfang und Ende einleitender und abschließender OFF-Text eingebaut. Zuschauer in Deutschland erwarten, dass ihnen jemand die Situation erklärt. (Jedenfalls ist es das, was die Sender denken und deshalb von dir verlangen.) Der Film zeigt also dem Zuschauer nicht nur das Geschehen und die O-Töne, sondern liefert ihm gleichzeitig eine Interpretationshilfe. Wenn du bewusst auf OFF-Texte im Fernsehen hörst, wirst du aber merken, wie sinnleer sie manchmal sind.

Negativbeispiel:

- Bild 1: Eine Frau wickelt ihr Kind.
- OFF-Text zu Bild 1: „Die Mutter ist nicht glücklich, denn ihr Mann hat sie verlassen.“
- Bild 2: Frau gibt O-Ton in Interviewsituation.
- O-Ton zu Bild 2: „Das ist alles so schrecklich, dass er mich verlassen hat und so.“ (Sie schluchzt)

Der OFF-Text in diesem Negativbeispiel ist bloß Geplapper. Der Zuschauer versteht den O-Ton auch ohne dass ihn der OFF-Text vorab zusammenfasst. Dieses Beispiel kann man auf zwei verschiedene Arten deutlich verbessern.

Positivbeispiel 1 von 2:

- Bild 1: Eine Frau wickelt ihr Kind.
- OFF-Text zu Bild 1: „Eins Komma sieben Millionen Mütter in Deutschland ziehen ihre Kinder alleine groß."
- Bild 2: Frau gibt O-Ton in Interviewsituation.
- O-Ton zu Bild 2: „Das ist alles so schrecklich, dass er mich verlassen hat und so." (Sie schluchzt.)

Hier wird dem Zuschauer eine wichtige Information gegeben, er wird mit der großen Zahl (*Million*) überrascht und genauso wie beim OFF-Text des Negativbeispiels begreift der Zuschauer, dass diese Mutter ihr Kind allein erzieht. Dieser Text ist nicht emotional. Dadurch gewinnt die Szene aber. Gerade durch die kalte, sachliche Formulierung im Kontrast zum niedlichen Baby-Bild fühlt der Zuschauer die schwierige Situation. Der OFF-Text erweitert die Geschichte, statt nur die Bilder zu erklären oder O-Töne zu duplizieren.

Das folgende 2. Positivbeispiel entspricht eher dem angelsächsischen Fernsehen. Da es aber sehr wirkungsvoll ist, solltest du es zumindest kennen.

Positivbeispiel 2 von 2:

- Bild 1: Eine Frau wickelt ihr Kind.
- O-Ton aus dem OFF während Bild 1: „Das ist alles so schrecklich, dass er mich verlassen hat und so." (Sie schluchzt)
- Bild 2: Frau gibt O-Ton in Interviewsituation.
- O-Ton zu Bild 2: „Wir waren drei Jahre zusammen gewesen. Als ich schwanger wurde, meinte er, dass sei meine Dummheit gewesen und ist abgehauen."
- Bild 3: Frau gibt Baby die Flasche. (Totale in düsterer Beleuchtung)
- OFF-Text zu Bild 3: „Martina Mustermann ist eine von sieben Millionen Müttern in Deutschland."

Hier wird O-Ton als OFF-Text verwendet. Die Sprache klingt *unprofessionell*, emotional und ist in der ersten Person Singular. Der Zuschauer begreift schnell, dass da jemand über sein Schicksal spricht und kann sich denken, dass es die Person ist, die er da gerade sieht. Seine Neugier ist geweckt. Er ist emotional betroffen – und bleibt dran.

In Amerika und Großbritannien, den globalen TV-Trendsettern, werden O-Ton und OFF-Text häufig auf diese Art kombiniert. In Deutschland setzt sich dies erst langsam durch. Du musst nicht gleich mehrere O-Tonsätze im OFF sprechen lassen. Du kannst auch einen Satz im OFF beginnen lassen und erst in der Satzmitte auch die sprechende Person zeigen (Audio-Vorlappung). So hast du zumindest über einige Wörter den Zuschauer neugierig gemacht.

Der OFF-Text ist als Erzählwerkzeug manchmal wichtiger als die Bilder. Viele Formate kann man verstehen, ohne ein einziges Bild zu sehen: Nachrichten, Talk-Shows und Interviews, Quizsendungen, Daily-Soaps, Verkaufssendungen, Service-Magazine, Musik-Fernsehen und einige mehr. Schludere also nicht beim OFF-Text. *Ich klatsch da noch 'n OFF-Text rein* ist die falsche Einstellung. Ein intelligenter, hochwertig geschriebener OFF-Text veredelt deinen Film, hält deine Geschichte zusammen.

OFF-Text-Format

Den OFF-Text schreibst du zweimal: ganz zu Beginn des Filmes schreibst du einen OFF-Text im Storyboard zu Bildern, wie du sie gerne hättest. Ist der Film fertig geschnitten, schreibst du den OFF-Text noch einmal. Obwohl es richtig und notwendig war, einen fiktiven OFF-Text zu schreiben, wirst du in der Praxis nur wenig davon übernehmen. Die Bilder, die du tatsächlich gefilmt hast, sind meist anders als die ursprünglich geplanten Bilder, deshalb würde auch der erste Text nicht passen. Du wirst den alten Text aber auch nicht wollen. Während der Dreharbeiten hast du viel über das Thema gelernt und kannst jetzt einen wesentlich fundierteren und einfühlsameren OFF-Text schreiben.

Der OFF-Text entspricht im Format ungefähr dem Storyboard.

In den ersten beiden Spalten werden die sekundengenauen Start- und End-Timecodes für jeden O-Ton- und OFF-Text-Block festgehalten. In der dritten Spalte hältst du den Wortlaut der O-Töne und des OFF-Textes fest. Vor beiden schreibst du jeweils OFF-Text oder O-Ton. Zur besseren Unterscheidung kannst du den O-Ton kursiv und den OFF-Text fett setzen. Wenn der OFF-Text nur dafür da ist, dass er vom Sprecher bei der Vertonung abgelesen wird, genügt es, wenn du bei O-Tönen lediglich die jeweils ersten und letzten Worte aufschreibst und dazwischen drei Punkte setzt.

Am Anfang deiner Filmkarriere solltest du zunächst O-Töne komplett aufschreiben. Lasse zwischen jedem O-Ton eine Zeile frei. Die Zeilen dazwischen füllst du dann mit deinen OFF-Texten aus. Die entsprechende Start- und Endzeiten sind ja durch die O-Töne davor und danach klar. Verlasse dich bei der Länge der OFF-Texte nicht auf dein eigenes Lesetempo. Meistens liest man selbst viel schneller vor, als es ein professioneller Sprecher tun würde. Mit der Wort-Zählfunktion deiner Textverarbeitung zählst du die Zeichen des OFF-Textes. Auf eine Sekunde sollten etwa 18 Buchstaben kommen. Wenn du mit deiner Tabellenverarbeitung gut umgehen kannst, programmiere dir doch ein Tool, das diese Berechnung automatisch erledigt.

Text-Bild-Schere

Text und Bild müssen sich inhaltlich immer wieder "berühren". Du solltest textlich nicht an den Bildern kleben, aber auch nicht völlig davon abdriften.

Negativbeispiel 1 von 2: Text beschreibt bloß das Gesehene:

- Bild: Mann betritt Supermarkt.
- Text: „Dieser Mann geht in einen Supermarkt."
- Bild: Mann legt Packung Eier und Tüte Milch in den Warenkorb.
- Text: „Heute kauft er Eier und Milch ein."
- Bild: Mann bezahlt an Kasse mit Schein.
- Text: „Zum Bezahlen muss er einen der großen Scheine herausholen."

Negativbeispiel 2 von 2: Text driftet ab / Text-Bild-Schere:

- Bild: Mann betritt Supermarkt.
- Text: „Der Durchschnitts-Einkaufskorb ist wieder teurer geworden."
- Bild: Mann legt Packung Eier und Tüte Milch in den Warenkorb.

- Text: „Als Ursache vermuten Wirtschaftsexperten Rohstoffbörsen-Spekulationen mit Schweinebäuchen und Zinn.“
- Bild: Mann bezahlt an Kasse mit Schein.
- Text: „Der deutsche Landwirtschaftsminister diskutiert Gegenmaßnahmen mit seinem EU-Kollegen in Brüssel.

Beim ersten Negativbeispiel wird bloß der Inhalt des Bildes beschrieben. Das ist unnötig und redundant. Nicht einmal beim Kinder-Fernsehen kommst du damit durch. Du gibst dem Zuschauer jede Information doppelt, einmal als Bild und einmal als Text. Zuviel Information bedeutet aber Langeweile.

Im zweiten Negativbeispiel ist der erste OFF-Text ja noch sinnvoll verknüpfbar. „Durchschnitts-Einkaufskorb“ und „Supermarkt“ sind immerhin inhaltlich verbunden. (Eine Familie mit Einkaufskorb wäre schöner, weil es ja kinderreiche Familien sind, die unter steigenden Lebensmittelpreisen am meisten leiden.) Dann aber gehen Bild und Text auseinander wie die Schenkel einer Schere. Bei einem einzigen Satz oder einer einzigen Filmsequenz ist dies zu ertragen. In der nächsten Sequenz darf die Schere aber nicht noch weiter auseinander gehen. Der Bezahlvorgang des dritten Bildes hat wenig zu tun mit den im Text beschriebenen politischen Vorgängen.

Positivbeispiel: Text berührt regelmäßig Bilder, beschreibt aber nicht:

- Bild: Mann betritt Supermarkt.
- Text: „Ab dieser Woche müssen Sie wieder mehr fürs Essen bezahlen.“
- Bild: Mann legt Packung Eier und Tüte Milch in den Warenkorb.
- Text: „Auf dem Weltmarkt sind Grundnahrungsmittel wie Milch, Eier und Schweinefleisch durchschnittlich um 1 Prozent teurer geworden.“
- Bild: Mann bezahlt an Kasse mit Schein.
- Text: „In Brüssel beraten Experten, wie die EU gegensteuern kann, um die Portemonnaies der Bürger an der Supermarktkasse zu entlasten.“

Beim Schreiben deines OFF-Textes bewegst du dich auf dem schmalen Grat zwischen zu nah am Bild und zu weit vom Bild. In einem Film über einen Zoo kannst du nicht Giraffen zeigen und über Elefanten sprechen. Andererseits solltest du nicht Giraffen zeigen und im Text erklären: Das sind Giraffen. Der Zuschauer hätte zu Recht den Eindruck, nicht ernst genommen zu werden.

Wenn du Giraffen zeigst, dann nenne im OFF-Text auch den Grund dafür. Nimmst du die Giraffen nur in deinen Film, weil du keine anderen Bilder hast oder dir gerade diese Bilder so gut gefallen, dann finde einen Grund, wieso der Zuschauer genau jetzt genau diese Giraffen anschauen muss. Finde heraus, was es mit den Giraffen in genau diesem Zoo auf sich hat. Dann kannst du im Bild blöd mampfende Giraffen zeigen und im OFF-Text sagen: *Dieser Zoo beherbergt die größte Giraffen-Population Europas. Im Jahr 1987 wurde in diesem Zoo zum ersten Mal ein Giraffenbaby geboren.* Finde heraus, ob es Filmaufnahmen von der Geburt gibt und ob du diese verwenden kannst. Dann hast du nicht nur einen tragfähigen OFF-Text gefunden, sondern auch noch deinen Film um eine reizvolle Nebengeschichte erweitert.

Text und Bild bilden zusammen den Film. Rhythmus und Gefühl müssen zusammenpassen. Sie dürfen sich in ihrer Emotionalität nicht widersprechen. Wenn Text und Bild nicht zueinander passen, fühlt sich der Zuschauer unwohl. Diese emotionale Text-Bild-Schere erlebst du regelmäßig in den öffentlich-rechtlichen Fernsehnachrichten. Wenn der Zuschauer vom Krieg verstümmelte Kinder sieht, aber im OFF-Text gefühllos Politik-Fakten heruntergerasselt werden, kann er den Widerspruch beinahe körperlich spüren.

Jedes Bild muss neugierig machen auf seine Deutung, die in den O-Tönen oder eben im OFF-Text passiert. Der OFF-Text muss Lust auf die Bilder machen. Dann ergänzen sich Text und Bild optimal und dann wird der Film interessant.

Sprachreinigung

Deine Sprache muss zur Sprache der Sendung passen, für die du deinen Film erstellst. Ein Skandal-Boulevardmagazin hat eine andere Sprache als eine menschelnde Nahdran-Reportage. Also mache es ganz unwissenschaftlich und höre dir einige Sendungen des entsprechenden Formates an. Vergleiche die Sprache mit dem Klang deines OFF-Textes. Werden kürzere oder längere Sätze benutzt? Ist die Sprache sachlicher oder emotionaler? Trockener oder ausgeschmückter? Gebildeter oder einfacher? Vorsichtiger oder provokativer? Dein Text sollte sich im Duktus anpassen.

Nur selten ist dein erster Text wirklich gut. Die größten Schriftsteller überarbeiten ihre Texte wieder und wieder. Der Text entsteht erst bei der Überarbeitung. Nach dem ersten Schreiben korrigierst du ihn natürlich, machst ihn glatt. Dann lässt du ihn wenigstens einen Tag liegen (wenn möglich) und liest mit etwas innerem Abstand drüber. Wenn du deinen Text als Fremder liest, fällt es dir einfacher, ihn radikal zu korrigieren.

1. Streiche Füllwörter, und alles andere Überflüssige

Negativbeispiel: „Die deutlich spürbare Absatzkrise des bundesdeutschen Baustoffeinzelhandels greift in zunehmendem Maße um sich."

Besserbeispiel: „Deutsche Baumärkte stecken in einer immer tieferen Krise."

Reduziere den Text auf ein Minimum. Lösche dazu alle Füllwörter, bis man den Sinn nicht mehr versteht. Dann mache den letzten Schritt wieder rückgängig, so dass der Text kurz, aber verständlich ist.

2. Rede konkret, nicht abstrakt

Negativbeispiel: „Deutsche Baumärkte stecken in einer immer tieferen Krise."

Besserbeispiel: „Die Deutschen gehen immer seltener in den Baumarkt. Und wenn sie hingehen, geben sie dort immer weniger Geld aus."

Protagonisten

Finden

Freundeskreis

Am einfachsten lassen sich Protagonisten und TV-Willige im Freundeskreis finden. Besonders wenn du am Anfang deiner Fernsehkarriere stehst, werden deine Freunde und Verwandten gerne für deine ersten Filmversuche vor die Kamera treten.

Aber baue nicht auf Freundschaftsdienst, sondern versuche, Protagonisten danach auswählen, wer am besten für deinen Film geeignet ist, und nicht, wer am einfachsten zu bekommen ist. Produktionsfirmen sind nicht besonders heiß darauf, immer wieder dieselben Gesichter deiner Kumpels präsentiert zu bekommen.

Freunde und Familie können aber eine unschätzbare Hilfe sein, um über sie andere Protagonisten zu finden. Besonders bei kniffligen Themen können dir Freunde oft Kontakte vermitteln, die du bei der unpersönlichen Suche über Fremde oder das Internet nicht bekämst.

Wenn schon nicht aus menschlichen Gründen, solltest du wenigstens für die zukünftige Recherche versuchen, deinen Freundeskreis beständig zu vergrößern. Bleibe in Kontakt mit den Leuten, die du kennst und trage immer eine Liste ihrer Telefonnummern mit dir – noch besser, speichere sie in deinem Handy ab.

Telefonbuch und Vermittler

Bei den meisten Themen, die du recherchierst, gibt es Menschen, die geeignete Protagonisten kennen und dir zumindest vermitteln können. Oft genügt es, höflich nachzufragen.

Wenn du also etwa Hausbauer suchst – frage Anbieter von Baumaterial oder von Fertighäusern. Wenn du Beinamputierte suchst, frage jemanden, der mit Prothesen oder Rollstühlen handelt.

Manchmal geben dir die Vermittler sofort die betreffenden Telefonnummern – was aber nicht unbedingt für sie spricht. In der Regel werden sie bei potentiellen Kandidaten nachfragen und erst dann einen Kontakt mit dir herstellen. Häufig werden sie auch fragen, was sie als Vermittler selbst davon haben. Damit ist aber nicht unbedingt Geld gemeint, oft genügt eine Erwähnung der Firma in deinem Beitrag. Das musst du gegebenenfalls mit dem Auftraggeber des Films abklären.

Behandle die Vermittler gut. Sende ihnen zumindest eine Kopie des fertigen Films mit einem freundlichen Dankeschön. Du weißt nie, wann du sie wieder brauchen wirst. Eine Liste von Vermittlern im Adressbuch ist unbezahlbar.

Andere Redaktionen

Menschen, die bereits in anderen Medien auftraten, werden es vielleicht auch noch einmal tun. Liest du in der Zeitung von einem bestimmten Menschen, den du für einen Film gebrauchen könntest oder dessen Geschichte du gerne erzählen würdest, kontaktiere die betreffende Redaktion. Mit etwas Geschick und Freundlichkeit kommst du so an die Telefonnummer. Oder du bittest zumindest, dass deine Telefonnummer weitergegeben wird. Ob das klappt, hängt auch davon ab, wie exklusiv die Story ist. Einen Skandal-Informanten des Spiegel-Magazins wirst du vermutlich nicht kontaktieren können. Ein Behörden-Opfer, das der lokalen Zeitung sein Leid geklagt hat, schon eher.

Casting-Firmen und -Websites

Casting-Firmen haben tausende Protagonisten in ihrer Datenbank, mit deren jeweiligen speziellen Eigenschaften, Körpermaßen, Hobbys und anderen Dingen, die sie interessant machen. Manche Firmen bieten sogar komplette Talk-Show-Pakete an. Wenn man ihnen ein Thema gibt, besorgen sie Talk-Gäste mit entsprechender Erfahrung, Experten und ein genre-kompatibles Klatschpublikum. Klassisches Einsatzgebiet von professionellen Castern sind aber Talkshows, Spielfilme und andere fiktive Produktionen. Eine Casting-Firma kann aus ihrer Datei heraus die Anforderungen des Regisseurs erfüllen oder ein Vorsprech-Casting veranstalten.

Für Dich ist die Zuhilfenahme einer Casting-Firma meistens zu teuer und oftmals ineffektiv. Du drehst weder Talkshows noch Spielfilme. Die meisten deiner Protagonisten kämen nie von sich aus auf die Idee, sich bei einer Casting-Firma zu bewerben. Möchtest du zum Beispiel einen Film über einen Imker drehen, ist es viel einfacher, direkt einen Imkerverein anzusprechen, als eine Casting-Firma nach Imkern suchen zu lassen.

Etwas anders liegt die Sache im Magazinbereich. Besonders bei Test- und Servicebeiträgen ist die fachliche Qualifikation der Protagonisten weniger wichtig. Entscheidender als Aussehen sind Redefreudigkeit und Wirkung vor der Kamera. Was du also brauchst, sind Mini-Schauspieler, die sich für die wenigen Minuten eines Magazinbeitrags in eine Rolle hineinbegeben. Diese könntest du durchaus über eine Casting-Agentur beziehen.

Aber das ist teuer. Es geht auch mit keinen oder nur geringen Kosten. Es gibt viele Menschen, die bereit sind, ohne Bezahlung oder nur gegen Fahrtkostenerstattung in Beiträgen mitzuspielen. Deren Motivation ist, das eigene Gesicht ins Fernsehen zu bekommen, Freunden und Familie sagen zu können: „Schaut mal, da bin ich!“ Für manche ist es der erste Schritt in die Medien. Sie probieren quasi die Wassertemperatur im Haifischbecken. In den Lebensläufen vieler prominenter TV-Menschen finden sich am Anfang solche kleinen, unbezahlten Auftritte.

Fernsehwillige Allround-Protagonisten kontaktierst du über Internet-Foren und Communities zum Thema *Casting*. Dort kannst du eine entsprechende Nachricht veröffentlichen oder selbst in Online-Datenbanken suchen. Wenn du bei deiner Suche angibst, dass du eine Aufwandsentschädigung zahlst, wird sich die Zahl der brauchbaren Bewerbungen vervielfachen. Die Online-Suche ist effektiv, wenn du redefreudige Allrounder suchst, die du universell einsetzen kannst.

Die Besucher dieser Sites sind zum größten Teil lebensfreudige Menschen mit gewissen Fernsehambitionen, etwa im Alter zwischen 15 und 35. Die meisten haben ein geregeltes Leben und durchschnittlichen sozialen Status. Und sie können mit ihrem Computer umgehen. Wer nicht in diese Beschreibung passt, den wirst du auch nicht über Casting-Websites finden. Weder der grantige Bergbauer (nicht heiß darauf, ins TV zu kommen) noch die 14-jährige Schwangere (noch weniger heiß darauf) sind die traditionellen Besucher solcher Sites – also solltest du sie dort auch nicht suchen. Benötigst du aber drei nette junge Menschen zwischen 18 und 22 Jahren für einen Schlauchbootttest, wirst du sie auf einer Casting-Website schnell finden.

Behandeln

Deine Protagonisten sind die Seele deines Films. Es hat seinen Grund, wieso *de Niro* und *Schwarzenegger* Millionen kassieren. So unterschiedlich ihre Schauspielkunst sein mag, beide verleihen auf ihre eigene Art dem Film *Seele*. Ihr Charisma bewegt die Menschen dazu, ins Kino zu gehen.

Bei deinen Protagonisten ist das nicht viel anders. Manche Menschen kommen auf dem Bildschirm halt *gut 'rüber* – und dadurch sind sie für Dich unendlich wertvoll. Mit guten Protagonisten kann selbst ein laues Thema zum Knaller werden. Umgekehrt kann aber ein langweiliger Protagonist das beste Thema wertlos machen.

Auch Protagonisten sind Menschen. Sie verdienen es, fair und menschlich behandelt zu werden. Niemals darfst du deine Protagonisten als bloßes Material betrachten.

In der Hektik des Arbeitsalltags schleicht sich manchmal eine gewisse Routine ein, die Dich dazu bringen wird, deine Protagonisten herumzukommandieren. Das ist menschlich, aber du wirst nicht der erste sein, dem das passiert. Umso wichtiger ist es deshalb, dass du auf dein eigenes Verhalten achtest.

Hole dir gelegentlich Feedback. Frage deine Protagonisten: Wie geht es Euch? Was braucht Ihr? Kann ich etwas für Euch tun? du musst auch den natürlichen menschlichen Bedürfnissen deiner Protagonisten Rechnung tragen. Menschen haben Hunger, Durst, sind müde und verlieren die Motivation. Sie brauchen Essen, Trinken, Ruhepausen und Aufmunterung. Es ist dein Job, dafür zu sorgen, sie reichlich mit allem zu versorgen.

Sei nicht verwundert, wenn Protagonisten schneller schlapp machen als du. Das ist normal. Im Gegensatz zu dir müssen sie keinen Film fertigbekommen. Kein Auftraggeber sitzt ihnen im Rücken. Deshalb wollen sie nicht ganz so spät Feierabend machen wie du. Stelle Dich also darauf ein.

Mit pseudo-professioneller Arroganz richtest du gleich mehrfach Schaden an. Zum einen schaffst du eine generell negative Stimmung, die sich auch in deinen Film niederschlägt. Wenn die Gefilmten spüren, dass du sie als Menschen nicht ernst nimmst, werden sie bockig und schalten auf lustlos – oder lassen den Dreh ganz platzen.

Über deinen Dreh hinaus aber werden sie ihren Freunden und Bekannten erzählen, wie unfreundlich und lästig du warst. Dieses

Image geht auf den Sender oder die Produktionsgesellschaft über, in deren Auftrag du drehst – und schließlich auf die Leute vom Fernsehen insgesamt.

Behandele die Menschen anständig, schlicht, weil sie Menschen sind!

Dreh-Vorbereitung

Bereite Dich auf deinen Dreh so professionell wie möglich vor. Protagonisten spüren das und es gibt ihnen Sicherheit.

Erstelle eine schriftliche Disposition, in der die wichtigsten drehrelevanten Daten (Ablauf, Termine, Adressen, Kontaktdaten) zusammengefasst sind und mache eine Kopie für jeden Beteiligten – und ein paar als Reserve.

Es ist selbstverständlich, dass du die Details des Drehs – so weit es geht – vorher mit den Protagonisten abstimmst. Wenn Dinge bei Drehbeginn unklar sind oder sich erst aus dem Dreh selbst ergeben, ist es oft die beste Lösung, wenn du dies den Beteiligten ehrlich sagst.

Pflege und Reaktivierung

Nach dem Dreh ist vor dem Dreh. Wenn du nicht beabsichtigst, den Vj-Job nach dem aktuellen Dreh an den Nagel zu hängen, kümmere Dich auch noch nach dem Dreh um deine Protagonisten. Dazu zählen natürlich die Basis-Zwischenmenschlichkeiten wie ein Bier nach Drehschluss oder einen Anruf am nächsten Tag: „Hey, wie geht's dir? Was sagen die Ärzte? Wann kommst du wieder raus?“

Zur Protagonisten-Pflege gehört aber auch, dass du deine Helden benachrichtigst, wenn die Sendung tatsächlich im Fernsehen läuft und ihnen ein Tape der Ausstrahlung schickst. Halte Zusagen unbedingt ein. Wenn du Tapes versprochen hast, schicke sie pünktlich raus – das geht im Vj-Stress schon mal unter.

Mit der Zeit wirst du so viele Protagonisten kennen lernen, dass du Dich vielleicht nicht an jeden einzelnen erinnerst. Irgendwann kommt dann der Moment, dass du dir bei einer Drehvorbereitung plötzlich einfällt: Da war doch jemand... und der wäre für dein nächstes Thema ganz gut geeignet. *Aber wo war noch einmal die*

Telefonnummer? Deshalb kann es nützlich sein, wenn du dir eine Akte für jeden einzelnen Protagonisten anlegst. Einfach ein Blatt Papier mit allen Daten des Protagonisten und einige bewertende Zeilen über den Dreh. (Wie war die Stimmung?) Aber auch interessante Details, die du im Nachhinein erfahren hast: interessante Hobbys, interessante Bekannte etc., und natürlich mit einem oder mehreren Fotos. Diese Datenbank ist dein Kapital.

Das Leben eines Videojournalisten macht Spaß, wenn du ein oder zwei Telefonate machst und den perfekten Protagonisten an der Hand hast. Damit das klappt, musst du vorarbeiten. Schließlich willst du am Telefon nicht hören „Hä, wer?, ach nee, klick!“, sondern: „Ach du bist es, schön! ... Mit dir drehen? ... Gerne, jederzeit!“

O-Töne & Interview

Original Ton

Wenn in Deinem Film jemand spricht, das ist das ein „O-Ton“. Wenn ein Mensch einen anderen Menschen sprechen hört, wird er – so er die Sprache versteht – immer versuchen, das Gesprochene zu verstehen. Es ist unmöglich, einen Menschen zu hören und das Gesprochene nicht zu verstehen, falls man es theoretisch verstehen könnte.

O-Ton heißt Original-Ton. „Origo“ heißt im Lateinischen „Ursprung, Herkunft“. Ein O-Ton ist ein Ton, der direkt von der Quelle kommt. Er ist authentisch und glaubwürdig. (Das Gegenstück zum O-Ton ist der OFF-Text, der von einem Sprecher vorgelesen wird.)

Beispiel

Du warst dabei, als ein Parlamentsabgeordneter zugegeben hat, 3 Millionen Euro aus der Parteikasse zur Seite geschafft zu haben. Du kommst zurück in die Redaktion und erzählst deinen Kollegen die Sensation. Ihre erste Frage – noch bevor du es aussprichst – wird sein: „Hast du das im O-Ton?“

Im Nachhinein lässt sich im OFF-Text alles Mögliche behaupten. Nicht dass der Zuschauer das im OFF Gesagte nicht ernst nehmen würde. Aber es gibt einen deutlichen Unterschied in der Glaubwürdigkeit zwischen O-Tönen und OFF-Text. Deshalb solltest du versuchen, möglichst viele deiner Aussagen im Film durch O-Töne zu erzählen.

Situative Töne

Während du deinen Protagonisten bei der Arbeit filmst, stelle ihm eine Frage zu dem, was er gerade tut. Die besten O-Töne sind die, welche aus einer konkreten Situation heraus entstehen. Sie heißen „situative O-Töne“, weil sie direkt in der Situation entstanden und nicht erst in einem späteren Interview. Situative O-Töne bringen den Zuschauer direkt in die Situation. Sie sind sehr glaubwürdig, besonders wenn der Zuschauer spürt, dass sie spontan, authentisch und nicht inszeniert sind.

Beispiel 1

Nacht. Einfamilienhaus. Feuer. Flammen aus Fenster. Feuerwehrmann rollt Schlauch auf. Direkt in die Kamera brüllt er: „Verdammte Scheiße, das ganze Erdgeschoss brennt!"

Beispiel 2

Arzt über OP-Tisch gebeugt. Über ihm OP-Lampen wie ein Heiligenschein. Eine Schwester tupft Schweiß von seiner Stirn. Nahaufnahme Gesicht. Er sagt: „Die Leber ist komplett perforiert. Ich tue was ich kann. Dann ist er in Gottes Hand."

Stelle dir diese Beispiele in einem traditionellen Interview vor. Dieselben Menschen sitzen in einem komfortablen Stuhl, gekämmt und im gebügelten Jackett. Rückblickend sinnierend erzählen sie ihre Erinnerungen an die Situation. Oder, noch schlimmer, sie erzählen in Allgemeinplätzen, wie es generell so bei ihrer Arbeit zugeht.

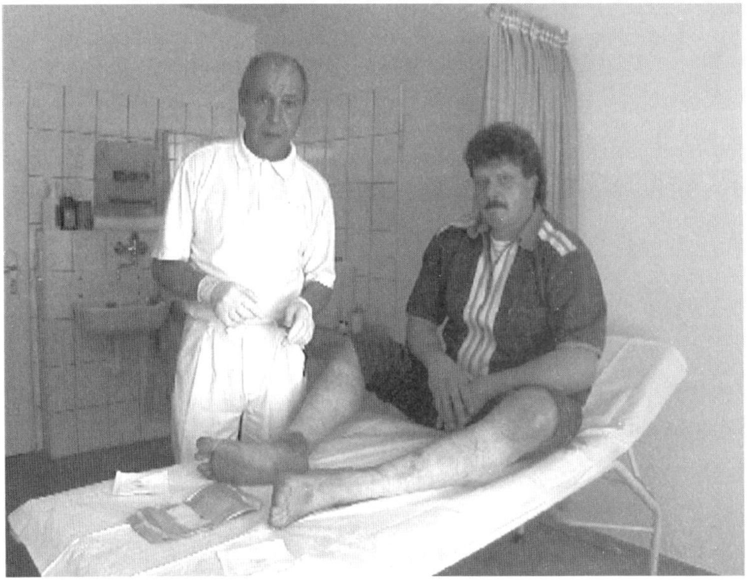

Zeige deine Interviewpartner in ihrer natürlichen Umgebung.

Bei situativen O-Tönen besteht Gefahr, dass dein Protagonist unentwegt erzählt und seine aktuelle Tätigkeit beschreibt. Das verwechselt man als Anfänger leicht mit situativen O-Tönen. Diese sind aber etwas ganz anderes. Situative O-Töne sind kurze prägnante Sätze, die etwas über den aktuellen Bildinhalt hinaus aussagen. Eine reine Deskription ist langweilig, da sie die Aussage der Bilder doppelt. Noch schlimmer ist allerdings, dass solches Material praktisch unschneidbar ist.

Gute situative O-Töne sind spannend und voller Action. Sie packen das Interesse des Zuschauers. Situative O-Töne haben alles, was einem statischen Interview fehlt. Beim klassischen Interview werden viele Schwächen der DV-Kamera sichtbar, beim situativen O-Ton kannst du ihre Stärken ausspielen. Die DV-Kamera ist klein, wendig und du kommst näher an die Menschen dran. Mache das klassische Interview erst zum Schluss der Dreharbeiten. Du kannst darin die Fragen stellen, die in den situativen O-Tönen nicht zufriedenstellend beantwortet wurden. Wenn es aber irgendwie geht, ersetze statische O-Töne immer durch situative O-Töne. Sie machen deinen Film einfach besser.

Zweck

Ein Interview ist ein Gespräch zwischen dir und einem Protagonisten. Wenn du ein Interview führst, bist du Stellvertreter des Zuschauers. In seinem Auftrag sollst du das fragen, was er gerne selbst fragen würde, wenn er die Gelegenheit dazu hätte.

Wenn dein Film Interview-Sequenzen enthält, kann dies verschiedene Funktionen haben.

Ein Interview kann Deinem Film Glaubwürdigkeit geben.

Beispiel

Du drehst einen Bericht über *Lungenkrebs bei Rauchern.* Neben schwarzen Fleischklumpen und röchelnden Hals-Atmern brauchst du ein Interview mit einem Hals-Nasen-Ohren-Arzt (natürlich im weißen Kittel!). Der bestätigt dem Zuschauer noch einmal, was der ganze restliche Film sowieso sagt. Aber durch den O-Ton bekommt die Aussage Glaubwürdigkeit.

Ein Interview bringt Abwechslung in den Film. Vielleicht ist der Film hektisch geschnitten, ein Sprecher palavert über die aufputschende Musik, die Bilder sind bunt und bewegt – da wirkt es sehr entspannend, wenn für eine Zeit einfach nur ein Mensch spricht und sonst nichts passiert.

Ein Interview kann dem Zuschauer kompakt Informationen vermitteln, die die Bilder nicht hergeben und die sonst vom Sprecher über einen Bildteppich erzählt werden müssten.

Und nicht zuletzt führen geschickt ausgewählte Interviewpassagen den Zuschauer durch den Film. Wenn du Deine Fragen geschickt vorbereitest und der Interviewpartner gut redet, kannst du sogar – je nach Format des Films – die gesprochenen Passagen an Stelle des Sprechertextes verwenden.

Dialog, Interview, O-Ton

In einem Dialog mit Freunden beteiligst du Dich mit eigenen Ansichten am Gespräch, äußerst Deine Meinungen, wirst selbst zum Gegenstand des Gesprächs. Ein Interview ist kein Dialog. Im Interview stellst du Fragen und der Interviewpartner antwortet. Das Interview dreht sich ausschließlich um den Interviewpartner und dessen Sicht der Dinge.

Außer dem Begriff *Interview* hörst du oft die Bezeichnung *O-Ton.* Das *O* steht für *Original.* Die Abgrenzung zum *Interview* ist etwas unscharf. Man könnte sagen: Ein O-Ton ist alles, was Menschen vor der Kamera verständlich sprechen. Ein Interview ist es aber nur dann, wenn sich zwei Menschen gegenüber stehen (oder sitzen) und einer fragt, während der andere antwortet.

Als Anfänger im TV-Business wirst du in der Regel kein echtes Interview gesendet bekommen, ganz abgesehen davon, dass eine DV-Kamera und ein Stativ zu wenig Ausrüstung für ein sendbares Interview sind.

Für Deine Beiträge brauchst du aber gute O-Töne, aus denen man Deine Fragen komplett herausschneiden kann. Der Satz des Protagonisten muss alleine stehen und eine sinnvolle Aussage ergeben.

Die meisten Ausführungen über O-Töne in diesem Buch beziehen sich auf diese allein stehenden, sinnvollen Aussagen.

Fragen

Je größer die Frage, desto einfacher der Geist – je größer der Geist, desto einfacher die Frage.

Lasse Dich nicht von den vielen schlechten Interviewern im Fernsehen irritieren. Es gibt viele Damen und Herren, die nicht gute Interviews führen, sondern sich selbst produzieren wollen.

Ein Interview-Einstieg wie „Herr Ministerpräsident, als Ihr Kollege gestern aus der Sitzung kam, hat ... bla bla bla ... jetzt ist Opposition wieder aufgestellt wie 1993 zu Zeiten Helmut Kohls," ist keine Frage, sondern Schrott.

Stelle einfache Fragen. „Was haben sie gestern um neun Uhr gemacht?", „Welches ist Ihr Lieblingskind?", „Was war der schönste Tag der vergangenen Woche?"

W-Fragen

Es gibt einige Basis-Fragen, die Grundlage aller guten Interviews sind: die W-Fragen. Sie machen dir das Interviewer-Leben einfacher.

Die W-Fragen, die die meisten Interviews beantworten sollten, sind:

- **W**er?
- **W**as?
- **W**ann?
- **W**o?
- **W**ie?
- **W**arum?

Das Gesamtinterview sollte diese Fragen beantworten, nicht unbedingt der Interviewpartner.

Um das *Wer?* zu beantworten, fragst du nicht: „Wer sind Sie?" du kannst dennoch die Frage ausführlich beantworten lassen, indem du beispielsweise fragst: „Herr Müller, was war die Reaktion der Opposition, als bekannt wurde, der Herbert Müller wird jetzt Bürgermeister?" Damit hast du zweimal seinen Namen genannt, einmal sogar mit Vornamen, hast dem Zuschauer klar gemacht, dass Herr Müller vor kurzem Bürgermeister geworden ist und wirst in der Antwort hoffentlich erfahren, wie er darüber denkt, dass die Opposition ihn sieht. Damit solltest du die Frage Wer? fürs erste recht ausführlich beantwortet haben.

Noch wichtiger als direkt beim Interview selbst, sind die Fragen bei der Vorbereitung des Interviews. Die kurzen W-Fragen sollten durch das Gesamtinterview beantwortet werden, denn diese Informationen interessieren den Zuschauer. Wenn du dir also Fragen ausdenkst, behalte die Fragen im Kopf. Es kann nicht schaden, wenn du sie schriftlich vor dir liegen hast.

Da du oft genug in die Situation kommen wirst, ein Interview spontan führen zu müssen, musst du diese Fragen auswendig können!

Beispiel
Du musst ohne Vorbereitung einen Fußballspieler interviewen.

- Hallo Hans Meier (Wer?), sind Sie mit Ihrer Leistung als Stürmer (Wer?, Was?) zufrieden?
- Wieso hat Ihre Mannschaft so klar gewonnen? (Was?, Warum?)
- Wohin geht es als nächstes? (Wo?)

Natürlich musst du nicht immer alle Fragen stellen. Ebenso selbstverständlich musst du mehr und genauere Fragen parat haben als nur diese vier Fragen. Sie sind lediglich die Interview-Basics, aber als solche unverzichtbar.

Wer? Was? Wann? Wo? Wie? Warum?

Offene und geschlossene Fragen

Zu Beginn eines Interviews willst du erst einmal *in Fahrt kommen*. Du willst das Vertrauen des Interviewpartners gewinnen. Mit ihm gemeinsam einen Interview-Rhythmus finden. Besonders wenn du Menschen interviewst, die es nicht gewohnt sind, vor der Kamera ausgefragt zu werden, müsst Ihr Euch gemeinsam auf die Interviewsituation einstellen.

Eröffne ein Interview deshalb mit *geschlossenen* Fragen. Geschlossen nennt man Fragen nach konkreten Sachverhalten, die mit wenigen Worten beantwortet werden können.

Beispiele

- Wie alt sind Sie?

- Haben Sie einen Hund?
- Wann haben Sie Ihren ersten Film gedreht?

Faustregel: Zu Anfang jedes Interviews stellst du drei geschlossene Fragen.

Danach stellst du *offene* Fragen. *Offen* sind Fragen, die sich in der Regel nicht kurz und knapp beantworten lassen und deren Antwort vom Befragten einige Ausführungen abverlangt.

Bei offenen Fragen ist die Antwort tatsächlich *offen*. Du weißt meist nicht, was Dich als Antwort erwartet. Der Zuschauer weiß es aber auch nicht. Das macht offene Fragen so spannend. Auf eine klug gestellte offene Frage kann alles folgen: eisiges Schweigen, wütende Verteidigungsreden. Wenn du großes Glück hat, wird Gefragte unter Tränen zusammenbrechen.

Beispiel

- Welches war das schönste Ihrer 99 Lebensjahre?
- Was war Ihre Reaktion, als Sie vom Tod Ihres Hundes erfuhren?
- Wieso ist Ihnen dieser Film besonders wichtig?

Bevor du den Mund zu Frage aufmachst, solltest du genau wissen, ob sie geschlossen oder offen ist. Die falsche Frage zu falschen Zeit kann ein Interview, das ansonsten traumhaft verlaufen wäre, komplett ruinieren. Wenn du spürst, dass dein Interviewpartner gerade sein Herz ausschüttet, stelle um Himmels willen keine geschlossene Frage! (Es kann nützlich sein, wenn du komplett den Mund hältst. Manchmal ist dein Schweigen die offenste aller Fragen.) Geschlossene Fragen sind kalt und technisch. Offene Fragen können menschlich und tiefschürfend sein.

Dein Gesamtinterview sollte einen gewissen Rhythmus haben, eine Abfolge von geschlossenen und offenen Fragen.

Geschlossene Fragen stellst du ...

a) am Anfang, ...

b) um konkrete Information zu bekommen und ...

c) um das Thema zu wechseln.

Du kannst eine oder mehrere geschlossene Fragen als „inhaltliches Schnittbild“ verwenden.

Beispiel

- Offene Frage: Welche Voraussetzungen hatten Sie, die Sie Musiker werden ließen?
- Zwei geschlossene Fragen zum Themenwechsel: Haben Sie Kinder? Wie heißt Ihr Sohn?
- Neues Thema wird mit offener Frage vertieft: Welche Beziehung hat Ihr Sohn zu seinem Vater?

Du machst nicht alles falsch, wenn dein Interview so strukturiert ist: ggg OO gg OOO gg OOO g OOO gg O („g“ steht natürlich für eine geschlossene Frage und „O“ für eine offene.)

Zuhören

Gute Interviewer sind gute Zuhörer. Dein Job beim O-Ton-Holen hat drei Komponenten:

1. Fragen (simple Fragen)
2. Zuhören (dabei hellwach sein)
3. Klappe halten (dabei zuhören)

Natürlich musst du Fragen vorbereiten. Dennoch kommst du auf die besten Fragen, wenn du den Aussagen des Interviewpartners genau zuhörst.

Beispiel

Frage: „Was war das schönste Erlebnis Ihrer Welttournee, Herr Rockstar?“

Antwort: „Well, you know, das geilste war, dass wir nach dem Scheißerlebnis trotzdem weitermachen konnten, you know.“

Als nächste Frage war geplant: „Wann sehen Sie Ihre Familie wieder?“ Stattdessen fragst du aber zurück: „Welches Scheißerlebnis?“, was mit allergrößter Wahrscheinlichkeit die weitaus interessantere Antwort ergeben wird.

Zur Übung: Schaue dir gute Interviews im Fernsehen an und überlege bei jeder Antwort, welche Frage du als nächstes stellen würdest.

Interview-Schluss

Die letzte Frage Deines Interviews rundet das Gesamtinterview thematisch ab. Mache es dir einfach und stelle eine Frage, die sich auf die Zukunft bezieht.

Beispiele:

- Was würden Sie das nächste Mal anders machen?
- Was wünschen Sie Ihrem Ex-Ehemann für die Zukunft?
- Was machen Sie nächstes Jahr um diese Zeit?

Wenn du alle Infos zusammen hast, alle erwünschten O-Töne gesagt wurden oder du das Gefühl hast, dass „jetzt nichts mehr kommt", dann...

a) stelle die Schlussfrage und...

b) sage *Dankeschön.*

Zur Kunst des Interviews gehört ein Gefühl dafür, wann das Interview zu Ende ist. Es wird dir passieren, dass Interviewpartner einige Sätze produzieren, die einfach gut als Schlusssätze passen. Dann sage bitte nicht: „Das ist jetzt ein schönes Schlusswort!", sondern einfach nur „Dankeschön". Dabei lächelst du nur. Fertig, Kamera aus.

Vorbereitung

Ein junger Mann vor dem ersten Rendezvous mit seiner Angebeteten macht sich Gedanken. Er recherchiert, womit er wahrscheinlich punkten wird und was er besser vermeidet. Er fragt ihre Freunde aus und betreibt Undercover-Recherche, um das richtige Lokal und die richtige Abendunterhaltung zu finden.

Ähnlich bereitest du Dich auf ein Interview vor. Wirst du mit einem Autor über sein Buch diskutieren, solltest du es natürlich gelesen haben. Sprichst du mit einem Politiker, solltest du seinen Lebenslauf und seine politischen Positionen studiert haben. Interviewst du einen Menschen mit einer bestimmten Behinderung, hilft es, wenn du dir von einem Mediziner die Behinderung erklären lässt. Dann ist es im Gespräch kein so großer Schock, wenn der Behinderte sagt, dass er noch etwa zwei Jahre zu leben habe.

Gute Vorbereitung zeugt von Respekt, den du Deinem Interviewpartner entgegenbringst. Er fühlt sich ernst genommen, und gibt dir viel ehrlichere, brauchbarere Antworten. Er sieht Deine Mühe und gibt sich (hoffentlich) ebenfalls Mühe.

Sorgfältige Recherche vor dem Interview ermöglicht dir aber erst, ein Interview zu führen, dass diesen Namen auch verdient. Wie willst du einen Chemiker nach den gesundheitlichen Gefahren eines Konservierungsstoffes fragen, wenn du noch nie davon gehört hast, dass es diese Gefahren überhaupt gibt? Lies Dich also in das Thema ein. Wenn das Interview sowieso der Generierung von Experten-O-Tönen dient, kannst du überlegen, das Thema mit dem Interviewpartner selbst vorher zu besprechen. Du riskierst dann aber, dass der Interviewpartner öfter Sätze beginnt mit *Wie ich schon sagte*, was den schönsten O-Ton herunterzieht.

Sortiere Deine Fragen nach thematischen Blöcken. Beginne mit den einfachen und notwendigen Fragen, die du unbedingt für Deinen Film benötigst. Kreuze diese auf Deinem Fragenzettel an, damit du sie nicht vergisst. Arbeite Dich zu den komplizierten und persönlichen Gebieten vor. Im Interview selbst solltest du weder starr an Deinem Fragenkatalog festhalten noch völlig frei improvisieren. Der Interviewpartner braucht Deine Führung. Du führst ihn, indem du Fragen stellst. Gleichzeitig muss sich echte Kommunikation einstellen. Du musst zuhören, um zurückfragen zu können. Wenn ein Satz, ein Wort oder nur eine Geste Deine Neugier wecken, versuche, da noch mehr herauszuholen.

Wenn du im Fernsehen hervorragend laufende, mühelose Interviews siehst, kannst du davon ausgehen, dass zuvor sehr viel Vorbereitungsarbeit geleistet wurde. Je sorgfältiger die Vorab-Recherche, umso fließender, ergiebiger und persönlicher das Interview.

Dreharbeit

Kamera beim Interview

Das Drehen eines Interviews als Videojournalist ist unbefriedigend. Man sieht einen sitzenden Menschen. Er spricht. Dafür hätte Fernsehen nicht erfunden werden müssen, da hätten Hörfunk und Zeitung gereicht. Beim Interview produzierst du mit Deiner Vj-Technologie denkbar schlechte Bilder, obwohl ja ein Interview eigentlich sehr leicht zu filmen sein müsste. Interview-Sequenzen sind aber naturgemäß langweilig, zumindest was die Bilder angeht. Bleibt der Zuschauer dennoch dran, dann hört er zwar zu, seine Augen wandern aber im Bild herum. Der Zuschauer tut, was er sonst praktisch nie tut: Er schaut genau hin. Er sieht eventuelle Unschärfen im Gesicht des Interviewpartners. Er sucht nach Hintergrunddetails, die ihn ablenken könnten. Er ist ja bildmäßig gelangweilt. Und ihm fällt auf, dass ein einsamer Vj doch nicht immer mithalten kann mit einem Kamerateam samt Maske und Ausleuchtung.

Versuche also, Deinen Film so zu konzipieren, dass du auf klassische Interviewsituationen verzichten kannst. Geht es nicht anders, weil einfach ein O-Ton im traditionellen Setting von dir erwartet wird, dann mache die ganze Angelegenheit so einfach und standardisiert wie möglich.

Die Position Deiner Kamera wird bestimmt von Deiner Technik. Als Videojournalist bist du in der Regel alleine unterwegs, mit Kamera, Mikrofon und Stativ. In der Praxis hast du wenig Spielraum, um die Kameraposition zu variieren. (Die folgenden Ausführungen gehen davon aus, dass das LCD-Display Deiner Kamera links aufklappt.)

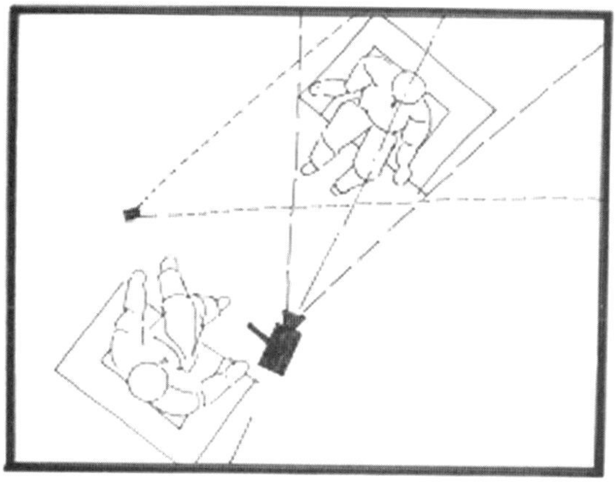

Interview-Setting in Draufsicht

Stelle die Kamera mindestens eineinhalb Meter vom Interviewpartner entfernt auf. Du selbst sitzt schräg links, etwa einen halben Meter von der Kamera entfernt. Nimm den Interviewpartner halbnah ins Bild und setze ihn nach rechts auf die Drittel-Linie.

Wenn er Dich ansieht, schaut er jetzt links leicht an der Kamera vorbei. Die Betonung liegt auf *leicht nach links* eingedreht. Achte darauf, dass er nicht zu weit nach links schaut.

Interview-Bild mit Goldenem Schnitt

Bei traditionellen Interviews, von einem Kamerateam gedreht, wird das aufgenommene Bild zur Kontrolle auf einem Monitor angezeigt. Hier können der Redakteur und das Team kontrollieren, was der Kameramann aufzeichnet. Falls du einmal bei einem solchen Interview dabei warst, wirst du gesehen haben, dass der Kameramann vor dem Interview ganz nah an die Augen des Interviewpartners heranzoomt, scharfstellt, und dann wieder zurückzoomt. Das funktioniert bei den großen Betacam-Mühlen wunderbar, um die Schärfe perfekt einzustellen. Nur leider nicht bei dir, da die meisten DV-Kameras nicht durchzoombar sind. Bei ihnen verlagert sich beim Zoomen die Schärfenebene. (Dies ist übrigens, nach Meinung vieler Videojournalisten, der wahrscheinlich gravierendste Nachteil der DV-Kameras.)

Beim Interview muss die Schärfe immer auf den Augen des Gesprächspartners liegen – und der Autofokus Deiner Kamera wird dabei meist versagen. Die Automatik sucht Hell-Dunkel-Kontraste im Bild, um auf sie scharf zu stellen. Diese Kontraste liegen aber nicht in der Augenregion, sondern wahrscheinlich eher an der Linie zwischen dem dunklen Jackett des Gefilmten und dem hellen Hintergrund, also mindestens 15 Zentimeter hinter den Augen. Und das auch nur, wenn du Glück hast. Viel häufiger hast du aber Pech, und die Kamera sucht sich automatisch einen Kontrast, der komplett im Hintergrund liegt, eine Bücherwand oder den Schlagschatten, den die Hubbel auf der Raufasertapete werfen.

Die Situation ist ernst, aber nicht hoffnungslos. Als Vj musst du tricksen, um beim Interview leidlich brauchbare Schärfe zu erhalten. Natürlich könntest du versuchen, mit Hilfe eines der beiden Displays die Schärfe manuell zu setzen. In der Praxis ist das aber zu unsicher und ziemlich umständlich.

Schalte Deine Kamera in den Modus *Manueller Fokus*. Natürlich steht die Kamera beim Interview auf einem Stativ. Du nimmst den Interviewpartner ins Bild und sobald der Bildausschnitt stimmt, schwenkst du auf seine Brust und drückst kurz die Autofokus-Taste. Lass sie wieder los. Die Kamera hat jetzt auf die Brust scharfgestellt. Schwenke wieder hoch, die Schärfe sollte jetzt auf dem Gesicht liegen.

Für dein Bild ist es am besten, wenn dein Interviewpartner einen ungemütlichen Stuhl hat. Menschen auf ungemütlichen Stühlen sitzen gerade, was im Bild viel besser aussieht. Es ist also zu deren eigenem Vorteil, wenn du sie auf einen harten, aufrechten Stuhl setzt. Auf keinen Fall darf der Stuhl Rollen haben. Ein fahrbarer Stuhl kann und wird dein Interview ruinieren.

Bitte Deinen Interviewpartner, *Dich* anzuschauen und nicht in die Kamera zu sprechen. Das tun nur Moderatoren, Korrespondenten, Interviewpartner im Fern-Interview und der Kanzler bei der Neujahrs-Ansprache. In den meisten anderen Situationen ist dem Zuschauer völlig klar, dass da jemand ist, der den Interviewten etwas fragt. Es würde sogar eigenartig aussehen, wenn etwa ein Arzt für Orthopädie seine Meinung zu Gesundheits-Bürostühlen direkt in die Kamera spräche. Es wäre ja geradezu komisch, da der Zuschauer mit der direkten Ansprache nur professionelle Fernsehsprecher und Ansprachen ans Volk assoziiert.

Du musst während des Interviews das Display der Kamera im Auge behalten, denn das Bild kann sich ändern.

Achte auf folgende zwei Änderungen und greife gegebenenfalls ein:

1. Der Protagonist bewegt sich seitlich.
2. Der Protagonist bewegt sich nach vorne oder hinten.

Oder beides zusammen gleichzeitig. Wenn der Interviewpartner sich seitlich bewegt hat, kannst du das gut erkennen, denn das eingestellte Bild hat sich sichtbar geändert. Du bittest Deinen Protagonisten um Verständnis, sagst, dass du das Bild korrigieren musst, tust dies und stellst die Schärfe per Brustschwenk neu ein.

Falls dir die Veränderung aufgefallen ist, während der Protagonist gesprochen hat, kannst du auf Nummer sicher gehen und die letzte Frage noch einmal stellen. Die meisten Interviewpartner werden Verständnis haben, schließlich möchten sie ja im Fernsehen so gut wie möglich aussehen.

Bewegungen nach vorne oder hinten sind im kleinen Display oft nicht so leicht zu erkennen. Das bedeutet, dass der Gesprächspartner leicht unscharf werden kann, ohne dass du es merkst. Deshalb solltest du während des Interviews alle paar Fragen per Brustschwenk die Schärfe nachjustieren. Dies machst du unabhängig davon, ob der Gesprächpartner im Display unscharf aussieht. Du kannst auf Deinem kleinen Kamera-Display leichte Schärfeverlagerungen einfach nicht erkennen. Später sind sie auf richtigen Fernsehgeräten dann aber plötzlich da, und du wünschst dir, du hättest zwischendurch die Schärfe einmal öfter nachjustiet. Wie häufig du das machst, hängt davon ab, wie unruhig dein Gesprächspartner ist. Wenn er nervös auf seinem Sitz hin und her rutscht, ist es vielleicht nötig, die Schärfe bei jeder Frage neu einzustellen. Sitzt der Interviewpartner starr wie ein Eisblock, kann es genügen, wenn du alle zehn Minuten die Schärfe neu einstellst.

In Interviewsituationen wirkt das Bild eleganter, wenn der Protagonist scharf, der Hintergrund aber leicht unscharf ist. Das bündelt die Konzentration des Zuschauers auf den Sprechenden. Stelle an Deinem Zoom also eine längere Brennweite ein. Besser du gehst mit der Kamera ein Stück weiter nach hinten und machst die Brennweite etwas länger. (siehe Kapitel *Brennweite*) Der Weitwinkelbereich ist für Interviewsituationen sowieso eher ungeeignet, weil das Bild etwas fischaugig aussieht. Um noch mehr Schärfeunterschied zum Hintergrund zu bekommen, sollte der Protagonist genug Abstand zum Hintergrund haben.

Zum Glück hat die DV-Kamera auch Vorteile beim Interview. Die Chance ist größer, dass dein Interviewpartner die Kamera während des Interviews vergisst. Sie ist kleiner und unauffälliger als eine traditionelle Fernsehkamera. Ein konventionelles Interview erfordert neben dem Redakteur noch mindestens einen Kameramann, Tonassistenten und eventuell einen Beleuchter, die dann zu dritt oder viert wie eine Klein-Armee dem Interviewpartner gegenüberstehen. Das riesige Beta-Kamera-Objektiv starrt ihn an. Nicht-Fernsehprofis fühlen sich schnell eingeschüchtert. Das ist dein Vorteil als Vj. Du kannst leichter eine persönliche, intime Atmosphäre aufbauen. Das spürt auch der Zuschauer, wenn er dein Interview sieht. Die Interviewpartner nehmen Dich nicht mehr als Fernseh-Klein-Armee wahr, sondern als einzelnen Menschen. Sie fühlen sich nicht mehr von der massiven Macht der Technik bedroht.

Natürlich haben große Teams auch viele Vorteile. Man ist zu mehreren Leuten. Der Kameraprofi kontrolliert das Bild, der Tonprofi überwacht den Ton und der Redakteur konzentriert sich auf die Fragen. Menschen, die sich auf nur eine Tätigkeit konzentrieren müssen, machen weniger Fehler. Du bist aber allein. Du musst alles selbst kontrollieren. Die Gefahr dabei Fehler zu machen, ist deshalb größer. Interviews in dieser Form sehen immer statisch aus und können deswegen direkt mit denen der großen Crews verglichen werden. Und, ganz ehrlich: Meistens werden Deine Interviews in diesem direkten Vergleich schlechter abschneiden. Einer von vielen Gründen, als Vj möglichst überhaupt keine traditionellen Interviews zu drehen.

Ausleuchtung

Du hast keine Film-Lampen dabei. Und hättest du welche, wärst du kein Videojournalist. Teil des Vj-Gedankens ist ja, dass du das gesamte Equipment am Körper trägst. Aber nicht mehr. Und da man ohne Lichtkoffer auskommen kann, gehört er eben nicht dazu. Bei der Interviewbeleuchtung musst du deshalb improvisieren. Das muss aber kein Nachteil sein. Mit den Lichtquellen, die gerade da sind, lässt sich mit Geschick und Erfahrung sehr schönes Licht gestalten.

Als Videojournalist solltest du immer eine Videoleuchte dabei haben, die mit Akku betrieben wird und oben auf der Kamera montiert werden kann. Die ist preiswert, nicht allzu groß und passt locker in Deinen Equipment-Rucksack. Man nennt diese Leuchte Kopflicht, da sie auf dem Kopf der Videokamera sitzt. Meist wirst du das Kopflicht aber nicht auf die Kamera stecken, da frontales Licht flach und leblos wirkt. Licht, dessen Strahlen genau vom Kameraobjektiv ausgehen, werfen logischerweise fast keine für die Kamera sichtbaren Schatten. Diese sind es aber, die einem Bild Tiefe und Plastizität geben.

Ein Kopflicht (hier mit abklappbarem Tageslichtfilter) gehört zur Ausstattung eines Vjs.

Beim Interview kannst du die Videoleuchte zur Aufhellung der Augenpartie verwenden, also als zweite Lichtquelle neben einem anderen, größeren Licht. Eine praktische Möglichkeit zur Fixierung des Lichtes ist, die Videoleuchte auf einem leichten Kamerastativ oder einem Einbeinstativ mit Ausklappfüßen zu befestigen. Einen Stativ-Blitzfuß-Adapter kannst du beim Fotofachhändler kaufen. Mit diesem kannst du die Videoleuchte auf einem Kamera-Stativ befestigen und so das Licht frei setzen.

Filme nie gegen das Licht. Wenn du Deinen Protagonisten vor ein helles Fenster setzt, wird er als schwarze Silhouette erscheinen. Die Belichtungsautomatik versucht, die Helligkeit auf einen Durchschnittswert zwischen dem hellen Fenster und dem Protagonisten zu setzen. Das Fenster ist immer noch zu hell und der Protagonist noch immer zu dunkel. Es wird meist auch nicht viel helfen, wenn du mit einer Videoleuchte gegenleuchtest, also dem Interviewpartner ins Gesicht leuchtest, um die Helligkeit des Fensters auszugleichen. Obwohl du diese Art von Aufnahmen oft im Fernsehen siehst und sie dort vielleicht auch sehr schön aussehen, wird es bei dir nicht klappen. Einer der Gründe, wieso die großen Kameras so viel mehr Geld kosten als Deine kleine DV-Kamera, ist deren größerer reproduzierbarer Kontrastumfang. Während bei dir das Fenster nur als überstrahlte Weißfläche und der Mensch davor als schwarzer Schatten abgebildet wird, schafft eine große Kamera oft beides: ein sauber gezeichnetes Bild im Fenster und eine wunderbare Ausleuchtung des Gesichtes. Deine DV-Kamera ist da leider beschränkter. Du kannst das Fenster aber wunderbar als Haupt-Lichtquelle nutzen. Die Videoleuchte kannst du zusätzlich verwenden, um die Schlagschatten, die das Fenster wirft, etwas auszugleichen.

Profi-DV-Kameras haben eine Zebra-Funktion, die dir hilft, auch beim Interview die optimale Belichtung zu finden. Schalte Zebra auf 70 oder 80 % und stelle die Belichtung so ein, dass die Zebrastreifen in den hellsten Partien des Gesichtes erscheinen. Es müssen wirklich die hellsten Partien sein und nicht nur irgendwelche Teile des Gesichtes. Zum Beispiel sind die Augenhöhlen selten der hellste Teil des Gesichts. Wenn du das Zebra auf die Augen einstellst, wird der Rest des Gesichts zu hell werden. Wahrscheinlich liegen die hellsten Gesichtspartien auf der Stirn oder den Wangenknochen des Interviewpartners. Dort sollte auch der Zebra-Effekt sichtbar sein.

Interviewpartner und Szenerie

Interviewpartner werden im TV-Jargon auch als O-Ton-Geber bezeichnet. Das ist nicht despektierlich gemeint, sondern beschreibt ihre Funktion im Film. Sie liefern brauchbare O-Töne, die Deinem Film Glaubwürdigkeit geben.

Deshalb solltest du bei der Auswahl von Interviewpartnern und O-Ton-Gebern am Telefon zuerst sicherstellen, dass sie a) kompetent auf dem jeweiligen Fachgebiet sind und b) sprachgewandt darüber berichten können und wollen.

Wofür braucht man überhaupt einen Experten? Weil er glaubwürdig ist. Weil sein Wort Gewicht hat. Natürlich könnte auch Heinz Kasupke im O-Ton sagen, dass Bonbons die Zähne kaputtmachen. Zweifellos hätte er Recht. Wenn aber die gleiche Aussage vom Zahnarzt stammt, bekommt sie plötzlich Gewicht. Der Zuschauer überdenkt sein Bonbon-Lutsch-Verhalten neu.

O-Ton-gebende Experten müssen im Film qualifiziert werden. Sie werden für den Zuschauer als Experten erkenntlich gemacht.

Dafür verwendest du:

a) Antextbilder und OFF-Text

b) Berufsbezeichnung und akademische Titel in der Bauchbinde

c) typische Berufsbekleidung

D) typische Szenerie

Antext-Bilder sind die relativ sinnfreien Bilder, die du regelmäßig in Reportagen und Magazinbeiträgen siehst, bevor ein Experte zu Wort kommt.

Beispiel
Ein Arzt geht durch einen Klinikflur. Er verlässt das Bild – SCHNITT – Derselbe Arzt sitzt an seinem Schreibtisch. Er sagt einige kluge Sätze.

Während er durch den Klinikflur ging, erklärte der Sprecher seine spezielle Funktion. Die Bilder sind Unterlage für das Antexten des Experten, daher heißen sie *Antextbilder*.

Die meisten Antextbilder hat man schon tausendmal gesehen. Anwälte, die in einer Gesetzsammlung blättern, Beamte, die Akten lesen. Strenge Deine Kreativität an und finde neue Bilder. Wie wäre es mit einem Anwalt, der zwischen zwei sich streitenden Schuljungen vermittelt? Das kostet Dich zwei Tafeln Schokolade für die Jungen, damit sie einen kleinen Streit schauspielern. Und auch der Anwalt findet diese Antextbilder gut, weil das Image als Vermittler zwischen den Menschen besser wirkt, als das des Gesetzbuch-Blätterers. Im OFF-Text wird sowieso klar gemacht, dass er Anwalt ist. Sicher erfordern kreative Antexter mehr Arbeit als das Standard-Buchblättern, sie heben aber Deinen Film positiv aus der Masse heraus.

Bauchbinde bezeichnet die Namenseinblendung bei O-Ton-Gebern. Dieser Balken befindet sich irgendwo im Bauchbereich, daher der Name. Die Berufsbezeichnung und eventuelle akademische Titel vor dem Namen *qualifizieren* den O-Ton-Geber gegenüber dem Zuschauer. In emotionalisierenden TV-Formaten enthält die Bauchbinde Kommentare über die Person, etwa *Heinz Kasupke – Wird von seiner Frau geschlagen*, oder sogar in der ersten Person: *Heinz Kasupke – Meine Frau schlägt mich*. Meist wird in der zweiten Zeile aber die Funktion des Menschen im Film erklärt. Aus der zweiten Zeile muss klar werden, wieso genau dieser Mensch qualifiziert ist, zu genau diesem Thema etwas zu sagen.

Ein Arzt könnte eine Bauchbinde bekommen mit dem Inhalt: *Dr. med. Rudolf Müller, Blut-Forscher*. Bauchbinden erklären dem Zuschauer etwas. Sie werden gelesen, während der Film weiter läuft. Der Zuschauer wird durch sie abgelenkt. Deshalb sollten sie einfach und verständlich sein, damit die Ablenkung so kurz wie möglich dauert. *Blut-Forscher* versteht jeder, mit *Hämatologe* können viele Zuschauer nichts anfangen.

Der Zuschauer erwartet bei Experten eine jeweils berufstypische Bekleidung. Ärzte haben weiße Kittel zu tragen, Feuerwehrleute einen Helm und Polizisten werden erst durch die khaki-grüne Uniform zu Ordnungshütern.

Dies alles solltest du mit den Interviewpartnern im Vorfeld klären. Die meisten werden das verstehen, viele sind sogar Stolz auf ihre *tools of the trade*. Sonst führst du am Ende ein Interview mit einem Rettungssanitäter, der kürzlich Menschenleben gerettet hat, und vor lauter Stolz, dass das Fernsehen ihn interviewt, hat er extra für Dich seinen Kommunionsanzug herausgekramt. Ein Rettungssanitäter ohne Rettungssanitäter-Uniform ist für den Zuschauer kein Rettungssanitäter. Sorge dafür, dass sich das Outfit des O-Ton-Gebers mit seiner Funktion im Film deckt.

Neben dem Outfit des O-Ton-Gebers solltest du auf eine qualifizierende Umgebung achten. Ein Arzt sollte zumindest eine Anatomie-Schautafel hinter sich haben, wenn nicht sogar ein Skelett. Hinter dem Feuerwehrmann sollte ein Feuerwehrauto stehen. Und eine Sozialarbeiterin hat mitten im Bahnhofs-Junkie-Milieu zu sitzen, nicht im sterilen Jugendamt-Büro.

Vergiss nicht, dass du Fernsehen machst! Wenn es nur auf das Gesagt ankäme, könnten wir Schwarzbild senden oder gleich Hörfunk machen. Die Optik, die sorgfältige Gestaltung der Szenerie ist mindestens so aussagekräftig wie das, was tatsächlich gesagt wird.

Dreh

Dispo und Drehplan

Mit Disposition und Drehplan organisierst du Deinen Dreh. Es ist Papierkram, und so unspannend, wie Papierkram eben ist. Dispo (kurz für Disposition) und Drehplan sind aber das Rückgrat Deiner Arbeit. Bei jedem Dreh passiert Unvorhergesehenes. Du musst improvisieren und das Chaos besiegen. Du willst nicht noch zusätzlich Probleme produzieren, indem du bei der Vorbereitung schlampst.

Dispo

Die Dispo fasst die wichtigsten Daten des Drehs zusammen. Erstelle ein entsprechendes Dokument in Word und drucke es aus. Wenn du beim Dreh keinen Computer zur Hand hast, kannst du Änderungen von Hand eintragen und später im Computer aktualisieren. Halte Deine Dispo über den gesamten Dreh hinweg aktuell. Es kann nicht schaden, auch nach dem Dreh noch Änderungen an ihr vorzunehmen, zum Beispiel Adressen oder Telefonnummern zu aktualisieren. Es kann sein, dass du Szenen nachdrehen musst oder nachträglich Informationen von Beteiligten brauchst. Da ist es nützlich, alle Informationen gleichzeitig zur Hand zu haben.

Titel

1. Dispo
2. Datum und Uhrzeit der vorliegenden Version

Hast du mehrere Ausdrucke vorliegen, erfährst du so, welche die aktuellste ist. Deine Textverarbeitung hat eine Funktion *Datum automatisch aktualisieren*, die du hierfür verwenden kannst.

Filmdaten

1. Titel des Films
2. Länge
3. Verantwortliche(r) Vj (in der Regel du)
4. Sender

5. Name der Sendung und (voraussichtlicher) Sendetermin

Kontaktdaten

Auch wenn du Dir die Daten der beteiligten Personen an anderer Stelle aufgeschrieben hast, stelle sie auf diesem Blatt noch einmal kompakt zusammen. So stellst du sicher, dass du jederzeit alle Informationen bei der Hand hast. Zu jedem Beteiligten notierst du …

1. Name
2. Funktion
3. Rolle im Film (Protagonist, Ansprechpartner, Experte)
4. Adresse, eMail
5. Telefonnummer(n)
6. Erreichbarkeit
7. Sonstiges (alles, was sonst noch für den Film wichtig ist)

Transport

Daten aller geplanten Transporte und Reisen für alle beteiligten Personen, so weit du sie organisierst. Bei Flügen notierst du Abflughafen, Zielort, Flugnummer, Abflug- und Ankunftszeit, Namen der Passagiere, welches Equipment mitgenommen werden muss, wer den Flug bucht oder gebucht hat und wie die Tickets zugestellt werden.

Bei Autofahrten notierst du vergleichbare Daten wie beim Flug und zusätzlich, wer das Auto zur Verfügung stellt.

Locations

Adressen und Telefonnummern aller Orte, an denen du zu filmen gedenkst. Ganz wichtig: Notiere hier auch, wer Dir die Drehgenehmigung erteilt hat. Falls du die Erlaubnis schriftlich vorliegen hast, nimm diese in Kopie oder als Original mit. Notiere bei jedem Drehort auch, an welchem Tag und um welche Uhrzeit du dort drehst. Falls du keine Drehgenehmigung hast, solltest du das samt Begründung ebenfalls hier notieren.

Drehtage

Hier schaffst du Dir eine Übersicht Deines Dreh-Projektes. Es muss nicht detailliert sein, dafür ist der Drehplan da. Für jeden Tag genügt jeweils ein Stichwort zu jeder Location und zu jedem Themenblock, den du dort filmst.

Sonstiges

Alles, was sonst noch wichtig ist, etwa Archiv-Film-Material, das noch zugekauft werden muss oder andere organisatorische Details, die für das Gelingen des Films notwendig sind.

Lege für jeden Film eine Mappe an, einfach mit Heftlaschen oder einem Schnellhefter, wie Schüler sie verwenden. Hefte alle Papiere, die mit Deinem Dreh zusammenhängen in diese Mappe. So hast du immer alles zur Hand. Drehplan, Drehgenehmigungen, Einverständniserklärungen, Fragenlisten für Interviews, Ticket-Buchungs-Bestätigungen. Nach jedem Dreh hast du einen Stapel Unterlagen, den du archivierst. Unterschriebene Dokumente solltest du besonders sorgfältig aufbewahren. Es kann passieren, dass ein Auftraggeber oder ein Sender zu einem späteren Zeitpunkt Informationen zu Deinem Film brauchen.

Drehplan

Der Drehplan listet die Drehorte und die dort gedrehten Szenen für jeden einzelnen Tag auf, praktisch ist es ein Terminkalender für den Dreh. Notiere Dir, an welchem Tag du welche Themenblöcke drehst. Wenn du jemals einen Bildungsurlaub gemacht hast und einen Museumsbesuchs-Plan für die ganze Familie aufgesetzt hast, weißt du im Prinzip, was ein Drehplan ist.

Beispiel

05. März

(1.)

09:30 – 10:30: Jugendamt

- Antextbilder Amtsdirektor Müller
- INTV (das heißt: „Interview“) Amtsdirektor Müller

(2.)

14:00 – 18:00 Waisenhaus

- 14:30 Spielstunde im Waisenhaus
- 16:00 Dreh und INTV mit Waisenkind Martin, Begleitung durch Pflegemutter

Wo genau die einzelnen Drehs stattfinden und alle anderen Daten stehen in der Dispo. Welche Bilder du benötigst, steht im *Storyboard* (immer die jeweiligen Passagen vor dem Dreh lesen!). Deine Fragen für das Interview hast du auf einem *Interview-Fragenblatt* zusammen gestellt. Der Drehplan ist Dein Ablaufplan für den Dreh.

Ein durchdachter Drehplan spart Geld und Mühe. Wenn du alle notwendigen Einzeldrehs aufgelistet hast, kannst du überlegen, wie du Deine Drehtermine effektiver zusammenfassen kannst. Du siehst, wo Termine zu nah beieinander liegen und weiter auseinander gezogen werden sollten.

Halte Deinen Drehplan aktuell. Lösche aber nicht die abgelaufenen Termine. Anhand des Plans kannst du fortwährend beurteilen, ob Dein Dreh hinsichtlich des Zeitaufwands gut läuft. Es kann passieren, das du für einen relativ kleinen und unwichtigen Themenblock zu viel Zeit aufwendest, und Dir so die Zeit für andere wichtigere Drehs knapp wird. Um dies beurteilen zu können, brauchst du einen aktuellen Drehplan, der alle Drehtage eines Films umfasst.

Du hast als Vj mehr Verantwortung als ein traditioneller Fernsehmacher. Der erledigt meist nur einen einzigen Job, etwa nur Dispo, nur Recherche oder nur Kamera. Mehr Verantwortung bringt aber auch mit sich, dass du in größerer Gefahr bist, die Übersicht zu verlieren. Storyboard, Dispo und Drehplan sind Deine starken Waffen gegen das Chaos. Nutze sie.

Vorbereitung des Drehs

Viertelstunde reden

Wenn du an Deinen Drehort kommst, lasse zunächst Deine Kamera eingepackt. Bevor du filmst, spreche mit den Menschen vor Ort. Mache Dich mit den Räumlichkeiten vertraut. Atme die Atmosphäre des Ortes ein.

Filmen bedeutet auch immer, auszuwählen. Aus der unendlichen Zahl von möglichen Bildern, die du an einem bestimmten Ort zu einer bestimmten Zeit drehen könntest, wählst du einige wenige Bilder aus, mit denen du Deine Geschichte erzählst. Dafür musst du aber den Ort und die Menschen verstehen. Das geht besser, wenn du Dich mit ihnen vertraut gemacht hast. Gehe herum, sage

Hallo, betreibe ein wenig Smalltalk. Dabei kannst du Dir schon mal überlegen, aus welchen Perspektiven du filmen wirst.

Nicht nur du musst Dich an die Situation gewöhnen. Wenn Menschen vor Ort sind, müssen sie Vertrauen zu Dir entwickeln. Stell Dich also vor. Sprich mit ihnen („Wie geht's?", „Schönes Wetter, oder?"). Erkläre freundlich, was du machst und beantworte ihre Fragen.

Es wirkt Wunder, wenn du den Anwesenden Deine Kamera zeigst. Wenn du Zeit hast, lasse sie vielleicht auch selber etwas filmen. Die meisten Menschen verlieren so ihre Angst vor der Linse – und Menschen, die sich vor der Kamera frei fühlen, sind mit Gold nicht aufzuwiegen! Auf der anderen Seite solltest du das Vorgeplänkel nicht zu lang treiben. Die Situation muss spannend bleiben. Schließlich bist du Fernsehen, und viele Menschen haben Respekt davor. Dieser Respekt sollte erhalten bleiben.

Wenn du Dich in der neuen Umgebung wohl fühlst und die Menschen Dich nicht mehr als Fremden ansehen, kannst du Dir die (eventuellen) Unterschriften unter die Einverständniserklärungen geben lassen (siehe Kapitel *Rechtliches*). Danach packst du Deine Kamera aus.

Unterschriften einholen

Es ist wichtig, dass du die Einverständniserklärungen vor dem Dreh unterschreiben lässt. Wenn du versuchst, die Unterschriften nach dem Dreh einzuholen, kann (und wird) es Dir passieren, dass Protagonisten kalte Füße bekommen und abspringen. Sie haben Dich in der Hand – und sie wissen es instinktiv. Aufnahmen, die du nicht ausstrahlen darfst, sind wertlos. Schiebe deshalb den Moment der Unterschrift nicht heraus, weil es Dir vielleicht peinlich ist. Du riskierst, einen Tag lang umsonst gearbeitet zu haben.

Werden die Unterschriften vorher geleistet, wird den Protagonisten klar, dass sie eine Verantwortung Dir gegenüber haben. Alle ab jetzt gedrehten Bilder könnten im Fernsehen gezeigt werden. Vielen Menschen wird die Tragweite des Filmens erst durch die Unterschrift bewusst. Nachdem sie unterschrieben haben, werden sie sich aber Mühe geben, gut auszusehen, weil ja jetzt das Fernsehen da ist.

Schnitt im Kopf

Einer der Vorteile des Videojournalisten ist, dass er seinen Film selbst schneidet. Die endgültige Story entsteht imer erst beim Schnitt, beim Dreh besorgst du nur das Material dafür. Filme also nicht nur interessant anzuschauende Ereignisse, sondern auch Bilder, die sich gut schneiden lassen. Überlege schon beim Dreh, wie du das Material aneinander fügen wirst und wie du aus einer Szene in eine andere kommst.

Bevor du die Kamera einschaltest, überlege Dir, was du eigentlich über diesen Ort und diese Menschen erzählen möchtest. Und mache Dir im Kopf einen Plan zur Umsetzung. Welche Geschichte möchtest du mit welchen Mitteln erzählen? Beim Drauflosfilmen vergeudest du die reale Chance, mit richtig guten Bildern eine interessante Geschichte zu erzählen.

Im Kapitel *Dreh: 321* wird ein Schema beschrieben, das in den meisten Situationen als *innerer Plan* taugt. Es kann nicht schaden, wenn du mehr Schnittbilder filmst, als im 321-System gefordert wird. Wenn Menschen sich bewegen, solltest du regelmäßig die Kamera stillhalten und sie ins Bild hinein- oder aus dem Bild herausgehen lassen. Von diesen Bildern kannst du überallhin auf andere Szenen schneiden. Und sie sind lebendiger als statische Schnittbilder unbelebter Gegenstände.

Der utopische Idealfall ist, dass du an den Drehort kommst, deine Geschichte in Einzelbilder auflöst, abfilmst, nach Hause gehst, die Bilder in den Computer liest und nur noch die Einzelsequenzen etwas kürzt. Fertig wäre Dein Film. Und tatsächlich gibt es in vielen Schnittprogrammen die Möglichkeit, das Material in einem großen Block einzulesen und anschließend automatisch in einzelne Sequenzen aufteilen zu lassen – eine sehr nützliche Funktion, besonders wenn du unter Zeitdruck stehst.

In der Praxis wird Dir dieser Idealfall kaum je gelingen. Immer werden Dir Bilder fehlen, andere werden überflüssig sein und du wirst die Bilder einige Male neu arrangieren, um die Story interessanter, schneller und emotionaler zu erzählen. Deine Bilder werden aber deutlich besser, wenn du auf dieses Ideal hinarbeitest. Wenn du Dir beim Dreh denkst: Ach das macht nichts, das kriege ich im Schnitt schon hin! – vergiss es. Du wirst es nicht hinkriegen. Drehe es noch einmal. Drehe es anders. Und wenn du die Kamera zusammenpackst, tue es mit dem Gefühl, eine fertige Geschichte aufgenommen zu haben. Mit schönen, gut schneidbaren Bildern.

321

Der Film entsteht im Schnitt. Als Videojournalist weißt du das besser als irgendjemand sonst, denn du bist es, der den Film von der Idee bis zur Endausspielung selber schafft. Wenn du filmst, produzierst du Dein eigenes Material für den Schnitt.

Dabei können Dir zwei Fehler unterlaufen:

1. Du bringst zu wenig schneidbares Material mit.
2. Du bringst zu viel schneidbares Material mit.

Wenn du zu viel Material mitbringst, bedeutet das für Dich Überstunden beim Sichten und Verarbeiten des Materials. Es spart Zeit und Geld, wenn du weniger, aber dafür gutes Material hast. Natürlich ist es aber immer besser, zu viel Material zu haben als zu wenig. Material liegen lassen kannst du schließlich immer noch.

Hast du allerdings zu wenig schneidbares Material, hast du ein echtes Problem. Dabei ist nicht die aufgezeichnete Menge entscheidend, sondern wie viel vom aufgenommenen Material sich auch gut schneiden lässt. Ein Amateur dreht 10 Bänder voll und hat nicht einmal genug Stoff für drei Minuten. Ein Profi dreht nur ein einziges Tape und macht daraus einen guten 10-Minüter. Deine Ausbeute wird größer, wenn du nach einem Schema filmst. So stellst du sicher, dass du nicht wichtige Einstellungen vergisst. Besonders wenn du Menschen bei einer Tätigkeit zeigst, ist es hilfreich, nach einem festen Strickmuster vorzugehen.

Wenn du einen Menschen filmst, mache zuerst drei Nahaufnahmen. Die Hände, das Gesicht, und noch mal die Hände, aber diesmal über die Schulter. Mit dieser Einstellung zeigst du dem Zuschauer, was der Protagonist sieht.

Jede dieser drei Einstellungen hältst du für 15 Sekunden, zähle dabei von 21 bis 35. Man unterschätzt beim Dreh sonst, wie lang 15 Sekunden sind. Wenn du live vor Ort bist, denkst du *Och, ich habe jetzt genug!*, im Schnitt aber ärgerst du Dich, weil du zu wenig Material hast. Besonders wenn du eine sehr aktive Handlung hast, ist es gut, die Einstellungen lieber länger als kürzer zu drehen.

Die drei Nahaufnahmen und alle folgenden Bilder wirst du im Schnitt aneinander fügen. Deshalb sollte zumindest in den ersten fünf Bildern die gleiche Handlung passieren. Bitte also Deinen Protagonisten, die Handlung zu wiederholen. Oder warte, bis er es von selbst tut.

Du hast in den drei Nahaufnahmen gezeigt, was eigentlich passiert. Das war die 3 von 321. Es ist an der Zeit, zu zeigen, wie und wo es passiert. Gehe also zwei Schritte zurück und zeige den Protagonisten noch einmal. Diesmal nimmst du ihn so offen ins Bild, dass man gleichzeitig Hände und Gesicht, also mindestens den ganzen Oberkörper sieht.

Jetzt gehst du noch einige Schritte zurück, bis du die gesamte Szenerie siehst. Diese Aufnahme hilft dem Zuschauer, die gesamte Szenerie zu überblicken, sich ein Bild der Situation zu verschaffen.

Diese letzten zwei weiten Bilder waren die **2** in 321. Die vielen Nahaufnahmen erzählten zwar Deine Geschichte, aber erst die beiden weiten Bilder geben dem Zuschauer räumliche Orientierung.

Jetzt wird es Zeit für ein Schnittbild, die **1** in 321. Filme ein Bild, das inhaltlich mit der Situation zusammenhängt, aber den Hauptakteur nicht zeigt. Dieses Bild heißt Schnittbild, weil du es später zwischen verschiedene Handlungssequenzen einbauen kannst. Im Schnittalltag bist du ohne Schnittbilder verloren.

Beispiel
Wirt bei der Arbeit.

Zuerst filmst du die drei nahen Einstellungen, jeweils 15 Sekunden.

1. Hände bildschirmfüllend, wie sie Bier in ein Glas zapfen

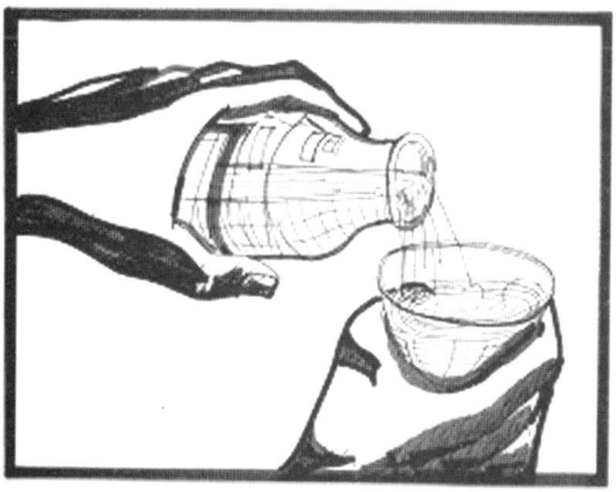

Nahaufnahme 1 von 3

2. Gesicht bildschirmfüllend, der Wirt konzentriert sich auf den steigenden Schaum

Nahaufnahme 2 von 3

3. Nahaufnahme über die Schulter – Zuschauer sieht, was der Protagonist sieht

Nahaufnahme 3 von 3

Jetzt die zwei weiten Einstellungen:

4. Wirt – man sieht jetzt, dass der Wirt hinter seiner Theke steht

Weite Einstellung 1 von 2

5. Wirt in der Totalen

Weite Einstellung 2 von 2

Und schließlich: Das neutrale, charakteristische Schnittbild:

6. **Zwei Gäste, die sich miteinander unterhalten**

Schnittbild

Das 321-Schema funktioniert wunderbar für Reportagen, Magazinbeiträge und Nachrichten. Immer wenn du eine Geschichte erzählen willst, verwende 321. Filmst du aber eine Geschichte ab, die weitgehend von selbst passiert und du dabei nur zuschaust, verwende besser die Techniken, wie sie im Kapitel *Geschichten erzählen/Doku-Soap* beschrieben sind.

Wenn es keine schwerwiegenden Gründe dagegen gibt, verwende 321 als Grundschema aller Deiner Filmaufnahmen. Du kannst diese Bilder ja mit anderen Bildern erweitern. Bevor du das tust, stelle sicher, dass du per 321 die notwendigen Mindestaufnahmen gesichert hast. Es kann nicht schaden, 321 zu üben, bevor du es real life einsetzt.

Kamera bewegen

Der sichtbarste Unterschied zwischen einem Urlaubsvideo und Profifilmern ist: Heinz schwenkt seine Kamera wild herum. *Da ist die Akropolis, da ist Tante Erna, auf dem Boden liegt eine Kippe und drüben steht ein Engländer am Souvenirstand.* Dabei bewegt sich die Kamera kontinuierlich, mal schneller, mal langsamer, mal in die eine Richtung, mal in die andere.

Warum filmen Amateure so?

1. Weil sie es können. Früher waren Betacam-Kameras groß und schwer. Da waren Kameraleute froh, wenn sie mal ruhig stehen durften. Das taten sie dann auch. Und das war gut. (Relativ komfortabel konnten sie allerdings auch Schwenks über den Horizont drehen, was meist nicht so gut war, aber dennoch gemacht wird, weil es halt einfach ist.) Eine moderne Videokamera für Hobbyfilmer dagegen ist ein kaum noch spürbares Gewicht und jeder Hobbyfilmer wird dazu verleitet, mit ihr wild herumzufuchteln. Also tut er es auch.
2. Jeder Hobbyfilmer weiß zwar, wie seine Kamera funktioniert, nicht aber, wie seine Augen und das daran angeschlossene Gehirn arbeiten.

Beispiel
Wenn du etwa in Museum kommst, schaust du nicht zuerst in die linke Ecke (wo Besen und Eimer stehen) und drehst dann Deinen Kopf langsam nach rechts (was dazu führen würde, dass du nach jedem Bild etwa vier Sekunden lang weiße Wand anstarrst, bis das nächste Bild kommt), um schließlich in der rechten Ecke anzukommen und endlich erschöpft die Augen zu schließen. (Wenn du es doch so machst, bist du ein ganz besonderer Mensch.) Ein normaler Mensch schaut sich instinktiv das interessanteste, bunteste, auffälligste Bild im Raum an. (Und dann den/die sexy Kunststudenten/-in davor.)

Dein Auge springt von einem Detail zum anderen.

Ein unerfahrener Filmer glaubt, dass das Auge in kontinuierlicher Bewegung sei. Er folgert dies unbewusst aus der Tatsache, dass der Raum komplett in seinem Gehirn abgebildet ist.

Die Schlussfolgerung ist aber falsch. Das Bild, das du vom Raum hast, setzt sich nach und nach aus den Einzelbildern zusammen, die Dein Auge und Dein Gehirn aufnehmen. Dein Auge springt von Gegenstand zu Gegenstand, verweilt jeweils einige Zeit und springt dann weiter.

Bewege Deine Kamera nicht. Bewegungen sind auffällig. Sie stören Deinen Film, reißen Deinen Zuschauer aus dem Geschehen. Im Musikfernsehen der 80er waren wilde Kameraschwenks modisch. Aus unerfindlichen Gründen dachte man, dass sei jugendlich und rebellisch. Es war Müll. Achte einmal auf die Kamerabewegung in aktuellen Musikvideos. Die Clips sind grell, in irrwitzigem Tempo geschnitten. Aber die Kamera steht auffallend oft absolut stabil.

Wenn die Kamera in Bewegung ist, fällt dem Zuschauer auf: Oh, die Kamera bewegt sich. Statt in Deine Geschichte einzutauchen denkt er über Deine Kamerabewegung nach. Deshalb solltest du die Kamera nicht bewegen, wenn du nicht ganz, ganz genau weißt, was du tust.

Wenn du Dir aus diesem Buch nur eine einzige Sache merken willst, dann bitte diese: Wenn du nicht verdammt gute Gründe hast, die Kamera zu bewegen, halte sie um Himmels willen still.

Zwischen Einstellungen

Zwischen zwei Einstellungen machst du in der Regel die Kamera aus. In besonderen Situationen kann es aber ratsam sein, die Kamera doch laufen zu lassen.

Beispiel

- Nahaufnahme verkrampfte Hand auf Lenkrad

  – SCHNELLER SCHWENK –

- Nahaufnahme Gesicht mit Schweißperlen

Meistens wirst du diesen Schwenk als *Arbeitsschwenk* ansehen, also als einen Schwenk, der nur dadurch entstanden ist, dass die Kamera nicht ausgeschaltet wurde. Im Schnitt fliegt er aber heraus. Deshalb ist es wichtig, dass die Einstellungen davor und danach ausreichend lang sind, also mindestens 15 Sekunden.

Wenn der Schwenk aber gut aussieht und du bei der neuen Einstellung sofort die richtige Schärfe und den richtigen Bildausschnitt gefunden hast, kannst du den Schwenk als besonderen Effekt im Film lassen. Aber verlasse Dich bei der Aufnahme nicht darauf, dass das beim Schnitt auch geht. Meistens gelingen diese Schwenks nicht, weil sie entweder verwackelt sind, unscharf oder aus anderen Gründen nicht in den Film passen. Sorge dafür, dass die Einstellungen davor und danach konservativ stabil sind. Du musst sie auch ohne den Schwenk verwenden können. Es kann sich sonst bei Dir als schlechte Angewohnheit einschleichen, die Kamera nie auszuschalten und einfach weiterzudrehen. Und so gleitest du schnell zurück in den gefürchteten Urlaubsvideo-Look mit seinen planlosen Schwenks durch die Gegend. Selbst wenn du also zwischen zwei Einstellungen die Kamera laufen lässt, sollte jede einzelne dieser Einstellungen 15 Sekunden lang sein.

Ein Schwenk zwischen zwei Naheinstellungen gibt dem Film Dynamik. (Wenn er denn funktioniert hat und das *Zielbild* sauber erreicht wurde, sonst taugt er wenig. Dann war es halt nur ein Arbeitsschwenk, der später herausgeschnitten wird.) Diese Dynamik sollte aber auch thematisch Sinn machen.

Beispiel
Du filmst einen Rallyefahrer. Der Zuschauer fühlt die Anspannung Deines Protagonisten, wenn du zwischen weißen Knöcheln und Schweißperlen auf der Stirn schwenkst. Die Bewegung steigert die Wirkung des Bildes.

Wenn du aber eine alte Frau filmst und Sie gerade wehmütig ihre Lebensgeschichte erzählt, kann es durchaus Sinn machen, in Nahaufnahme Ihr Gesicht zu zeigen und dann, ebenfalls in Nahaufnahme, die faltigen Hände, die beim Gespräch ineinander greifen, zittern, gestikulieren. Ein harter Schnitt ist hier aber sinnvoller, weil er ruhiger ist. Ein Schwenk in dieser Situation könnte die intime Atmosphäre zerreißen.

Bewegung verfolgen

Während die Kamera Bilder aufnimmt, musst du sie stillhalten. Es gibt aber Ausnahmen, die es legal machen, die Kamera zu bewegen. Eine ist: wenn der Mensch, den du filmst, sich bewegt.

Streng genommen, bewegst du die Kamera dann ja nicht wirklich. Du hältst sie nur still – aber eben im Verhältnis zum gefilmten Objekt. Wenn sich das Gefilmte bewegt, bewegst du Dich eben mit.

Du musst aber die Bewegung abschließen, indem du *das Objekt* (sprich: den Menschen) aus dem Bild herausgehen lässt. (Lies den letzten Satz bitte noch einmal. Er ist sehr, sehr wichtig.) Selbst erfahrene Videojournalisten versauen Aufnahmen, indem sie zu lange an einer Bewegung *kleben* statt nach etwa fünf Sekunden einfach die Kamera wieder stillzuhalten und den gefilmten Menschen aus dem Bild gehen lassen. Die 15-Sekunden-Regel gilt hier nicht. Einen Menschen, der sich bewegt, kannst du nur schwer in der Bewegung schneiden. Lasse ihn also nach 5 Sekunden aus dem Bild gehen. Ist er erst einmal draußen, kannst du im Schnitt fast jedes Bild anfügen. Bleibst du allerdings am Objekt hängen, musst du vielleicht die ganze Sequenz wegwerfen. Du kommst im Schnitt einfach nicht *in eine andere Szene.*

Beispiel
Du filmst einen Automechaniker in der Werkstatt. Du nimmst ihn halbnah ins Bild, während er am Motor arbeitet. Dann richtet er sich auf, wischt die Hände ab und geht los. Du verfolgst ihn ein Stück weit, wie er um das eben reparierte Auto herum geht. Sobald er am Heck des Autos angekommen ist, hältst du die Kamera still. Er geht weiter und verlässt Dein Bild. Du filmst noch einige Sekunden die wohlgeformten Rücklichter und machst die Kamera dann aus. – Von hier aus kannst du überallhin schneiden. Du könntest denselben Protagonisten jetzt zeigen, wie er daheim zu Abend isst. Es würde Sinn machen, da er ja das Bild verlassen hat. Wärst du drangeblieben, hättest du ein Schnittproblem.

In der Praxis neigt man oft dazu, den *Ausstiegspunkt* zu weit hinauszuzögern. Das macht die Arbeit im Schnitt dann schwer. Sobald du aber das Gefühl hast, dass der Zuschauer verstanden hat, welche Handlung hier passiert, ist es an der Zeit, dass *das Objekt* das Bild verlässt.

Auf jeden Fall solltest du am Anfang, bevor du beginnst, die Bewegung zu verfolgen, etwa 15 Sekunden lang die Tätigkeit mit völlig unbewegter Kamera filmen. Selbst mit viel Erfahrung wird Dir das Verfolgen von Bewegung nicht immer gelingen. Deshalb gilt: erst die sicheren Schüsse. Dann kannst du versuchen(!), die Kamera zu bewegen.

Gehen mit der Kamera

Deine Beine und die Art, wie sie gehen, sind ein Wunderwerk der Natur. Dieses Wunder hat aber einen großen Nachteil: es wackelt und schaukelt. Wenn du normal gehst, bewegt sich Dein Körper konstant auf und ab. Dein Gehirn weiß das und korrigiert Deine visuelle Wahrnehmung fortwährend, so dass du ein stabiles Bild siehst. Eine Kamera aber nimmt nur das auf, was sie tatsächlich sieht. Folglich wackelt das Bild, wenn du während der Aufnahme gehst.

Derart verwackelte Bilder sind aber in der Regel unsendbar. Also musst du etwas dagegen tun. Du wirst es nicht schaffen, das Wackeln mit den Armen und Händen auszugleichen. So schnell kann kein Mensch reagieren. Du musst das Wackeln abstellen, und selbst der Bildstabilisator Deiner Kamera kann dieses Schwanken nicht völlig kompensieren.

Du musst also lernen, ohne zu schwanken zu gehen. Mit etwas Übung ist dies tatsächlich möglich.

Stelle Dich gerade hin, Füße nebeneinander. Jetzt beuge die Knie etwas. Nun gehst du los, bewegst dabei aber ausschließlich die Unterschenkel und die Füße. Die Knie bleiben nebeneinander, die Oberschenkel sind unbewegt.

Eventuelle Zuschauer werden irritiert dreinblicken, da das Ganze etwas ungewohnt aussieht. Aber du darfst das, denn du bist vom Fernsehen. Du hältst die Kamera wie eine Wasserschüssel vor Dich, die Oberarme liegen am Körper. Du bewegst lediglich die Unterschenkel. Ab den Knien aufwärts bleibt Dein Körper fest und unbewegt.

Wahlweise kannst du die Kamera auch tiefer oder höher halten, das hängt auch von der Kraft Deiner Oberarme ab. Es kann nicht schaden, das Gehen mit der Kamera zu üben, bevor du es im echten Leben ausprobierst.

Kamerafahrten

Für Kamerafahrten brauchst du ein sündhaft teures Schienensystem. Das hast du nicht.

Du kannst es aber auch mit billigeren Alternativen probieren: Wie wäre es mit Inline-Skates, einem Skateboard oder einem Einkaufswagen? Kamerafahrten sind für Dich mit Deiner kleinen DV-Kamera die schwierigste Form der Kamerabewegung. Hast du aber die sicheren und notwendigen Bilder aufgenommen (siehe Kapitel *321*), steht es Dir frei, zu experimentieren.

Du brauchst auch bei Kamerafahrten 1. ein stabiles Einstiegsbild, 2. eine saubere Bewegung und 3. ein stabiles Schlussbild. Eine Kamerafahrt planst du ja in der Regel vorher, also kannst du auch das Anfangs- und das Schlussbild planen.

Beispiel
Du filmst auf einem Parkplatz und möchtest mittels einer Kamerafahrt die Fülle der verschiedenen Autotypen zeigen. Du hast ein Skateboard und möchtest Dich an einer Kamerafahrt versuchen. Selbst wenn du Dich auf einem Skateboard heimisch fühlst, brauchst du Hilfe. Zum Glück ist ein Freund da. Du hockst Dich auf dem Skateboard nieder, drückst auf *Aufnahme* und nimmst ein schönes Auto ins Visier. Der Kollege (oder ein Passant, den du gefragt hast) schiebt Dich an der Autoreihe vorbei und hält Dich wieder ruckfrei an – und zwar an einer vorher vereinbarten Position, an der du ein schönes Schlussbild hast.

Das hört sich nicht nur schwierig an, das ist es auch. Aber mit etwas Übung und Enthusiasmus kannst du es hinkriegen. Es sind aber genau solche Aufnahmen, die Deine Bilder über den Durchschnitt herausheben.

Ausleuchtung

Kinos hießen früher *Lichtspielhaus*. Ein schöner Name. Film ist ja auch ein Spiel mit Licht. Besseres Licht macht den Film besser. Versuche immer, das Licht im Film so schön wie möglich zu setzen.

Deine Möglichkeiten als Vj sind beschränkt. Vielleicht hast du eine Videoleuchte dabei, das war es dann aber auch. Also musst du mit den Lichtquellen, die du vor Ort findest, zaubern lernen. Benutze Lampen, Fenster, Spiegel, helle Oberflächen, Taschenlampen und was Dir sonst noch einfällt. Wenn du gleichzeitig Kunstlicht und Tageslicht verwendest, könntest du Farbprobleme bekommen, da Teile des Bildes entweder blau- oder gelbstichig aussehen. Dies kannst du aber im Farbdisplay Deiner Kamera sehen. Mit etwas Geschick wird es Dir gelingen, dass sich Tages- und Kunstlicht so mischen, dass du mit einem manuellen Weißabgleich eine stimmige Farbatmosphäre erzeugst.

Prinzipiell ist die Aufgabe ja einfach.

1. Alles Wichtige muss klar erkennbar sein.
2. Das Ganze muss gut aussehen.

Bei Menschen ist das Gesicht wichtig. (Meistens.) Wenn du nicht gerade Krimis oder Gruselfilme drehst, sollten Gesichter gleichmäßig ausgeleuchtet sein. Stehen Menschen direkt unter Deckenlampen, können in den Augenhöhlen, unter der Nase und unterm Kinn harte Schlagschatten das Bild stören. Lösung: Entweder eine zweite Lichtquelle oder der Mensch bewegt sich um einige Schritte, so dass die Lampe nicht mehr direkt auf ihn herunterleuchtet.

Hartes und direktes Licht bringt einzelne Gesichtspartien zum Glänzen. Das ist bei Männern mit hoher Stirn besonders unvorteilhaft. Versuche, sie an eine Stelle zu rücken, an der sie nicht so direkt angestrahlt werden. Auf jeden Fall aber sollte, selbst wenn die Haut glänzt, die hellste Partie des Gesichtes durch das 70/80er-Zebra Deiner Kamera markiert sein. So stellst du zumindest die richtige Helligkeit sicher.

Nicht nur in Liebesbriefen sind die Augen die Seele des Menschen. Bei O-Tönen sind sie das wichtigste Bildelement. Sie sind wichtiger noch als der sprechende Mund. Versuche, besonders bei Interviews und vorbereiteten O-Tönen, mit einer zweiten Lampe die Augen des Protagonisten zu beleuchten. Es sieht gruselig aus, wenn Menschen zu uns sprechen, deren Augen in undurchdringlichem Schwarz verschwinden. Eine Schreibtisch-/Nachttisch-/Taschenlampe genügt schon, um die Augen funkeln zu lassen.

Stelle die Beleuchtung auf das inhaltlich Wichtige ein. Nicht immer sind das die Gesichter der Protagonisten. Filmst du die Morgenhektik auf dem New Yorker Fischmarkt in der Supertotalen, muss das gesamte Bild richtig belichtet sein. Die Gesichter der Menschen sind in dem Fall nicht ganz so wichtig. Besonders die Gesichter von Menschen, die vornüber gebeugt arbeiten, sind naturgemäß dunkler. Wenn du die Beleuchtung auf diese Gesichter einstellst, wird das gesamte Bild zu hell. Das kannst du in Kauf nehmen, wenn du diese Menschen in Großaufnahme beim Gespräch filmst. Wenn du allerdings den erwähnten Fischmarkt in der Supertotalen ins Bild nimmst, ist die Ausleuchtung der Gesichter nicht ganz so wichtig wie die richtige Belichtung des Gesamtbildes.

Wenn du an einem Drehort etwas Extrazeit hast, sitze nicht herum, sondern überlege: Wie kannst du bei der nächsten Aufnahme das Licht schöner gestalten? Wo könntest du den Protagonisten hinsetzen, damit er besser aussieht und in besserem Licht dasteht?

Manöverkritik

Bücher können Dich nicht zum perfekten Videojournalisten machen. *Perfekt* ist sowieso niemand. Sogar erfahrene Regisseure machen Fehler. Dabei müssen sie im Gegensatz zu Dir nicht die

Realität abfilmen, sondern bereiten mit endlos viel Geld jede einzelne Aufnahme vor. Es gibt genug Websites, die hämisch Fehler in Hollywood-Filmen auflisten.

Keine Schande also, Fehler zu machen. Unnötig aber, Fehler zu wiederholen. Setze Dich nach dem Dreh hin und notiere, was gut lief und was in die Hose ging. Vielleicht machst du Dir sogar eine Liste von Punkten, die du abfragst.

Schärfe: War alles scharf? Was war nicht scharf? Wieso? Wie hätte man das ändern können?

Belichtung: Bilder zu hell? Zu dunkel? In welcher Situation? Woran lag es? Wie hätte man das verhindern können?

Bildstabilität: Sind Aufnahmen verwackelt? In welcher Situation ist das passiert? Woran lag es? Was hättest du tun können, um die Kamera zu stabilisieren?

Interview: War die Stimmung gut? Wie hätte man sie verbessern können? Hast du alle nötigen O-Töne eingeholt? Wie waren Bildausschnitt und Beleuchtung? Wie ist der Ton? Welche Fragen haben gefehlt?

Vorbereitung und Recherche: War alles gut vorbereitet? Was hätte man besser recherchieren können?

Diese Liste gibt nur ein paar Ideen. Erstelle Deine eigene Checkliste. Die Qualität Deiner Arbeit hängt direkt zusammen mit Deiner Fähigkeit, aus Deinen Fehlern zu lernen. Erfahrung steigert den Marktwert. Erfahrung ist aber nichts anderes als die Summe Deiner erreichten Erfolge – und der Fehler auf dem Weg dorthin.

Sicherheit

Keine Fernsehsendung ist es wert, für sie zu sterben. Am Ende des Tages sind es ja bloß bunte Bilder, die wir produzieren. Ja, es gibt selbsternannte Helden, die für spektakuläre Bilder ihr eigenes Leben aufs Spiel setzen. Wie schnell hat der Zuschauer diese Bilder aber wieder vergessen, wenn sie erst einmal ausgestrahlt sind.

Die Arbeit als Videojournalist ist immer mit Risiken behaftet. Es liegt an Deiner Vernunft und an Deiner Vorsicht, das Risiko zu kennen und zu minimieren. Solltest du Dich fahrlässig in Gefahr begeben und verletzt werden, kommt zu der Verletzung ein weiteres Problem auf Dich zu: Haftpflicht- oder Unfallversicherungen könnten sich weigern, für einen nachweislich unnötigen und selbst verschuldeten Unfall finanziell geradezustehen.

Rückwärts gehen: du hast hinten keine Augen. Wenn du Dich rückwärts bewegst, solltest du immer jemanden bitten, Dir dabei zu assistieren. Ein Passant kann einfach vor Dir her gehen und Dir eine Hand auf Deine Schulter legen. Vereinbare, dass er Dich mit sanftem Druck lenkt. So stellst du sicher, nicht rückwärts zu fallen (wo du keine Hände hast, mit denen du Dich auffangen könntest) und zusätzlich hilft es Dir, die Kamera wesentlich stabiler zu halten.

Eingeschränkte Wahrnehmung: Es spricht für Dich, dass du Dich auf Deine Arbeit konzentrierst. Aber bei der Arbeit mit LCD-Display und Kopfhörern verlierst du ein Stück weit den direkten Kontakt zur Realität. Du konzentrierst Dich auf eine schöne Bildeinstellung, sauberen Ton und die Inhalte. Und dabei bekommst du nicht mit, was links und rechts passiert, und das kann gefährlich werden. Dir bleibt nur eines übrig: Blicke regelmäßig vom Display hoch, schaue Dir Deine Umgebung an. Wenn das Bild eingerichtet ist, kannst du ja einige Sekunden blind filmen, ohne die Aufnahme zu riskieren. Der Einsatz eines Stativs macht es Dir leichter möglich, gelegentlich hochzublicken. Und vielleicht entdeckst du dabei sogar, dass es in der Umgebung noch ein anderes, interessanteres Motiv gibt.

Kabel: An Deiner Kamera sind eine Menge Kabel dran. Mit diesen kann man leicht irgendwo hängen bleiben. Besorge Dir deshalb Klettbänder, mit denen du lose Kabel näher an der Kamera befestigst. Dein Kopfhörerkabel ist viel zu lang. Du kannst es ebenfalls abbinden. Mit etwas technischem Geschick kannst du es aber richtig professionell kürzen, auf eine Länge von etwa einem halben Meter, was beim Filmen sehr nützlich ist. Dann brauchst du aber ein weiteres Paar Kopfhörer, um sie an Deinen Schnittcomputer anzuschließen.

Diebstahl: DV-Kameras sind billiger als große Beta-Kameras. Sie lassen sich aber auch wesentlich leichter wiederverkaufen. Das Diebstahlrisiko ist entsprechend hoch. Lasse Deine DV-Kamera oder die Kameratasche niemals im Auto liegen. Vorne, wo sie sichtbar ist, sowieso nicht. Auch im Kofferraum ist es riskant, besonders wenn jemand sehen konnte, wie du sie hineinlegst.

Rückenprobleme: Als Vj hast du nicht die Last eines klassischen Kameramanns zu tragen, schließlich wiegt Dein Gerät nur etwa ein Zehntel des Gewichts einer Beta-Kamera. Dennoch kannst du Rückenprobleme bekommen, wenn du die Kamera konstant in einer Position hältst, etwa vor Deinem Bauch, und die ganze Zeit auf das Display hinabschaust. Verändere Deine Haltung häufiger. Nicht nur um Deinen Rücken zu schonen, sondern auch, um die Bilder interessanter zu machen.

Überarbeitung: Es kann verschiedene Gründe geben, wieso du motiviert bist, an einem Projekt länger und intensiver zu arbeiten, als es gut für Dich ist. Zweifellos gibt es Filme, die es wert sind, härter reinzuhauen. Wenn 16-Stunden-Tage für Dich aber die Regel werden, machst du etwas falsch. (Oder du arbeitest in der falschen Firma.) Als Videojournalist bist du diesem Risiko besonders ausgesetzt. In einem Dreier-Team gibt es immer jemanden der sagt, jetzt sei es genug und Zeit für Feierabend. Du aber bist alleine. Achte darauf, dass du zu menschlichen Zeiten Feierabend machst und ein nennenswertes Sozialleben führst. Sonst wirst du bekloppt. Und Filme von Bekloppten will niemand sehen.

Gesunder Menschenverstand: Wenn du an einen Drehort kommst, überlege vor Drehbeginn, wo Gefahren lauern könnten. Könntest du irgendwo herunterfallen, Dich an etwas verbrennen oder Dich sonst wie verletzen? Sichere Dich ab. Es gibt genug Gefahren, die du nicht siehst. Vermeide wenigsten die, die du vermeiden kannst.

TV-Know-how

Berechnung der Quote

Fernsehsender sind Unternehmen. Manche davon sind öffentlich-rechtlich-, andere sind privat finanziert. Öffentlich-rechtliche Sender möchten viele Zuschauer für sich gewinnen, um ihren gesetzlichen Auftrag zu erfüllen. Private Sender müssen möglichst viele Zuschauer vor die Mattscheibe bekommen, um ihren Werbekunden die Werbezeit teuer verkaufen zu können.

Die Anzahl und Zusammensetzung der Zuschauer, die zu einem bestimmten Zeitpunkt eine bestimmte Sendung angeschaut haben, nennt man umgangssprachlich Quote. Die Quote einer Sendung wird meistens mit dem Erfolg der Sendung gleichgesetzt – das ist bei einem Nischensender wie ARTE nicht anders als bei einem Vollprogramm wie RTL.

Statistik

Die Fernsehnutzung in Deutschland ist seit Jahren weitgehend konstant. Der zu verteilende Quoten-Kuchen wird praktisch nicht größer. Innerhalb des Jahres aber schwankt die Anzahl der Stunden, die der durchschnittliche Bürger fernsieht. Im Sommer, wenn es warm und länger hell ist, sind die Menschen lieber im Biergarten oder am Baggersee und schauen folglich weniger fern. Wenn das Wetter aber kalt wird und die Sonne früher untergeht, machen es sich mehr Menschen vor dem neuzeitlichen Kaminfeuer gemütlich.

Innerhalb der Woche selbst gibt es ebenfalls voraussagbare Schwankungen. In der Wochenmitte, wenn die meisten Menschen im Alltagsstress stecken, wird weniger ferngesehen als am Sonntag, an dem die meisten Konsumenten sowieso frei haben und zudem abends nicht ausgehen wollen, da sie am nächsten Morgen arbeiten müssen. Auch während des Tagesverlaufs ist die Schwankung der Fernsehnutzung weitgehend kalkulierbar. Das Tagesmaximum liegt ungefähr zwischen 20:00 und 22:00 Uhr, ab 3:00 Uhr dagegen schlafen fast alle Fernsehzuschauer.

Aus diesen drei regelmäßigen Quoten-Verläufen (Monat + Wochentag + Tageszeit) lässt sich ableiten, wann man die besten – und teuersten – Filme senden sollte:

1. Sonntags
2. zwischen 20:00 und 22:00 Uhr,
3. irgendwann im Winter.

Und tatsächlich halten sich die Sender ungefähr an diese Regeln:

Die Zeit zwischen 20:00 und 22:00 Uhr heißt im TV-Jargon *Primetime.* Die besten und teuersten Sendungen laufen auch in dieser Zeit. Sie beginnen allerdings meist um 20:15 Uhr, da die Fernsehnation von der Tagesschau darauf dressiert wurde, um 20:00 Uhr Nachrichten zu schauen und eine Viertelstunde später über den Fernsehabend zu entscheiden. Praktisch nur bei live übertragenen Sportereignissen (etwa Formel 1-Rennen) werden wichtige Sendungen außerhalb der Primetime ausgestrahlt.

Die besten Filme laufen am Sonntag. Fernsehshows für das breite Publikum sollten dagegen am Samstagabend gesendet werden (wie etwa *Deutschland sucht den Superstar* im Jahr 2003), weil das Publikum in den Tagen der öffentlich-rechtlichen Alleinherrschaft gelernt hat, dass Shows für die ganze Familie (wie etwa *Wetten Dass?*) am Samstagabend zu kommen haben.

Die Fernsehnation ist es längst gewohnt, dass die spektakulären (sprich: teuren) Hollywoodfilme ihre Free-TV-Premiere im Winter erleben, während im Sommer alte B-Filme zum x-ten Mal wiederholt werden. Im Winter selbst ist die Zeit vor Weihnachten bei Programmplanern besonders beliebt. Dort lässt sich Werbezeit teuer verkaufen, da Menschen in der Adventszeit überdurchschnittlich konsumfreudig sind.

Natürlich gibt es Tage, an denen die Fernsehnutzung aus diesen üblichen Regeln herausfällt. Wenn Deutschland im Finale der Fußball-Weltmeisterschaft spielt, werden überdurchschnittlich viele Menschen vor dem Fernsehgerät vereinigt sein. Am ersten warmen Sonntag des Sommers werden wahrscheinlich mehr Menschen als sonst den Abend außerhalb der eigenen vier Wände verbringen und eben nicht Fernsehen schauen.

Rechtliches

Die Hinweise in diesem Kapitel stellen keine Rechtsberatung dar, die kann Dir dieses Buch nicht geben. Dafür sind Rechtsanwälte da, welche Dich im Einzelfall beraten. Nachfolgende Hinweise sollen Dir also lediglich in diesem Sinne helfen, die gröbsten Schnitzer im zwischenmenschlichen Umgang zu vermeiden.

Persönlichkeitsrecht

Jeder Mensch hat ein Recht, auf Unversehrtheit, sowohl körperlich, als auch seelisch. Die seelische Unversehrtheit ist es, die du mit Deinen Bildern verletzen könntest. Das willst du nicht. Ganz abgesehen davon, dass auch du ein Mensch bist, kann es Dich teuer zu stehen kommen.

Vereinfacht gesagt: Vermeide alle Bilder, die einem Menschen peinlich oder auf andere Art besonders unangenehm sein könnten.

Niemals darfst du einen Menschen nackt zeigen, ohne dass er es Dir ausdrücklich schriftlich genehmigt hat. Selbst Supermodels, die ständig so-gut-wie-nackt auf dem Laufsteg abgelichtet werden, erstreiten vor Gericht beträchtliche Schmerzensgelder, wenn ein Paparazzi sie oben ohne ablichtet und eine Zeitung es veröffentlicht.

Das Persönlichkeitsrecht geht noch weiter. Jede Aufnahme, die geeignet ist, den Gezeigten „fertig zu machen“, kann potentiell Persönlichkeitsrechte verletzen. Dies kann eine Ehefrau sein, die beim Seitensprung erwischt wird. Das kann auch ein Mann sein, der gerade seinen Job verloren hat. Und dies sind gelegentlich Passanten, die von Fernseh-Spaßmachern gefoppt werden.

Wenn du Zweifel hast, frage den verantwortlichen Redaktionsleiter oder einen spezialisierten Anwalt. Viele Probleme lassen sich im Vorfeld lösen, durch nachträgliche Genehmigungen, durch Unkenntlichmachung oder, wenn alles nichts hilft, durch Herausschneiden der fraglichen Passagen.

Recht am Bild

Dein Bild gehört Dir. Niemand darf Dich filmen und die Aufnahmen ohne Deine Erlaubnis ausstrahlen. Fast niemand. Fast nie. Es gibt ein *Recht am Bild*, das einigermaßen genau beschreibt, unter welchen Umständen du Menschen filmen darfst, welche Genehmigung du wann brauchst und was du ausstrahlen solltest und was lieber nicht. Wenn du die Regeln nicht beachtest, kannst du und der Sender richtig viel juristischen Ärger bekommen.

Schlüssige Handlung

Prinzipiell gilt zuerst, dass Menschen, die du filmst, Dir dafür die Genehmigung geben müssen. Die einfachste Form ist, wenn Menschen in die Kamera winken und *Hallo Mama, ich bin im Fernsehen!* schreien.

Damit machen sie deutlich, dass sie 1. wissen, dass du fürs Fernsehen filmst und 2. damit einverstanden sind, im Fernsehen ausgestrahlt zu werden. Der Gruß an die Mama gilt als *schlüssige Handlung*, mit der man sein Veröffentlichungs-Einverständnis gibt.

Als Videojournalist filmst du mit einer vergleichsweise kleinen DV-Kamera, die viele Menschen nicht mit Fernsehen assoziieren. Ein Mensch, der in eine große, schultergetragene Betakamera winkt, weiß in der Regel, dass die Aufnahme im Fernsehen verarbeitet werden könnte. Eine kleine DV-Kamera sieht für viele Menschen wie eine etwas größere Amateurkamera aus. (Und tatsächlich benutzen einige ambitionierte Hobbyisten eine professionelle DV-Kamera, wie du sie hast.) Vor Gericht, und darauf kommt es letztendlich an, könnte ein Gefilmter durchaus glaubhaft machen, er habe nicht wissen können, dass du fürs Fernsehen filmst. Die *Genehmigung durch schlüssige Handlung* ist generell unscharf und kann zu Missverständnissen führen. Was eine *schlüssige Handlung* ist, kann im Streitfall eine Sache der Interpretation sein.

Einverständniserklärung

Wenn du Bilder eines Menschen ausstrahlst, solltest du Dir sicher sein, dass er mit dieser Ausstrahlung auch einverstanden ist. Es gibt Ausnahmen, etwa Prominente, aber in den allermeisten Fällen solltest du Dir vom Gefilmten eine schriftliche Erklärung abgeben lassen, die besagt, dass du die von ihm gefilmten Aufnahmen uneingeschränkt verwenden darfst.

Die Schriftform ist die wirksamste Form der Einverständniserklärung. Deswegen solltest du, wenn irgendwie möglich, ein entsprechendes Dokument unterzeichnen lassen. Es ist auch ein Akt der Fairness gegenüber dem Gefilmten. Durch seine Unterschrift vor Drehbeginn wird er sich oft erst bewusst, dass alles, was er ab jetzt tut, Millionen von Fernsehzuschauern werden sehen können.

In der Einverständniserklärung sollte die Aussage enthalten sein, dass der oder diejenige damit einverstanden ist, von Dir gefilmt zu werden und dass du die Bilder für die Ausstrahlung im Fernsehen verwenden darfst.

Es geht immer darum, dass du im Streitfall vor Gericht belegen kannst, dass die Gefilmten mit dem Gefilmtwerden einverstanden waren.

Du kannst auch Tricks anwenden, um das Einverständnis des Protagonisten später nachzuweisen. So könntest du etwa beim Anstecken des schnurlosen Mikrofons gleichzeitig mit dem Protagonisten vor der laufenden Kamera stehen und ihm sagen: „Wir zeichnen das jetzt fürs Fernsehen auf." Jetzt muss er nur noch „Ja" sagen. Oder du lässt ihn eine Quittung für einen Kostenbeitrag unterschreiben, vielleicht steht sogar „Honorar" drauf, damit hat er ebenfalls eine Einverständniserklärung abgegeben.

Am besten ist aber immer noch die schriftliche Erklärung. Viele Sender und Produktionsfirmen haben entsprechende eigene Muster. Wenn du für sie arbeitest, lasse Dir welche davon geben. Es kann nicht schaden, ein entsprechendes Formular immer griffbereit dabei zu haben.

Gültigkeit und Ausnahmen

Die Einverständniserklärung kann nicht einfach widerrufen werden. Ein Protagonist kann nicht eine Woche nach dem Dreh und nach geleisteter Unterschrift sagen: Nee, ich will doch nicht ins Fernsehen. Diese Möglichkeit würde ja Deine gesamte Investition in den Dreh torpedieren. Eine einmal abgegebene Erklärung ist verbindlich.

Natürlich gibt es Ausnahmen, wie in allen rechtlichen Dingen.

Es kann passieren, dass die Ausstrahlung dem Protagonisten trotz geleisteter Unterschrift nicht zuzumuten ist.

Beispiel
Du porträtierst eine glückliche Familie im Strandurlaub. Kurz nach den Drehaufnahmen kommen durch einen Autounfall alle bis auf die Mutter ums Leben. Die Mutter könnte sich in dem Fall darauf berufen, dass ihr die Ausstrahlung nicht zuzumuten wäre. (Falls Dir im Alltag so etwas zu Ohren kommt, bringe von Dir aus die Fairness auf und überlege, ob es rein menschlich nicht besser wäre, die Aufnahmen herauszuschneiden.)

Auch bei Wiederholungen oder Zweitverwertung von Material musst du auf Einverständniserklärungen achten.

In Ausnahmefällen ist die Einverständniserklärung nicht unbegrenzt, sondern sieht eine einmalige Ausstrahlung vor. Dann benötigst du vor jeder Wiederholung eine erneute Erklärung. Diese Situation musst du unbedingt dem Sender bzw. der Produktionsfirma mitteilen, wenn du Dein Material abgibst. (Diese werden nicht erfreut sein.)

Auch bei kranken Protagonisten, deren Krankheit Thema Deines Films ist, kann passieren, dass sie nach der ersten Ausstrahlung ihrer Krankheit erliegen und eine zweite Ausstrahlung den Angehörigen nicht zuzumuten ist.

Personen des Zeitgeschehens

Personen des Zeitgeschichte, auf Deutsch: Prominente, genießen nicht ganz so viel Schutz wie Otto Normalverbraucher. Der *gewöhnliche* Mensch muss meist zustimmen, wenn seine Bilder gezeigt werden. Von Prominenten kannst du auch Bilder machen, ohne dass diese damit einverstanden sind.

Natürlich gilt das nur, solange die Persönlichkeitsrechte gewahrt bleiben. Auch einen Prominenten darfst du nicht nackt oder in entwürdigen Posen ablichten. Paparazzi-Bilder mit nackten Prominenten ziehen oft genug hohe Schmerzensgelder nach sich. Dass die eine oder andere Zeitung diese in Kauf nimmt, steht auf einem anderen Blatt.

Grundsätzlich gilt jedoch: Wer berühmt ist, darf abgefilmt werden. Solange du nicht nachweislich Hausfriedensbruch begehst oder sonst wie gegen Gesetze verstößt, darfst du den Promi aufnehmen. Auch hier gelten Ausnahmen, wenn die Aufnahmen dem Promi nicht zuzumuten sind, wie etwa Aufnahmen bei einem Begräbnis.

Als *Relative Personen der Zeitgeschichte* gelten Menschen, die zwar an sich nicht prominent sind, dies aber in Bezug auf ein Ereignis kurzzeitig werden. Opfer eines spektakulären Unfalls zählen zum Beispiel dazu. Allerdings darf über sie auch nur im Zusammenhang mit genau diesem Unfall berichtet werden, jedenfalls solange Sie Dir keine Einverständniserklärung geben.

Halte Dich für den Anfang an eindeutige Situationen. Ein Politiker bei der Wahlveranstaltung, ein Popstar am Hotelfenster, ein TV-Sternchen auf dem Stadtfest. Gerade am Anfang Deiner Vj-Laufbahn solltest du nicht riskieren, an Anwalts- und Gerichtskosten mehr bezahlen zu müssen, als Deine gesamte Vj-Ausrüstung gekostet hat.

Kinder

Bei Kindern brauchst du prinzipiell eine Einverständniserklärung der Erziehungsberechtigten. Filmst du also in einer Schulklasse (oder einem Kindergarten) mit Kindern aus 24 verschiedenen Familien, brauchst du 24 Einverständniserklärungen. Das ist übrigens der Grund, wieso echte Schulklassen, die im Fernsehen gezeigt werden, immer nur aus so wenigen Schülern zu bestehen scheinen.

Bei Aufnahmen von Kindern wird ein besonders hoher Maßstab an den Schutz der Persönlichkeitsrechte gelegt. Sowohl von den Sendern als auch den Gerichten. Lege also bei Kindern besonders hohen Wert darauf, sie nicht durch Deinen Film zu verletzen. Was bei einem Erwachsenen als Ironie und künstlerische Freiheit durchgeht, wird vielleicht ganz anders bewertet, wenn die dargestellte Person ein Kind ist. Achte bei Kindern doppelt darauf, niemanden zu verletzen oder durch Deinen Film in peinliche Situationen zu bringen.

Drehgenehmigung

Auf Privatgelände und innerhalb von Gebäuden brauchst du eine Drehgenehmigung vom Besitzer oder jemandem sonst wie Berechtigten. Bei Firmen ist das die Presseabteilung oder die Geschäftsleitung. In Behörden kann das der Behördenleiter sein.

Bei der Vorbereitung eines Drehs ist das Einholen der Drehgenehmigungen ein echtes Stück Arbeit, das auf keinen Fall aufgeschoben werden sollte. Fahre nicht los, ohne Drehgenehmigungen für die geplanten Drehorte in der Tasche zu haben. Verlasse Dich auf keinen Fall darauf, dass du die Erlaubnis schon noch vor Ort bekommen wirst. Meistens wirst du eine Abfuhr bekommen, wo du bei ordentlicher Vorbereitung problemlos hättest filmen können.

Da du meistens auf die Zusammenarbeit mit dem Betreiber eines Gebäudes angewiesen bist, solltest du Dich so lange wie möglich im Voraus um eine Genehmigung und ein freundliches Verhältnis bemühen. Informiere Dich auf der Website des Unternehmens nach der Pressestelle des Unternehmens, rufe dort an und schildere Dein Anliegen.

Firmen bitten Dich häufig um eine schriftliche Anfrage samt Beschreibung Deines Filmkonzeptes. Es kann nicht schaden, wenn du darin unterschwellig deutlich machst, dass das Unternehmen ausschließlich positiv dargestellt werden wird. Im Idealfall wird das Unternehmen Dir den Dreh genehmigen, dies in einem Fax bestätigen und einen Ansprechpartner nennen, der Dir am Drehtag als Anlaufstelle dient.

Mit Deiner DV-Kamera bist du von einem Amateur-Filmer optisch nur schwer zu unterscheiden, wenn du nicht gerade einen großen Mikrofonwindschutz (Windjammer) und Kopfhörer benutzt. Es gibt Situationen, in denen du ohne Genehmigung filmen musst und mit der kleinen DV-Kamera halt nicht auffällst, ob mit Genehmigung oder ohne. Letztendlich geht es darum, gute Bilder zu holen. Und da muss man schon mal kreativ sein. Die Konsequenzen wirst du allerdings selbst tragen.

Vj 2.0

Das Buch ist fast zu Ende. Danke für die Aufmerksamkeit. Der Autor und der Verlag hoffen, dass du einen ersten Überblick über den Job eines Videojournalisten bekommen hast.

Wenn du Fernsehnachrichten schaust, wirst du im Pulk der Kameramänner immer öfter und immer mehr Videojournalisten entdecken. Du bist nicht alleine. Überall auf der Welt gibt es Menschen, die wie du das Fernsehen in die eigene Hand nehmen. Innerhalb der Fernsehwelt sind Vjs noch in der Minderheit. Es ist allerdings eine täglich wachsende Minderheit, die einen TV-Bereich nach dem anderen für sich entdeckt.

Zum Schluss noch einige Ideen zu Deiner Weiterentwicklung als Videojournalist. Sie stehen erst hier, da du mit ihrem Inhalt vielleicht erst nach einigen Monaten Vj-Praxis etwas anfangen kannst. Wenn du aber die grundlegenden Fähigkeiten beherrscht, denke darüber nach, wohin du Dich weiterentwickeln möchtest. Die Fernsehwelt bewegt sich weiter. Um vorne dran zu bleiben, musst du jeden Tag dazulernen – du kannst und wirst besser sein, als du jetzt bist. Sei der beste Videojournalist, der du sein kannst.

Brainfood

Du kannst nur geben, was du hast. Du solltest Dinge, über die du berichtest, auch verstehen. Wie willst du eine Geschichte erzählen, die außerhalb Deines geistigen Horizontes liegt?

Als Journalist kann Dein Horizont gar nicht weit genug sein. Das Feuilleton – besonders natürlich der Medienteil – sind Pflichtlektüre. Lies die Romane, die aktuell auf den Bestseller-Charts stehen. Und lies die Bücher, die vor 200 und 2000 Jahren auf den Bestseller-Charts standen.

Wenn du für eine Zeitung schreibst, kannst du es Dir vielleicht leisten, ein Thema in einem Artikel auf volle Breite auszuwalzen. Die Rezeption beider Medien ist völlig verschieden. Mit einer Zeitung kann sich der Leser zum Schmökern zurückziehen. Er ist bereit, im Park der Worte spazieren zu gehen. Er arbeitet sich mit Geduld auch in komplizierte Texte ein, wenn sie interessant sind. Beim Fernsehen dagegen will der Zuschauer nur mit unkomplizierten Inhalten konfrontiert werden – und zwar unabhängig von seinem Bildungsgrad. Was einfach nur am Zuschauer vorbeizieht, darf ihm das Verstehen nicht schwer machen. Der Fernsehjournalist ist ein Einfach-Macher. Es ist nicht schwer, Kompliziertes kompliziert wiederzugeben. Das kann jeder Papagei. Du wirst dafür bezahlt, dass du auch komplizierte Dinge einfach darstellst. Dafür musst du sie aber erst verstanden haben.

Also bilde Dich weiter, nicht nur technisch und journalistisch, sondern auch geistig. Du wirst immer nur die Schritte machen können, auf die du vorbereitet bist. Also sei vorbereitet. Du brauchst viel Wissen, um große, komplexe Dinge in kleine, einfache Wissenshappen zu zerschlagen.

Driven by technology

Hinter dem Konzept *Videojournalismus* liegt ein anderes, abstrakteres Konzept. Es ist die Frage: *Wie kann ich modernste Technologie verwenden, um Geschichten zu erzählen?* Eine mögliche Methode ist die mit Kamera und Schnittcomputer. Es ist nicht die einzige Möglichkeit. Im zweiten Irak-Krieg haben einige Iraker aus dem umkämpften Bagdad Blogs geschrieben. Das sind Online-Tagebücher, eine neue Form des Geschichtenerzählens. Inzwischen gibt es Blogs, die per Foto-Handy mit Texten und Fotos gefüttert werden.

Während dieses Buch geschrieben wird, erfährt man täglich, dass Zeitungen dutzendweise Redakteure entlassen. Nicht ganz unschuldig wird daran sein, dass das Internet die Zeitungen als aktuellstes lesbares Medium abgelöst hat. Passiert auf der Welt eine Sensation, erscheint nur Minuten später eine entsprechende Kurzmeldung auf gut gepflegten Nachrichten-Websites, wie etwa www.spiegel.de. Im weiteren Tagesverlauf werden neue Informationen bekannt, und die zuerst kurze Meldung wird zum Artikel, der fortlaufend ergänzt und verändert wird. Aus dem Redaktionsarchiv werden ergänzende Hintergrundberichte in begleitenden Artikeln bereitgestellt. Eine neue, eigene Form des Geschichtenerzählens. Sie ist entstanden durch Datenbank-gestützte Redaktionssysteme. Erst durch sie wird diese Arbeitsweise praktikabel.

Technik hat die Zeitungswelt verändert, sie verändert die Fernsehwelt. Und sie wird es weiter tun. TV-Redakteure alter Schule werden es schwer haben, wenn sie sich weigern, eine DV-Kamera in die Hand zu nehmen. Der Videojournalist kann auch zum alten

Eisen gehören, wenn er nicht fortwährend neue Entwicklungen adaptiert. Entwicklungen wie Online-Tauschbörsen verändern schon jetzt die Medienwelt. Wer sich eine bestimmte Folge einer Daily-Soap anschauen möchte oder Lust auf ein bestimmtes Lied hat, kann schon heute spontan die entsprechende Datei herunterladen – entsprechende Internet-Anbindung vorausgesetzt. Auch wenn es nicht ganz legal ist – die Technik schafft Handlungsweisen und Strukturen.

Wer als langjähriger Fernseh-Profi zum Videojournalisten umlernt, tut sich schwer, alte Fernseh-Denkmuster aus seinem Kopf zu löschen. Er wird versuchen, mehr oder weniger bewusst, mit der DV-Technologie altes Fernsehen nachzumachen. Was alles an Möglichkeiten in dieser Technologie steckt, werden eher diejenigen herausfinden, die heute noch zur Grundschule gehen und deren erster PC serienmäßig mit einer DV-Schnittsoftware ausgestattet ist.

In alten Zeiten war die Devise: Wir haben ein Problem, was müssen wir erfinden, um es zu lösen? Heute heißt es: Wir haben eine neue Erfindung, was können wir damit anstellen? Das ist die Denke, aus der der Videojournalismus geboren wurde. Dein Job ist es, Geschichten zu erzählen. Wenn Dir neue Technik auffällt, überlege: Wie könnte mir das helfen, aufregendere Geschichten zu erzählen?

Es liegt an Dir, an Deiner Phantasie und an Deinem Enthusiasmus. Fernsehen kann besser sein als jetzt.

Index

Weiterführende Literatur

Grundlagen des Filmens

Pierre Kandorfer

Lehrbuch der Filmgestaltung

ISBN 3 - 93 29 72 - 18 - X

263 Seiten · 16 x 24 · € 49,–

Aufnahme

Mark Wagener

Professionelle Kameratechnik und Aufnahmegestaltung

Betacam, DigiBeta und IMX im aktuellen Einsatz

ISBN 3 - 93 29 72 - 22 - 8

210 Seiten · 16 x 24 cm · € 47,–

Gerald Millerson

Drehen und Produzieren mit Video

ISBN 3 - 93 29 72 - 74 - 0

163 Seiten · 15 x 21 cm · € 47,–

Andreas A. Reil

Das DV-System

ISBN 3 - 93 29 72 - 10 - 4

188 Seiten · 17 x 24 cm · € 24,80

Tonaufnahme

Des Lyver

Grundlagen der Videotonaufnahme

ISBN 3 - 93 29 72 - 05 - 8

133 Seiten · 15 x 21 cm · € 32,–

Kamerabücher

Andreas A. Reil

Das Canon XM2-Buch

Das Praxishandbuch mit Tipps für Bedienung, Handling und Dreharbeiten

ISBN 3 - 93 29 72 - 49 - X

137 Seiten · 14,8 x 21 cm · € 22,–

Christoph Harrer

JVC GY DV 300

Der Schnelleinstieg in Handhabung und Bildgestaltung

ISBN 3 - 93 29 72 - 41 - 4

220 Seiten · DIN A5 · € 24,80

Andreas A. Reil

Das Canon XL-1-Praxishandbuch

ISBN 3 - 93 29 72 - 06 - 6

192 Seiten · 14,8 x 21 cm · € 24,80

Andreas A. Reil

Professionell Arbeiten mit der Sony VX-2000E

Das Praxishandbuch für Anwendung und Einsatz

ISBN 3 - 93 29 72 - 93 - 7

143 Seiten · 14,8 × 21 cm · € 22,–

Andreas A. Reil

Das Canon XM1-Praxis-Handbuch

ISBN 3 - 93 29 72 - 00 - 7

137 Seiten · DIN A5 · € 22,–

Andreas A. Reil

Erfolgreich Drehen mit der Sony PC 100E und 110E

ISBN 3 - 93 29 72 - 01 - 5

155 Seiten · DIN A5 · € 22,–

Postproduktion

Peter Gerstmeir

DV-Postproduction

Eine theoretisch-praktische Einführung in den Schnitt und die Schnittdramaturgie für digitale Schnittsysteme

ISBN 3 - 93 29 72 - 21 - X

112 Seiten · DIN A 5 · € 14,80

Gunther Weis

Avid Xpress DV 3.0/3.5

ISBN 3 - 93 29 72 - 14 - 7

242 Seiten · 20 × 26 cm · € 47,–

Haio Forler

Media Studio Pro 7

ISBN 3 - 93 29 72 - 13 - 9

242 Seiten · 16,5 × 24 cm · € 19,80

Oliver Langewitz

Kompendium der digitalen Postproduktion

Der Einkaufsführer durch die digitale Postproduktion.

ISBN 3 - 93 29 72 - 19 - 8

220 Seiten · 16,5 × 24 cm · € 24,80

Freiberufler

Hubert Ehrenreich

„Hast du morgen Zeit"

Ein Handbuch für Freiberufler und solche, die es werden wollen.

ISBN 3 - 93 29 72 - 32 - 5

152 Seiten · Format A6 · € 19,80

Das Verlagsprogramm wird laufend ergänzt, bitte informieren Sie sich auf unserer Homepage

www.mediabook-verlag.de

über die Neuerscheinungen